2023年度山西工程技术学院校级科研项目“城乡融合视角下山西乡村休闲旅游开发路径研究”（编号：2023017）；2024年度山西省哲学社会科学规划课题智库专项课题”山西省典型矿业遗址文旅产业融合发展研究”（编号：2024ZK060）研究成果

文旅融合与中国乡村休闲旅游开发

陆嵬喆　著

中国农业大学出版社
·北京·

内容简介

文化与旅游的融合是现代服务业中极具发展潜力的产业融合，两者之间既有内在差异，又有不可分割的天然联系。本书以中国乡村地区文旅融合发展为视域，结合乡村文旅融合现状，以乡村休闲旅游开发作为研究框架，密切关注文旅融合背景下中国乡村休闲旅游的开发与发展，从中国的乡村休闲旅游开发、文化振兴与乡村休闲旅游开发、农业文化遗产保护与乡村休闲旅游开发、中国乡村休闲旅游产品开发、中国乡村休闲旅游市场与竞争、中国乡村休闲旅游经济结构的优化和文化融合下的中国乡村休闲旅游可持续发展等方面研究分析，致力于打造兼具文化和旅游双向发展的乡村休闲旅游开发新业态，紧跟乡村振兴脚步，以期能为乡村休闲旅游发展尽绵薄之力。

图书在版编目(CIP)数据

文旅融合与中国乡村休闲旅游开发 / 陆嵬喆著. --北京：中国农业大学出版社，2024.12.

ISBN 978-7-5655-3340-2

Ⅰ.F592.3

中国国家版本馆 CIP 数据核字第 2025JJ9816 号

书　　名　文旅融合与中国乡村休闲旅游开发

Wenlü Ronghe yu Zhongguo Xiangcun Xiuxian lüyou Kaifa

作　　者　陆嵬喆　著

策划编辑　魏　巍　　　**责任编辑**　石　华

封面设计　李尘工作室

出版发行　中国农业大学出版社

社　　址　北京市海淀区圆明园西路 2 号　　　**邮政编码**　100193

电　　话　发行部 010-62733489，1190　　　读者服务部 010-62732336

编辑部 010-62732617，2618　　　出　版　部 010-62733440

网　　址　http://www.caupress.cn　　　**E-mail** cbsszs@cau.edu.cn

经　　销　新华书店

印　　刷　河北虎彩印刷有限公司

版　　次　2024 年 12 月第 1 版　　2024 年 12 月第 1 次印刷

规　　格　185 mm×260 mm　　16 开本　　10 印张　　250 千字

定　　价　58.00 元

前 言

文化与旅游的融合是现代服务业中极具发展潜力的形态，两者之间既有内在差异，又有不可分割的天然联系。事实上，文化与旅游之间是一种双向互动的关系。“文化是旅游的灵魂”意味着文化使旅游的品质得到提升，文化属性使旅游业表现出更有魅力的产业属性，其文化比重以及价值在国家社会、经济发展中的影响效用不断扩大，这也是一种必然的产业发展趋势；“旅游是文化的载体”意味着旅游活动能够使文化内涵得到广泛传播，彰显旅游产业作为地区文化传承和传播的主体作用。随着乡村振兴和文旅融合战略的实施，特别是文化与旅游的深度融合更加激发了广大乡村地区的内生活力，为中国乡村地区特色文化传承与传播及其产业发展提供了新的契机。

乡村地区的文化与乡村休闲旅游是相互影响和相互制约的关系，这是两者能完成良性互动的前提。乡村文化是乡村休闲旅游开发的基础。乡村休闲旅游能够吸引旅游消费者是因为乡村文化资源的存在。乡村地区的文化资源越丰富，乡村旅游开发可能就会越好。在文旅融合的背景下，借助乡村休闲旅游开发这一细分旅游市场，通过文旅产业融合赋能乡村振兴发展，将文化产业和乡村旅游进行深度融合，实现文化与旅游消费的有机结合，是一种乡村旅游的新业态和新模式。同时，以文旅产业融合为背景把乡村休闲旅游市场价值最大化，让乡村休闲特色产品走出去，将会更加激发中国文旅融合以及城乡融合发展的内生动力。

在本书的写作过程中，以中国乡村文旅融合发展为视域，结合乡村文旅融合现状，以乡村休闲旅游开发作为研究框架，密切关注文旅融合背景下中国乡村休闲旅游开发中的新矛盾、新问题和新事物，致力于打造兼具文化和旅游双向发展的乡村休闲旅游开发新业态。第一，阐明文旅融合、乡村旅游开发、休闲旅游开发等概念及相互关系；第二，从乡村休闲旅游开发现状、公共危机下乡村休闲旅游开发面临的问题、中国乡村休闲旅游的治理等角度来探讨乡村休闲旅游的产业韧性提升；第三，阐述在文化振兴与乡村休闲旅游开发过程中的相关利益诉求及资本转化路径；第四，以典型的农业文化遗产为研究对象，探究中国乡村传统特色文化传承与休闲旅游开发的路径；第五，对中国乡村休闲旅游产品进行研究；第六，从乡村休闲旅游市场与竞争的角度来分析乡村地区休闲旅游的发展环境；第七，阐述中国乡村休闲旅游经济结构的优化路径并提出优化建议；第八，探讨在文旅融合背景下中国乡村休闲旅游可持续发展的规律及重点。

通过本书的研究，希望达到这些目的：第一，探讨文旅融合在中国乡村地区休闲旅游空间特色化构建与开发中的作用；第二，思考在文旅融合背景下中国乡村休闲旅游开发的实践路径；第三，探析中国乡村地区休闲旅游开发策略与机制以及在城乡融合进程中的优化和完善。

著　者

2023年5月18日

目 录

第一章 绪 论

乡村休闲旅游是以乡村地区为活动场所而开展的旅游活动，这种活动形式起着增强乡村地区活力和提高农民收入的重要作用。目前中国的乡村休闲旅游开发主要存在两个方面的驱动因素：一是随着居民收入水平的提高和消费观念的改变以及对旅游期望的逐步提高，城市居民渴望回归自然，渴望在嘈杂的城市之外得到身心的休闲与放松；二是全球经济形势导致国际跨境旅游活动呈现下降趋势，而中国国内和省内乡村休闲旅游在有效填补中国旅游市场空缺的同时，成为实现区域旅游经济开发与促进中国城乡社会经济融合的重要途径。因此，乡村休闲旅游开发为乡村地区文化产业与旅游产业的融合、城市与乡村地区的融合提供了桥梁，在满足城市居民回归自然需求与增加乡村居民收入的同时，为中国的旅游发展找到了新的突破方向。

第一节 文旅融合与旅游开发

文化和旅游产业的融合与开发是推动社会经济结构优化升级和加快现代产业体系构建的一条有效途径，也是满足国民日益增长对美好生活需要的内在表现。文旅融合一直强调“宜融则融，能融尽融”，作为投入产出效益高、发展潜力大、成长性好的朝阳产业，融合后的文旅产业将成为中国社会经济高质量发展的有力支撑。

一、文化与旅游的关系

进入21世纪后，中国文化与旅游产业发展都不约而同地面临着优化和升级的目标，而推动两者融合则是实现这个目标的重要方式。实际上的文旅融合是在这两大产业边界逐渐模糊和产业之间出现相互渗透、相互交叉后形成新业态的一个动态发展过程。

（一）文旅融合简述

文旅融合既能够创新两个领域各自原有的产业发展模式，又可以丰富两大产业的内涵和产品外延。实践证明，文化产业与旅游产业的融合不仅有效实现了具有文化内容旅游产品的产业化，而且促进了旅游产品文化内容的提升。

从宏观层面来看，各级政府开始关注并推进文旅融合始于2018年。2018年，国务院开始对文化旅游相关部门的职责进行整合与完善，同时提出相关机构的改革方案，并正式组建文化和旅游部；2019年，中国首届全国文化和旅游厅局长会议在北京召开，该会议提出了坚持“宜融则融，能融尽融”“依据资源，立足特点”“解放思想，大胆创新”“文化是旅游的灵魂，旅游是文化的载体，文化和旅游相互支撑”；2021年5月，文化和旅游部发布《文化和旅游部关于加强旅

游服务质量监管　提升旅游服务质量的指导意见》。文化和旅游部组建以后，中国文化、旅游的统筹管理和资源配置变得更为合理，从国家、社会、经济各个层面不断取得良好效益。

从微观层面来看，早在各级政府提出文化与旅游市场整合之前，中国的一些旅游景区在文化与旅游的融合上展开了积极的探索。但是文化本身具有的公共性使个别企业文旅融合的尝试仅仅局限于经济个体内部，而无法实现国家和地区的有效统筹融合。在 2018 年之前，缺乏各级政府宏观政策支持也是当时中国的文旅融合没有得到较快发展的主要原因之一。

事实上，文旅融合是新时代的一种创新趋势，也是中国各个组织机构提升竞争力、提高产品附加值的试金石和助推器，目前的文旅融合已经成为中国社会经济高质量发展的新常态。另外，文旅融合是提升国家或地区文化自信的重要杠杆，不仅能够促进社会经济水平的提升、行业业态的创新、战略性思维的增强，更能推进文化繁荣和文化自信。

（二）文化产业简述

霍克海默和阿道尔诺在《启蒙辩证法·哲学断片》中提到“文化工业（culture industry）”，这是站在对文化工业批判的立场提出的一个概念。[①] 该书作者认为新媒介（广播、电视等）的出现会导致文化逐渐沦为可以用来“低俗化、娱乐化”的商品，最终变成依赖于资本力量和某些技术的附庸，而后来提到的“文化产业”一词，就是由该书中“文化工业”逐渐转变形成的一个新术语。

20 世纪 80 年代以后，中国的社会主义市场经济体制逐步建立，2000 年，“文化产业”一词出现在《中共中央关于制定国民经济和社会发展第十个五年计划的建议》中。之后的 20 多年，各级政府部门相继制定了一系列有关文化产业的地方规划、政策和意见，而此时的文化产业开发已通过宏观调控的方式提上国家社会经济发展日程。2009 年国务院颁布了第一个国家级别的文化产业专项振兴规划，即《文化产业振兴规划》，这一规划也标志着文化产业上升为国家战略性的产业。《中华人民共和国国民经济和社会发展第十三个五年规划纲要》明确提出“要在 2020 年实现文化产业成为国家支柱性产业的发展目标。时至今日，文化产业已成为人们经济提质增效的重要增长点和发力点。

关于文化产业的界定，2018 年国家统计局重新颁布并实施了文化产业新的分类统计标准《文化及相关产业分类（2018）》（以下简称《分类》），《分类》提出，文化产业是为社会公众提供文化、娱乐产品和服务的活动，以及与这些活动相关的活动的集合。世界各国由于侧重点的不同，对于文化产业的定义也各不相同，例如，美国将文化产业称为“版权产业”；英国和澳大利亚将之称为“创意产业”和“文化创意产业”；日本、韩国更倾向于称之为“内容产业”。总之，文化产业是以生产和提供精神产品为主要活动、以满足国民文化需要作为目标的一种产业形态。从内容来说，它有广义和狭义之分。广义的文化产业是指文化意义本身的创作与销售；狭义的文化产业包括文学艺术创作、音乐创作、摄影、舞蹈、工业设计与建筑设计等。

（三）旅游产业简述

20 世纪 80 年代以后，世界经济进入一个高速增长期，人们的物质生活水平不断提高，使其对旅游的需求也不断增加，旅游活动逐渐成为一种大众休闲和社会经济生活的方式。旅游

---

① 厉建梅. 文旅融合下文化遗产与旅游品牌建设研究：以山东天上王城为个案[D]. 济南：山东大学，2016。

产业的形态实际上是市场上一部分传统旅游要素的延伸和扩展，而各种要素相互交织、交融渗透，最终形成一个紧密的产业链。该产业链包括由旅游行为引发的经济活动所组成的所有产业的集合，其随着旅游活动的迅速发展而产生并逐步扩大。旅行以及旅游活动在历史上出现得很早，但是旅游产业却是近现代工业化发展的产物。从定义来看，旅游产业是一个综合性很强的产业集合体，产业关联涉及众多领域和众多学科，产业范围不仅包括旅游景区和旅游目的地，还包括与旅游活动相关的旅游企业和行业(例如，酒店行业、餐饮行业、交通行业、娱乐行业和咨询行业等)。进入 21 世纪后，随着中国互联网技术的不断发展和"互联网＋旅游"的不断融合转型，旅游产业诞生了数量众多的在线旅游服务企业和在线旅游咨询企业，这一类新鲜事物从形式上拓展了旅游产业的时空范围。另外，物质生活水平的快速提升使人们对精神生活追求的预期逐渐提高，对文化旅游产品及其附属内容也提出了更高的要求，从而把文化旅游产业催生为一种新型和重要的旅游产业形态。

关于旅游及旅游产业的相关内容，目前学界已经做了很详细的界定，前人已对旅游产业的产业链、动力效应、价值效应以及带动作用等都进行了详细探讨和分析，本书关于旅游产业的内容仅简略叙述，不再进行详细论述。

(四)文旅产业的相互关系

从中国文化产业兴起到逐渐繁荣的发展历程来看，文化与旅游两种产业表面上看似毫无关联，实际上联系非常紧密。两者之间是一种相互叠加互动的关系，文化是旅游的灵魂和精髓，更是促进旅游产业内涵提升、不断发展的根本；旅游活动又为文化得以传承和优秀文化社会价值增值提供了重要渠道。在旅游市场中，两者关系往往表现为某个国家或地区通过文化资源、文化创新来增强地区旅游产业的文化附加值和市场吸引力，而旅游市场吸引力的提高又进一步传承与开拓了文化资源和文化创新。

因此，"没有旅游，文化就是孤立的；没有文化，旅游就是空洞的"，[①]旅游活动的发生包含并推动了文化内容的产业化，而文化内容则是在充实旅游活动内在价值的同时，为旅游活动的可持续发展提供了丰富的内容传承。实际上，对于旅游产业来说，文旅融合为其带来的社会和经济收益要略高于文化产业。在文化与旅游产业融合发展过程中，旅游产业可以充分利用文化产业拥有的众多文化要素来改造现有的旅游产品形态，从而提升旅游产品自身的文化品位，同时还能利用演艺活动、影视产品、节庆活动等文化产业的传播优势来为特色旅游产品进行宣传，进而在促进文旅产业深度融合的同时，塑造和提升文化旅游的品牌价值，增强旅游目的地的竞争力和吸引力。

二、文旅融合的结果与影响

在文旅融合与乡村振兴战略的积极引导下，中国的体育、教育、科技、餐饮和农业等领域出现了多元化的文化产业，而这些文化产业与旅游产业结合后得到不断的交叉与拓展，开创了"旅游＋"的新空间。实践证明，我国文旅融合能够有效改变文化与旅游两大产业之间的边界感，边界的淡化又可以催生新的发展模式，而这也是所有涉及与文化和旅游相关产业融合的驱动力。

---

① 张凌云.试论有关旅游产业在地区经济发展中地位和产业政策的几个问题[J].旅游学刊，2000(1)：10-14。

(一)文旅融合的结果表现

文旅融合最直接的结果是催生了新业态的诞生。文化与旅游天然的关联性为两者的融合发展提供了得天独厚的优势,而现实中的大众消费需求、政策驱动、科学技术创新等都在不断促进两者逐步融合,最终形成新兴的交叉领域——文化旅游产业,这其实是两者融合最直接的结果。新形成的文化旅游产业既具有文化产业的特点和内涵,又具有旅游产业的特征。目前尽管学术界对文化旅游产业的界定仍然存在很大争议,也没有形成完整统一的定论,但是包括学者、政府工作人员、相关企业家在内的大多数人逐步认同文化旅游产业就是文化产业与旅游产业有机融合的结果。此外,随着社会经济的发展,文化产业与旅游产业还在不断地进行更深入的融合,文化产业的各细分行业与旅游产业的融合产生了新的业态,如山水实景演出旅游、影视城观光游、节庆活动体验游、专题会展旅游和农业文化遗产旅游等。

文化旅游产业新业态的形成不仅意味着文旅融合型产品的出现,还促进了旅游目的地、旅游产业韧性的提升,加强了文化产业与旅游产业之间的关联与互动。实际上,文旅融合代表着文化企业与旅游企业、文化市场与旅游市场、文化人才与旅游人才、文化管理体制与旅游管理体制等一系列相关领域内全方位的交叉、重叠与融合。

(二)文旅融合对社会经济产生的影响

文化产业与旅游产业融合使两者出现了一种叠加和互动的关系,看似属于两个不同的领域,实际上联系非常紧密。当前中国的文旅深度融合将两者关系及其对各自产业的影响表现得淋漓尽致,一方面,文化的发展需要把旅游产业作为载体和平台以实现文化价值的传承与推广,例如,文化产业中的一些细分领域(文化遗产开发、演艺产品推销和民俗节庆活动等),与旅游产业的结合使自身的特色展现与传播空间得到了不断拓展;另一方面,旅游产业通过对文化的引入、发掘和创意等方式方法的创新,不仅提升了旅游产业的文化品质,而且加强了旅游目的地品牌的建设和发展。以山西平遥古城《又见平遥》大型实景演艺项目为例,景区通过在旅游线路中增加欣赏《又见平遥》演艺项目而实现了文旅融合背景下的旅游产品的开发。

该项目(《又见平遥》)是“又见系列演艺项目”在中国北方地区的第一个项目,也是山西省在“十二五”期间由能源大省向文化大省转型跨越的重要旅游发展项目之一。该文化旅游产业区总占地面积为350亩,共分三大板块:一是以《又见平遥》剧场为主的演出区;二是以停车场为主的旅游服务功能配套区;三是以主题步行街为主的文化旅游展示区。《又见平遥》有效地促进了平遥古城文化产业与旅游产业的融合发展,外来游客在旅游过程中既是文化消费者,又是旅游产品消费者,文化产业通过与旅游产业的结合实现了文化市场向旅游市场的延伸。

事实上,文旅融合对各自产业开发的影响及其表现是多种多样和多角度的,如果从市场角度来考量的话,文旅融合的影响还表现在以下四个方面。

1. 文化产业和旅游行业市场更加趋向于细分化

通过不断发展,现今的文化产业和旅游产业早已告别了过去粗放的发展方式,而呈现出更加细分和聚焦的新特点。以中国文旅市场为例,其产品主要有文化主题公园、红色文化旅游、民俗文化旅游、农耕文化旅游等类型。而单以农耕文化旅游为例,又可以细分为农业技术研学旅游、农业文化景观观光旅游、农家采摘旅游等。

2. 文化产业与旅游产业各自的产品以及相互的交叉产品更加多元化

随着“旅游+”的不断创新转型以及文化、旅游产业之间相互渗透和融合，极大地促进了文旅产业与其他相关产业的垂直交互发展，文化类旅游产品业态更加丰富多样，旅游市场出现了教育科研、航空科技、乡村露营、文化体育产业和健康休闲等新业态，而新业态的诞生又使文旅产业开发更加多元化。

3. 文旅融合促进了文化产业和旅游产业开发的集聚效应

随着中国游客旅游需求和旅游形式不断地转变，过去单一的观光旅游吸引力大为降低。而这时的文化产业和旅游产业集聚效应开始逐步实现，文化旅游更多强调的是多元化文旅产品的创新与开发，以“研学、商务、游览、娱乐”等为基础的多方位开发，也通过各自产业集聚实现了文化和旅游消费模式的提升。

4. 文旅融合有效推动了文化和旅游产品范畴、相当数量特色品牌的创新和构建

通过文旅产业有效融合以及国内外文旅产品的不断交流，中国的文旅市场出现了多元化合作新模式。例如，迪士尼乐园、环球影城等国外主题公园巨头加入中国市场，对中国的华侨城、方特等主题公园形成了一定的冲击，也极大地促进了本土文旅产品特色品牌的创新。

此外，文旅融合对社会和经济影响也是深远的。中国的文旅融合开发链涵盖了众多的因素，事实上已经具备了中心产业的特征和功能，对当前社会经济发展具有显著的产品效应。今后相当长的一段时间内，将可以作为社会消费升级、乡村振兴和城乡融合发展的创新重点，甚至能够在此基础上开发出新的业态和发展模式。

三、文旅融合下的旅游开发

十三届全国人民代表大会常务委员会第四次会议表决通过了《中华人民共和国国民经济和社会发展第十四个五年规划和2035年远景目标纲要》的决议(以下简称“十四五”规划)，标志着中国社会经济进入了新发展阶段。在这之前，中国的文旅产业发展形态就已经呈现“文旅融合、高品质生活、高质量发展”的新形势，而今后的文旅融合与开发将会进入高品质发展的新时代。

一方面，在政策法规、文旅融合市场、产业特色内涵等方面，文旅融合下的旅游开发将会迎来前所未有的发展机遇。

(1)在国家政策法规方面　以文化和旅游部为主导，陆续出台了《促进乡村旅游发展提质升级行动方案(2018—2020年)》《文化和旅游部关于提升假日及高峰期旅游供给品质的指导意见》《国家级文化生态保护区管理办法》《推动文化和旅游高质量发展战略合作协议》等多项促进文旅融合和提升文旅产业高质量发展的政策法规和指导措施。政府相关管理部门多次组织召开关于文化和旅游的专题论坛和会议，例如，2018年文化和旅游扶贫论坛、全国发展乡村民宿推进全域旅游现场会、2019年全国文化和旅游厅局长会议、2019年文化和旅游部全国产业发展工作会议、2020年全国文化和旅游厅局长会议等，一系列的措施和会议不断深化布局文化旅游融合与文化旅游高质量发展工作。

(2)在文化与旅游市场方面　目前的文旅融合与开发早已成为旅游市场的焦点和各个地区的产业发展目标。其主要表现为各具特色的文化旅游产品不断创新和涌现，从自然到文化、从单一形式到综合构建、从分散零星到规模集中，文旅融合与开发步入新的时代和新的常态。

两者的市场关系表现为：通过旅游市场的开发来不断推动文化和旅游产业的深度融合，而文化产业发展又给予旅游产业开发足够的市场价值和文化深度。“以文促旅、以旅带文”成为中国文旅融合与开发的主体思想。作为国家文化传承的一种载体，旅游开发一直以来都表现出巨大的发展潜力和价值，而文旅融合与开发在增强旅游目的地的文化内涵与气质的同时，也提升了文化旅游资源的吸引力，这对于文旅融合及旅游开发都有相当大的促进作用。

（3）在产业特色和内涵方面　中国文旅融合下的旅游开发尚处于初级阶段，文旅融合深度远远不够，且旅游开发过程中严重缺乏文化内涵。现有文旅融合项目面临的问题集中表现在：①文化和旅游资源的共用与共享内容相对较少、创意创新力度不够、独立成点但难以成面等。例如，一些乡村地区将传统农业文化遗产用于旅游开发，对特色农耕文化发掘不够，同时缺少精品旅游项目。②各地区推动文旅深度融合缺乏复合型专业人才支撑。例如，文化领域的经营者与管理者更愿意强调文化的公共属性而忽略了市场需求，导致开发的旅游产品和创新项目缺乏商业活力，而旅游领域的经营者与管理者则更加追求商业利益从而导致文化产品和旅游开发得过度商业化。目前的文旅市场急需文化和旅游双向复合型人才。虽然国家文化产业发展迅速，但较之应有的经济体量仍然存在巨大差距，这主要是由文化发展滞后性所决定的。市场中的大多数文化旅游产品与项目仍然存在文化内涵品位低下、艺术审美相对缺乏、文化产品设计缺乏美感等现象。通常，对那些特色鲜明、内涵丰富和较高审美水平的培育是一个漫长和渐进的过程。通过不断加强文化与美学教育来提升大众对文化和美的感知，着重培养能够创新和创造的文旅融合的专业化人才。

从近些年我国文旅融合下的旅游开发来看，虽然开发规模、效益以及质量水平等都有了长足的进步，但仍然存在一些问题需要加以改进。

经过一段时期的爆发式开发后，文旅融合开始趋于表面化和形式化。部分旅游目的地仅仅将特色传统文化作为一种“表象符号”而简单叠加，这时的特色传统文化只起到了“博眼球”的作用；一些乡村旅游目的地为了与城市游客产生亲近感，不加选择地大量植入外来文化元素，这样既与本土传统文化显得格格不入，又破坏了外来游客对于乡村地区的原有印象。

在文旅融合过程中，对传统文化传承与创新的关系尚未理顺。文化旅游产品市场中的一些旅游目的地受现有市场利益的驱使而一味地、毫无原则地迎合外来游客的口味，简单粗暴地对自身特色传统文化、民风民俗实施“快餐式和连锁式”的开发。这是一种明显的短视行为，长此以往容易导致特色传统文化逐渐被弱化和同质化，而这些宝贵的历史遗产将会在过度商业化过程中消失殆尽。在文旅融合背景下，平衡传统文化的传承与创新绝对不能单纯为了追求利益而过度商业化、无限创新、远离文化根基，必须在重视发掘传统文化精华和尊重文化内核的基础上实现旅游开发的合理化。只有这样，才是文旅融合下旅游开发的正确途径。在旅游开发中也要加强文化传承下的创新，特别是把传统文化和现代乡村居民的日常生活相结合，从而走出文化固化的误区。

总体来看，文旅融合下的中国旅游开发势头良好并且潜力巨大，各地区文化产业和旅游产业融合的程度正在逐步加深。通常，一种新型旅游业态在发展初期往往对目标游客[①]是最具吸引力的，如果这种旅游创新业态缺乏对地区特色文化的深刻理解，缺少对优质精神内涵的深度发掘，其后续产品的生命力将不会长久。文旅融合下的旅游开发需要加强对地区特色文化

① 目标游客是指旅游企业在制定旅游产品销售与相关服务策略时，所选定的旅游市场的消费群体。

资源内涵的发掘整理与合理利用，同时要重视特色文化资源在整个旅游开发过程中的“解说能力和推广能力”，将地区特色文化内涵通过科学和有趣的商业形式展示在整体旅游活动过程中，以方便外来游客轻松接受。

第二节 乡村旅游开发的概述

2022 年 3 月，文化和旅游部等六部门联合印发《关于推动文化产业赋能乡村振兴的意见》（以下简称《意见》）。《意见》明确了“创意设计、文旅融合等 8 个文化产业赋能乡村振兴的重点领域”，这也意味着今后中国文旅融合与旅游开发重点将会放在广大乡村地区。乡村旅游是实现国家乡村振兴战略的一个重要途径，因为乡村旅游开发作为旅游产业的组成部分与现代乡村农业的价值延伸，它能够吸引众多社会资本的加入，这种开发形式一直是中国旅游市场开发的投资热点。除此之外，在乡村地区实施旅游开发不仅可以增强广大乡村地区经济发展的内生活力，更有利于缩小城市与乡村之间的社会、经济差距，从而推动中国城乡融合的协调发展。

一、乡村旅游的界定

随着中国乡村地区社会经济发展和文旅融合的深入，乡村旅游的内涵也在发生变化。以往的乡村旅游是外来游客了解乡村地区的民情和风俗、传统和历史、饮食与服饰等概况，观赏游览乡村地区种植的一些粮食产物（如水稻、玉米、高粱和小麦）、农业经济作物（如果树、梨树和桃树）、小溪小桥、村寨院落等景观。而现代乡村旅游则被认为是游客在乡村及其附近地区，通过长时间逗留、技术研学、放松娱乐等形式来体验乡村原住民生活模式的一种活动。

目前，国内外学术界对乡村旅游的界定仍然没有统一公认的定义，但是其中不乏一些具有代表性的观点。

西班牙学者认为，乡村旅游就是农户为旅游者提供食宿等，使其在农场、牧场等典型的乡村环境中从事各种休闲活动的一种旅游形式①；世界经济合作与发展委员会对乡村旅游的定义为：在乡村开展的旅游活动，其中田园风味是乡村旅游的中心和独特的卖点②。

以色列学者和美国学者提出，乡村旅游就是位于某个乡村区域的旅游活动，其具有乡村区域的典型特性，例如，旅游企业规模要小、区域要开阔和具有可持续发展性等特点③；西班牙学者关于乡村旅游的定义较为详细，他将乡村旅游分为传统乡村旅游和现代乡村旅游两种④。

传统乡村旅游出现在世界工业革命之后，主要源于一些来自乡村地区的城市常住居民，以“回老家”“探亲”等度假形式出现。虽然传统乡村旅游会对乡村地区产生一定的经济影响，同时会增加一些城市与乡村的交流机会，但它与现代乡村旅游相比还存在很大的不足：传统乡村旅游活动主要在法定节假日进行；并没有合理地促进乡村地区经济的高速发展；没有给乡村地区增加就业机会和改善金融环境。

现代乡村旅游是 20 世纪 80 年代出现在乡村地区的一种新型旅游模式，这时城市消费者

---

① 李小静.贵州省桐梓县乡村旅游资源开发对策研究[D].天津：天津大学，2018。

② 伍敏学.宁海县许家山乡村旅游开发策略研究[D].杭州：浙江农林大学，2017。

③ 伍敏学.宁海县许家山乡村旅游开发策略研究[D].杭州：浙江农林大学，2017。

④ 樊丽.现代农家乐园区景观规划设计方法探求：以河南省平顶山地区农家乐为例[D].西安：西安建筑科技大学，2011。

的出游动机明显区别于“回老家”“探亲”的传统旅游形式。现代乡村旅游的主要特征表现为：一是出游的时间不仅仅局限于法定假期，而是全年和全天候的；二是游客能够充分利用乡村地区优美的自然景观、悠久的人文建筑以及浓重的传统文化习俗等资源来实现自身的感官享受；三是现代乡村旅游对乡村经济的贡献表现在多个方面，例如，增加地区财政收入、创造地区就业机会和提升乡村社区的整体素质等。总之，现代乡村旅游已经成为助推乡村地区社会经济发展的有效手段。而本书探讨的乡村旅游主要是指现代乡村旅游。

综上所述，我们可以将乡村旅游与城市旅游从地理空间上进行区分。乡村旅游就是在城市之外的乡村地区发生的一切旅游活动和行为的总和，其内容包含两个方面：一是旅游行为必须发生在某个乡村地区；二是以乡村地区特有的属性作为旅游吸引物。因此，本书关于现代乡村旅游的定义为：以具有乡村地区特有的属性（包括自然和人文客体等）为旅游吸引物，依托乡村地区的优质景观、原生环境、传统建筑和特色文化等资源，在传统乡村旅游活动和农业体验活动的基础上，将其延伸并拓展为度假、研学、娱乐等活动的新型旅游消费方式。

二、中国乡村旅游开发

虽然关于中国乡村旅游开发的理论和实践的研究内容日渐丰富，并且已经形成包括乡村旅游内涵、本质、模式、路径和典型案例等要素在内的多种研究体系，但是宏观的乡村旅游开发并不是本书的研究重点，本书将研究范围限定于乡村旅游中的乡村休闲旅游这一细分市场。因此，作为后续内容的铺垫，以下内容仅从开发模式和开发现状两部分进行简要分析。

（一）乡村旅游的开发模式

根据文化和消费习惯等要素来分析，“中国乡村地区的旅游开发模式大致可以归结为以下七种”①。

1. 城市依托型：环城市乡村旅游

该类型是依托于某些中心城市的区位优势、市场优势等，通常在中国一些环中心城市地区容易形成一批规模较大且发展较好的乡村旅游经济带，例如，北京市平谷、密云等环城市旅游带。

2. 景区依托型：景区周边乡村旅游

一些成熟的景区拥有巨大的吸引力，能够在资源和市场方面为乡村旅游带来巨大的发展优势，这些景区周边的乡村地区完全能够借助这一优势成为乡村旅游的优先发展地区，例如，贵州黄果树瀑布周边、四川九寨沟景区周边、云南大理古城周边等。

3. 产业依托型：特色庄园乡村旅游

以现代产业化程度极高的优势农业为依托，通过拓展观光农业、休闲体验、度假娱乐等功能，开发“农业＋旅游”产品形式，从而带动该地区农副产品加工、特色餐饮服务等相关产业的发展，实现农业与乡村旅游业的协同发展，该模式适用于农业产业规模效益显著的地区，例如，河南省南街村以及山东省、河南省的一些传统农业种植区等。

---

① 陈展鹏，陈中建，蔡正军. 休闲农业与乡村旅游[M]. 北京：中国农业科学技术出版社，2019。

4. 历史文化依托型：古村古镇乡村旅游

古村古镇以其深厚的文化底蕴、古色古香的建筑遗迹等，长期受外来游客的青睐，但在乡村旅游开发过程中所产生的保护与开发之间的矛盾、传承与商业化的博弈等也给该类景区的旅游开发带来了诸多困惑与限制，例如，山西乔家大院与平遥古城、云南丽江古城与楚雄彝人古镇等。

5. 民俗依托型：乡村文化活化与社区旅游

随着中国乡村民俗旅游的蓬勃发展，传统民俗文化在乡村旅游开发中常常会受到激烈的冲击，有时甚至会消亡。而面对传统民俗文化的保护与乡村旅游开发的矛盾以及乡村原住居民①与旅游经济的博弈，目前国内外的学界仍然没有找到一条公认且合适的路径。

6. 创意主导型：传统民间艺术助推乡村旅游

民间艺术是地区大众历史传统生活的具体体现，内容包括陶瓷、布艺、刺绣、毛绒、皮影、泥塑、砂、文房四宝、书画、铜艺、装饰品和漆器等众多类型。民间艺术代表着一个民族或地区的特色历史文化特征且具有地区的独特性，例如，中国云南地区的少数民族艺术等。

7. 科技依托型：科技引导现代乡村旅游

由现代高新科技引导、展现乡村农业风貌的项目逐渐成为集研学、体验、观光和展示为一体的现代新型乡村旅游产品。该产品代表了中国乡村旅游开发的发展方向。

（二）乡村旅游的开发现状

基于文化和消费习惯等现实情况以及乡村旅游资源分类等因素，中国乡村旅游开发现状大致如下。

1. 乡村旅游产品类型丰富多样

目前，中国乡村旅游开发呈现产品种类多样且形式丰富的特点，除传统的农家乐、民俗村、农业园等形态外，还涌现出农业技术观光、民风民俗展示、科技教育活动、康体休闲等乡村旅游形态。结合现阶段中国乡村地区旅游开发的实际情况来看，一些特色鲜明的乡村体验类旅游项目正在逐步成为重要的乡村旅游产品类型。

2. 乡村旅游开发重点区域建设初见成效

近年来，政府通过积极推动乡村旅游开发、赋能乡村振兴和城乡融合发展的方式，有效促进了重点区域、重点村落的旅游开发逐步构建和完善。例如，2019 年 7 月由文化和旅游部、国家发展和改革委员会确定的第一批全国乡村旅游重点村名单公布；2021 年 4 月农业农村部开展全国休闲农业重点县建设工作，计划到 2025 年建设 300 个在区域、全国乃至世界有知名度、有影响力的全国休闲农业重点县。

3. 乡村旅游开发中接待人数和旅游收入同步增加

从《全国乡村产业发展规划(2020—2025 年)》(农产发〔2020〕4 号)(以下简称《规划》)来看，《规划》明确提出，到 2025 年，乡村旅游的经营收入超过 1.2 万亿元。这个数据大致能够预

---

① 原住居民是指某个国家或地区较早定居的族群，原住居民的籍贯必定是本地的。乡村原住居民是指乡村地区较早定居并长期生活繁衍的群体。

示"国内乡村旅游行业收入的平均复合增速应该大于接待人数的增速",这表明从2021年开始,中国的乡村旅游开发进入了实质性的提质、提量和提价的新阶段。

4. 多样化、体验化与融合化成未来乡村旅游开发趋势

目前,中国乡村旅游早已超越了单一的"农家乐"形式,逐步向观光、研学、休闲娱乐、文旅复合型转变。随着城市居民消费水平升级和个性化休闲旅游需求的不断提高,乡村旅游活动内容逐渐趋向于多样化、融合化和个性化。另外,乡村旅游消费模式开始从简单的观光式旅游过渡为以休闲度假为目的的体验游。当前中国乡村旅游开发路径逐渐形成"乡村生活主题化、乡村体验生活化、乡村农业现代化、乡村旅游业态多元化、传统村镇景区化、乡村居民多业化、特色资源产品化"等七个新的发展方向。

三、乡村旅游开发中的文旅融合

近年来,中国乡村旅游开发呈现高速增长的态势。随着政策支持力度的加强,旅游开发在乡村大地上不断扩展和创新。

相关数据显示,2023年,中国出游人次为48.91亿,比2022年同期增加23.61亿,同比增长93.3%,其中城镇居民出游人次为37.58亿,同比增长94.9%;农村居民出游人次为11.33亿,同比增长88.5%。中国游客出游总花费为4.91万亿元,比2022年增加2.87万亿元,同比增长140.3%,其中城镇居民出游花费为4.18万亿元,同比增长147.5%;农村居民出游花费为0.74万亿元,同比增长106.4%。

从发展趋势上看,中国乡村旅游的文旅融合与开发特征主要表现在以下四个方面。

(一)城市居民文化休闲旅游已经成为乡村旅游的核心

城市居民文化休闲旅游包括农业技术观摩游、大棚生态研学游、农家饮食文化游、传统农家大院观光、民俗村游和节事活动参与游等。这些文旅融合项目不但带动了广大乡村地区观赏型农作物的培育、瓜果蔬菜的种植消费、家禽家畜的养殖消费、餐饮住宿产业升级、特色民俗文化消费的全面发展,而且将服务产业引入广大乡村地区,有效实现了乡村地区社会经济的发展和特色文化的传承。

(二)乡村传统文化风貌成为乡村旅游特色产品的体现

在乡村旅游开发过程中,不少乡村旅游的开发者和管理者开始用乡村传统文化景观概念建造乡村基础设施,同时用文化旅游的理念来经营现代农业,正在努力将乡村地区拓展为集传统特色文化和休闲旅游为一体的度假胜地。同时,乡村民居的日常生活和民风民俗等成为城市游客的观光体验产品,而乡村民居的生产生活与本地特色资源、文化特色相结合,使乡村旅游开发过程中形成了产业型、环保型、生态型、文化型等现代发展思路。

(三)文旅融合构建了现代乡村社会经济发展的新形式

乡村旅游开发中的文旅融合已经能够让乡村本土居民兼顾旅游业和种植业两方面的社会经济收益,能够做到农业生产、传统民俗文化传承与旅游开发活动相互兼顾、互为补充。很多乡村旅游目的地原住居民的劳作方式从单一的务农逐步转变为"以农为主、农商共进"的新形式。乡村旅游开发下的文旅融合将会吸引大量乡村本土居民去积极参与开发观光农业、生态

农业、文化特色农业等项目。

(四)文旅融合使乡村旅游走上差异化的发展道路

乡村旅游开发中的文旅融合是把中国乡村地区传统的生产和生活状态转换成具有旅游观光、娱乐体验、传统文化传承、优秀价值传播、度假休闲等旅游产品,并且通过乡村特色文化的发掘使乡村旅游开发走上区域差异化的发展道路。例如,乡村旅游开发中的现代农业技术研学旅游、传统民俗风情旅游、特色农家乐餐饮文化旅游、古村古镇旅游和度假休闲旅游等。

随着文旅融合的不断深入,中国乡村旅游差异化发展路径开始逐步形成与构建完善。但是当前的乡村旅游开发和文旅融合实践出现了一些现实困境,例如,各个乡村旅游开发的各参与主体对乡村旅游的内涵本质认识不足,对乡村旅游开发方式方法掌握不够全面,导致乡村旅游开发的整体质量和效率不高;一些文旅融合项目严重脱离实际,甚至不符合文化和旅游的发展规律(盲目引进文化项目、将文旅项目强制融合等),这些都影响了文旅融合赋能乡村振兴的成效。文旅融合的深入是一个渐进过程。

第三节 休闲旅游开发的概述

休闲旅游活动与其他旅游方式的不同之处在于,“动”与“静”、“行”与“居”、“累”与“闲”等,而休闲旅游能使游客占据更大的主导权。当然,休闲旅游是以旅游目的地的服务设施条件为基础而展开的旅游活动,也是现代旅游发展到一定阶段的产物。

一、休闲旅游的界定

休闲旅游是以休闲娱乐为主要目的,以旅游资源为依托,以特定的文化景观和服务项目为内容,吸引游客离开常住地而到旅游目的地逗留一定时间的游览、娱乐、观光和休息等活动,其行程距离较短,且一般活动范围不会超过游客居住地的 200 千米。本书所指的休闲旅游包括城市和乡村一切以旅游资源为依托,同时以休闲为主要目的旅游活动。与一般大众旅游不同的是,休闲旅游除具有大众旅游普遍的共性外,还有一些自身的特点。

(一)以休养身心为目的

让游客精神放松是休闲旅游的基本目标。所谓休闲就是要在一种“休闲放松、无所作为状态”的境界中获得身心愉悦的效果,而这种放松的效果与紧张、快捷的生活、工作节奏形成鲜明对比,因此休闲旅游是一个有效利用“缓慢节奏”进行身心调节的过程。

(二)旅游目的地的重复性

休闲旅游与其他旅游形式最大的区别在于:游客对自己认同的旅游目的地充满持久的兴趣偏好,甚至对休闲旅游目的地某一家自己喜欢的酒店也具有极高的忠诚度。通常,如果某个休闲旅游目的地拥有大量稳定的“回头客”群体,那么其提供服务的针对性就会越强,能够提供的人性化服务也就越好。另外,休闲旅游目的地的重复性意味着景区景点的经营除需要延长产品链外,还必须注重培育和培养游客的忠诚度,促进游客对休闲景区品牌和产品的喜爱,成为休闲旅游目的地的常客。

（三）游客消费能级高

随着人们收入水平的持续提高、闲暇时间的不断增多以及精神文化品位的提升，休闲旅游逐渐在一些发达地区和高收入人群中兴起，这种现象决定了参与这类旅游活动的游客，其消费能级水平相对较高。相对于大众观光型旅游活动而言，休闲类型的游客在旅游目的地停留时间相对较长，而且会持续产生一系列重复性消费，该类旅游市场的开发潜力巨大。

（四）游客停留时间较长

休闲旅游活动对旅游目的地的指向性比较集中，其与大众观光旅游所追求"多走、多看、多玩"的价值存在明显不同。这就意味着参与休闲旅游活动的游客往往会在某个地方停留较长的时间，且休闲消费的目的性非常明确。虽然中国旅游市场仍然以大众观光旅游为主，但是受政治经济环境以及中国社会经济发展环境的影响，休闲旅游市场份额表现出逐年扩大的趋势。例如，2020 年之前，中国大众旅游形式以国际旅游和国内长线旅游为主，人们渴望到异国他乡进行短期旅游，而 2020 年之后受某些社会公共危机的影响，大众观光型旅游逐步转变为城市近郊休闲旅游。

（五）目的地交通便捷

与大众观光型旅游相比，休闲旅游活动的关注点大多放在时间成本上，即追求从客源地到目的地交通的快速和便捷。因为休闲旅游者并不关心旅游交通过程中的观赏性和景观性，游客更看重的是如何尽快进入"身心的休闲放松状态"，以提高休闲旅游的质量和体验，所以休闲旅游目的地与客源地之间的距离不应该太遥远（一般不超过 200 千米范围），在交通环节上更多追求的是"点对点"直接的交通方式。例如，近年来，我国城市近郊出现了相当数量的休闲项目和度假村，这些项目除主打回归自然、体验乡村生活、放松娱乐外，优越的地理位置和便捷的交通也是其得以开发的一个重要因素。

（六）自助式或半自助式

相对于大众观光型旅游的全包式而言，参与休闲旅游活动的游客更偏好自助式或半自助式旅游（仅通过旅行社安排机票、住宿，或者单独购买景区门票），而在出游的单元上，亲友之间结伴出游的比例明显高于大众观光型旅游。以散客或家庭为主的出游方式兴起于 20 世纪 80 年代初。随着中国家庭收入的提高以及私家汽车保有量的持续增加，以散客或家庭为单位的休闲旅游方式逐渐成为中国旅游市场的一个常见形式。

（七）游客需求层次丰富

休闲旅游消费的进一步成熟对游客来说会产生更高的精神文化需求，这是因为随着旅游体验的增加，游客参与旅游活动的目标不仅是单纯的视觉、味觉等感官的体验，更是旅游追求旅游目的地的文化氛围和精神内涵。如果某个休闲旅游目的地能够在文化层面上满足游客的多方位需求，那么该旅游目的地的文化内涵就会逐步成熟，进而成为巩固游客对休闲旅游目的地忠诚度的驱动因素。

二、休闲旅游产业开发

无论是从旅游市场需求的变迁，还是从旅游开发产业转型的角度来说，休闲旅游都已经成为现代旅游开发和可持续发展的关键因素。

（一）休闲旅游兴起的原因

休闲旅游主要源自旅游市场消费结构的转型和升级。旅游市场在经历以观光为目的的初级阶段后，消费的主流会发生一定的变化，休闲旅游以及其他商业性旅游的市场份额将会上升，进而逐步成为层次更高的旅游消费需求。

首先，闲暇时间与人均寿命展示着一个国家或地区的文明程度，两者共同推动了休闲旅游市场的诞生。随着社会经济水平的提升，人们的闲暇时间逐渐延长。从 20 世纪末开始，普遍趋势是每周工作时间的减少和公共节假日的增多。从发展角度来看，世界工人每周总工作时间从 18 世纪末期的每周 72 小时下降到目前的不超过 40 小时。另外，人均寿命的延长促进了休闲旅游市场的产生和发展。据统计，2023 年中国人口平均预期寿命为 78.1 岁，其中男性的平均预期寿命为 75.64 岁，女性为 81.9 岁。闲暇时间和人均寿命的增加极大地促进了休闲旅游的需求和休闲旅游市场的发展。

其次，社会休闲理念的形成培育了休闲旅游消费的动机。本书把休闲理念定义为：人类以自己的语言形式与形态来诠释某些现象和事物，最终归纳或总结的思想、观念、概念与法则。休闲理念包含了人们对休闲、娱乐等众多使自身产生愉悦活动的看法和思想，例如，中国传统文化中对休闲理念的认识就是基于“天人合一、以静为主，中和为度”。现代游客对于休闲有了越来越深刻的理解，开始更多地关注闲暇时间的自身精神、心理和健康方面的需求。据统计，在全球旅游活动中，单纯以观光为目的的旅游只占整个旅游市场的三成，休闲旅游和户外运动则占了七成以上，因此既愉快又有益身心的休闲旅游消费模式正在成为旅游消费的主流。

最后，社会消费水平的提升促进了目标游客休闲旅游动机的产生。某一地区社会经济发展的直接表现是居民个人可支配收入不断增加，这促使城乡居民对休闲旅游产品多样化的消费需求的提高，此时的休闲消费成为主要的旅游消费形式。进入 21 世纪以来，人们休闲旅游的意愿逐渐强烈，用于休闲旅游支出的比例也在逐步提高，休闲旅游的快速发展推动了旅游业的转型。例如，“2022 年前三季度，城镇居民人均可支配收入为 37 482 元，名义增长了 4.3%，扣除价格因素，实际增长了 2.3%，名义增速和实际增速分别比上半年提高 0.7 个百分点和 0.4 个百分点，农村居民人均可支配收入为 14 600 元，名义增长了 6.4%，扣除价格因素，实际增长了 4.3%，名义增速和实际增速分别比上半年提高 0.6 个百分点和 0.1 个百分点，2022 年前三季度，农村居民人均可支配收入名义增速和实际增速分别比城镇居民高 2.1 个百分点和 2.0 个百分点”①。近年来，乡村居民收入增速较快，其原因主要受益于各级政府对基础设施的投资、重大扶持项目的建设以及夏粮丰收、玉米和小麦价格的上涨、生猪和禽蛋价格的上涨等。另外，城乡居民休闲活动的数量和质量都得到相应的提高，人们更注重愉悦心情、享受生活。

休闲旅游开发的过程是一个国家或地区的社会、经济、文化、生态效益等全方位体现的过

① 方晓丹. 居民收入增速回升 消费水平有所恢复[N/OL]. 经济日报，2022-10-24[2023-5-18]。

程。从产生到发展,再到提升都体现着这个国家或地区的社会经济整体发展水平,因此休闲旅游开发的兴起不是在机缘巧合下完成的,而是社会、经济、文化等发展到一定阶段的产物。

(二)休闲旅游开发模式

步入21世纪之后,中国的休闲旅游开发进入一个全面蓬勃发展的时期,其主要表现在休闲旅游景区急剧增多、景区规模持续扩大、各项功能逐渐拓宽、景区和景点分布不断扩展等方面。目前,中国的休闲旅游产业开发模式较为多样,不能一概而论。通过对前人研究的归纳,休闲旅游开发可被划分为如下三种模式。

1.休闲娱乐性的产业田园开发模式

娱乐性的休闲旅游模式恰好符合了现代旅游市场大众游客的价值偏好,而这一模式又可以细分为两种:农家乐休闲模式和健康疗养休闲模式。

对于农家乐休闲模式而言,中国很多旅游城市的周边地带都有具体呈现,主要表现为“吃农家饭、住农家院、干农家活、体验农家风情”等形式。城市白领在常住地周边的乡村地区,参与果实采摘、烧水做饭等田园式活动,这一模式在我国旅游市场上已经产生了很好的开发效果。在休闲旅游开发中,农家乐休闲模式的优点是给那些自出生以来从没涉足乡村田园式生活的城市居民,或者有浓郁“乡愁”情结的游客以独特的环境,帮助他们放松心情。其缺点是这一模式的目标旅游群体仅仅是“城市白领”或具有某些“个人乡村生活情结”的城市游客。

健康疗养休闲模式的主要需求者也属于城市工薪阶层。随着城市居民日常工作压力的增大以及现代休闲理念深入人心,身处中心城市的工薪阶层越来越关注自己的身心健康。健康疗养休闲模式的优点是随着城市规模和数量的急剧扩张以及城市居民生活节奏的不断提速,该类型的旅游需求会越来越大、越来越迫切,并且这一模式的投入产出比非常高,有利于休闲旅游开发者和经营者的资金回流。其缺点是这一类型的开发模式对于城乡经济发展水平和旅游目的地生态优势的要求非常高。若在城市周边的休闲旅游目的地进行健康疗养休闲开发,就必须具备独特的、差异化的地区经济优势和生态优势。只有这样,才能得到旅游需求者的青睐。

2.休闲体验性的产业开发模式

该类型开发模式在增加外来游客的农业知识和乡村新鲜感的基础上,通过亲身体验将游客置身于休闲旅游目的地的生产和生活,利用参与性和体验感来增加他们的情感共鸣。该模式又可以细分为三种形式:乡村风情休闲体验旅游、节庆活动休闲体验旅游和产业休闲旅游。

乡村风情休闲体验旅游主要以乡村地区的民俗风貌以及乡村传统历史文化休闲体验为主,通过展现乡村地区的田园民居建筑、民间传统艺术、特色生产生活方式等,让目标游客了解当前乡村地区的农业、农事、文化活动现状;节庆活动休闲体验旅游以乡村地区传统节庆日为主,通过让目标游客观看和体验乡村田园式节庆日的活动,了解不同地区的节庆传统文化;产业休闲旅游模式主要通过农产品采摘、田园狩猎、农牧业产区观光游览等方式,来体验乡村地区原生态的休闲生活,这种模式需要较高的场地基础设施的投入,对外来目标游客的物质条件和经济条件要求也较高。近年来,随着城市和乡村社会经济的发展,这种休闲旅游模式的项目开发数量逐渐增多。

3.研学和生态性产业开发模式

该种模式主要以增加传统农业科教知识和乡村生产生活经验为主,其细分类型包括科教休闲农业旅游和生态生活休闲旅游。科教休闲农业旅游能够将青少年的劳动教育与传统农业知识有效结合，以提升国民素质，特别是城市居民的农业知识水平。一些农业科教发展迅速的乡村地区早已开始建设农业科普休闲旅游区的尝试；生态生活休闲旅游以实现“人与自然和谐、共生发展”为目标，包含“天人合一”的思想内涵。目前我国很多地区都在利用自身传统农业优势，大力兴建生态农业园、绿色生物园和观光农业园等项目，以应对城市游客不断增长的研学旅游和生态休闲旅游需求。

三、中国休闲旅游产业开发现状

世界旅游组织的相关研究表明，旅游行业一般要经历“观光旅游—休闲旅游—休闲度假旅游”三个发展阶段，其中休闲旅游是旅游产业发展的中间阶段和过渡阶段，而休闲度假旅游才是旅游产业发展阶段的最终目标。

“当某个国家或地区人均 GDP 达到 2 000 美元时，休闲旅游就会得到快速发展；当人均 GDP 达到 3 000 美元时，旅游形态就会以休闲度假旅游为主；当人均 GDP 达到 5 000 美元时，旅游市场就会步入成熟的休闲度假经济”①。(图 1-1)此时，旅游市场表现为：目标游客的休闲度假需求和消费能力日益增强，旅游市场整体呈现多元化趋势。

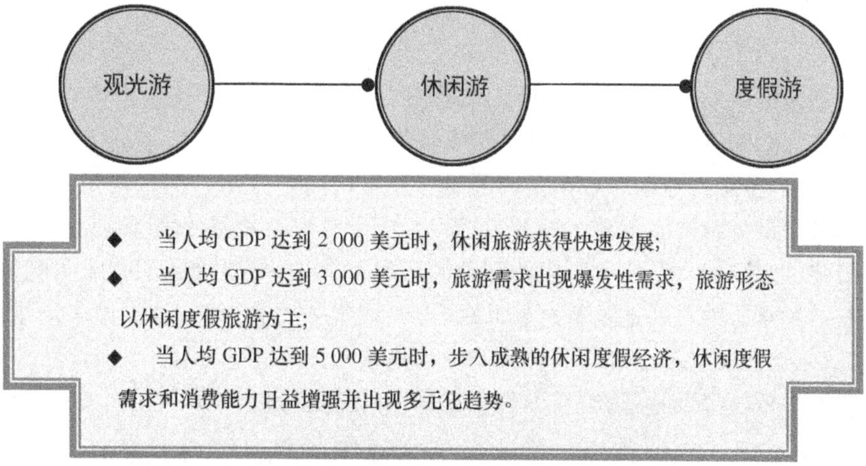

图 1-1　世界旅游组织关于旅游行业发展阶段变化

世界银行统计，2019 年中国人均 GDP 超过 1 万美元，按照图 1-1 的发展标准来看，中国旅游已经步入以休闲度假旅游为主的阶段。受市场发展水平、国民生活习惯、文化传统习俗等因素的影响，中国旅游市场远未达到度假休闲经济时代，目前正处于观光旅游向休闲旅游发展的过渡期。2021 年 5 月，中华人民共和国文化和旅游部、国家发展和改革委员会发布了《关于开展旅游休闲街区有关工作的通知》。该通知明确提出，以满足人民日益增长的美好生活需要为根本目的……坚持政府引导市场主导，发展城市旅游休闲，推动文化和旅游融合发展，更好满足人民群众游览、休闲需求……。在一系列促进文化与旅游消费政策的推动下，休闲旅游开发项目和市场规模不断扩大。

① 赵嘉骏. 广州市旅游产业集群发展模式研究[D]. 广州：广州大学，2012.

(一)产业发展角度

从产业发展①角度来看,中国休闲旅游开发现状表现为以下 4 点特征。

1. 产业发展势头迅猛

尽管中国属于发展中国家,但是休闲经济已具备了相当规模且呈现较快发展的势头。受一些公共危机事件的影响,旅游市场发生了根本性的变化,长距离观光旅游逐渐被近距离的休闲度假旅游取代。某一区域内的休闲旅游既能实现人们放松心情的愿望,又可以促进城乡统筹发展,达到乡村振兴的目的,尤其是在建设和谐社会的背景下,休闲旅游开发将会呈现更快发展的趋势。

例如,"2022 中国现代休闲发展指数"从休闲观念、休闲支出、休闲方式、休闲时间等方面对中国休闲旅游调查结果进行加权处理,并参照国家有关部门的监测数据和大量社会信息得出如下结论:2022 年中国现代休闲发展指数为 63.3 分,比 2021 年度提高 1.1 分,其中休闲观念、休闲方式和休闲时间指数分别为 65.3 分、64.4 分和 62.1 分,分别比 2020 年度提升 2.5 分、1.9 分和 0.4 分,休闲支出指数为 61.2 分,比 2020 年度下降 0.4 分,同时该调查结果显示,旅游依然是我国人民认为最有价值的休闲方式②。

2. 产业开发遇到瓶颈

虽然近年来旅游业发展迅速,但中国休闲旅游产业开发仍然存在着诸多制约因素。例如,集中调休的节假日制度、偶发性的公共危机事件等会导致国民收入减少、旅游消费能级提高等现象,这些都会严重阻碍休闲旅游产业的开发。旅游产品的生产与消费同步发生决定了在旅游市场中解决旅游供给与旅游需求的矛盾的弹性非常有限。其通常表现为游客的旅游消费需求有很大的弹性、复杂性和多变性,但法定节假日过度集中,导致旅游消费需求在同一时间集中释放。其结果是旅游目的地承载过量的游客,导致服务质量急剧下降,游客满意度低,旅游消费需求转移,进而削弱了游客旅游消费能级的提升。

统计数据显示,在每周休闲时间方面,33.6%的受访者为 10 小时以内,38.1%的受访者为 10~19 小时,9.6%的受访者为 20~30 小时,5.5%的受访者为 30 小时以上,完全没时间休闲的受访者占比为 13.2%。虽然人们的休闲时间有所增加,但人们对自己休闲时间充足度的评价却并不高,44.3%的受访者直言"差远了",37.5%的受访者评价"一般",12.6%的受访者直呼"几乎没有休闲时间",认为"足够"的受访者仅有 5.4%③。因此,现有的休假制度只适应了浅层次和大众化的观光旅游,却制约和阻碍了高级别休闲度假旅游的进一步发展。

3. 经济总体水平和居民文化认同度有待提升

"有钱、有闲"是享受休闲旅游的前提条件。目前中国大众旅游市场消费的基本指向还是

---

① 产业发展是指产业的产生、成长和进化过程既包括单个产业的进化过程,又包括产业总体,即整个国民经济的进化过程。进化过程既包括某一产业中企业数量、产品或者服务产量等数量上的变化,又包括产业结构的调整、变化、更替和产业主导位置等质量上的变化,且主要以结构变化为核心,以产业结构优化为发展方向。

② 刘彦华.2022 中国现代休闲发展指数 63.3:当旅游成为一种奢望.[EB/OL.].(2022-10-22)[2023-05-18].https://m.thepaper.cn/baijiahao_20431400。

③ 同②。

"多景点+低团费"的模式,多数游客还是渴望花更少的钱享受更多的服务,而对服务质量和旅游体验的要求相对较低,这是因为人均收入还不是很高,没有更多的闲余资金用于较高的休闲旅游消费。

虽然人们对休闲旅游的认同和休闲旅游的理念比之前有所改观,但是还需要进一步提升,目前在中国旅游市场,相当数量的游客对所谓"无所事事、无所作为"的休闲旅游方式还不能完全认同。

4.休闲旅游市场供给尚需培育

休闲旅游市场还需要社会多方面资源的共同培育。在市场宏观管理方面,提倡健康、和谐、积极、向上的休闲消费和生活方式,从根本上改变人们的基本生活观念和消费方式,使更多的社会资源进入休闲旅游市场;在微观管理方面,某个国家或地区休闲旅游方式的选择与当地居民受教育程度密切相关。提高人们受教育水平来培育休闲文化和休闲旅游消费市场,是促进休闲旅游开发的重要途径。

休闲功能是休闲旅游开发的前提,但是休闲旅游的开发离不开旅游市场的消费需求,消费者需求因素是构成休闲旅游市场的一个重要组成部分。

(二)消费者角度

从参与休闲旅游的消费者角度来看,中国休闲旅游开发现状表现出以下三个特点。

1.游客出游动机更加理性化

近些年,随着游客在消费理念上对休闲旅游的认知越来越深刻,休闲出游动机也越来越理性,那些传统的大众观光旅游项目早已经无法满足现代游客对于旅行出游的现实需求和体验预期。一些中心城市游客的出游活动不再是单纯的短时间内的观光旅游,而是以追求舒适、享受和体验为主的休闲旅游。

2.游客出游时间和方式趋于分散化

尽管节假日制度对于出游时间和出游的集中度有一定的制约,但是相关部门对节假日进行了一系列的调整和统筹,使城乡游客在出游时间的选择上逐步变得更加自由、宽松与开放。带薪休假制度的实施更是推动了常年性休闲旅游客流的增长,中国旅游市场甚至出现了"迁徙型、候鸟型"的休闲旅游方式(例如,冬天去南方避寒,夏天到北方避暑)。随着人们出游方式的深刻改变,过去由客源市场旅行社统一组织的以大众观光为形式的旅游活动开始更多地倾向于家庭自助旅游、休闲旅游和自驾游等。

3.游客参与形式趋于多样化

尽管大众观光旅游市场份额仍然巨大,但随着收入水平的提高、私家车的普及、健康休闲理念的深入人心等,众多城市游客对那些个性化、差异化、体验化和健康化的休闲旅游产品表现出极高的兴趣和关注度。城市常住居民利用法定节假日到广大乡村参加果实采摘、到自然资源丰裕地区疗养身心、参加极限攀登和沙漠越野等,甚至在度假村的室内健身、室外拓展探险等都逐步成为广大游客的休闲方式和出游方式。

第四节　文旅融合与中国乡村休闲旅游

乡村地区的文旅融合是振兴乡村文化、提高乡村居民文化认同感和实现乡村休闲旅游开发的必由之路。将文化融入乡村休闲旅游开发，可以赋予乡村休闲旅游开发新的内涵和焕发乡村新活力，而这一战略对中国乡村旅游经济的发展有着较强的现实意义。虽然中国乡村休闲旅游热度持续升温，但其蓬勃发展的背后还存在诸多问题。把文化融入乡村发展肌理，通过文化提升乡村休闲旅游品位不失为一种化解问题、理顺关系、构建合理化发展体系的有效途径。

一、中国乡村文旅融合的知识

(一)文旅融合与乡村社会经济的关系

文化与旅游、文化与乡村都有着天然的内在联系，两者能够有机结合并且深度融合，是文化和旅游互动、共荣的客观需要，而中国乡村孕育了内容丰富、形式众多的传统文化，理所当然地可以成为文旅融合最好的场所。

1. 文旅融合是乡村要素资源整合

在乡村范围内，文化和旅游两大产业包含了至少两种要素资源，其相互结合的过程通常会表现为一系列交叉渗透与整合重组的现象，而这些表现又能够有效突破各自产业的固有领域，使两者之间的产业边界逐步消失或收缩，从而共生新的且自带乡村传统特色的产品业态和文旅体系。

2. 文旅融合是乡村产业价值创新

乡村文旅融合的优势是两者在融合中通过各自的产业功能重组与价值创新来实现的。这种演变过程以文化发掘和有效传承来提升旅游产业内涵气质，进而产生新的叠加效应，使乡村地区文旅产业核心价值形成一条新的价值链，同时在旅游产业内部形成文化内容丰富的旅游内涵，以高效提升乡村旅游文化层次与旅游资源魅力。反过来，通过乡村旅游开发来交流优秀传统文化、带动城乡文化产业发展、促进地区文化繁荣，最终在城市与乡村构建新型的文旅融合体系，推动城乡社会和经济的高质量发展，更好地满足大众对文化和旅游生活的需求。

3. 文旅融合是乡村价值认同的动态优化过程

一般来说，乡村文旅融合的实现注定会存在文化价值、融合理念、社会体制、社区机制、市场供求、产业管理、运作方式等多方面的矛盾与冲突，而乡村文旅融合必然会经历从“磨合、摩擦”到“消化、融合”，再到“共融、共生”的发展历程，这就需要不断动态地调整乡村文化与旅游各自的角色类型和边界认知，加强两者的沟通和交流，同时增进情感理解、强化合作与互动，实现两大产业的平等互惠与协调发展。

4. 文旅融合是乡村体制系统的多元方式交融

实际上，乡村的文化和旅游都具备多元交叉的关系属性，而文旅融合也是乡村社会经济体制的多方融合。其内容既包括文旅各自思想观念的融合、乡村原有体制的融合、各自的特色资源的融合、原有产业业态的融合、各自空间载体的融合，又包括乡村文旅内部固有领域的融合、各自细分产业的融合以及产业外部的跨界融合等。

(二)文旅融合是中国乡村振兴的必然选择

乡村是传统农耕文化的载体，其不仅承载着农业生产和生活，也是中华优秀农耕文明的继承者和传承者。在乡村振兴的大背景下，文旅的深度融合能够有效促进乡村振兴战略的进一步实施。

1. 文旅融合可以提高乡村旅游的吸引力

乡村文化和旅游的融合发展的优势不仅在于展示乡村优美的自然风光、丰富的生态景观、深厚的人文历史、多样的民俗文化，更在于通过乡村人文优势与旅游资源的紧密结合来提升乡村地区的魅力与吸引力。

2. 文旅融合可以凸显乡土文化特色

一方面，文旅融合能够使乡村的传统建筑形态、独特的社会风尚、丰富的人文精神等优秀文化元素得以延续和传承；另一方面，乡村旅游开发可以完善乡村基础设施的现代化转型，通过发掘乡村特色田园风光、典型的民俗民风、传统特色美食等，乡村传统文化与乡村社区生活能重焕勃勃生机。

3. 文旅融合可以提升乡村旅游的发展层次

随着旅游消费需求结构的不断变化，中国乡村旅游开发由低到高需要经历三个发展阶段：第一阶段为体验田园生活和吃农家饭的“农家乐”时期；第二阶段为游玩放松和民宿体验的“乡村休闲旅游”时期；第三阶段为居住和生活的“乡村度假和旅居”时期。目前，中国乡村旅游正在由第一阶段向第二阶段过渡。乡村文旅融合的推进会缩小各个乡村的经济差距，有效促进了中国乡村旅游向更高发展阶段的提升。

二、中国乡村文旅融合的优势

(一)从产业发展角度来看

首先，中国乡村地区可用于文旅融合的文化特色要素形式多样且种类丰富。文旅融合发展需要特色化的旅游资源和物理空间，存在于乡间地头的田地、屋舍、节庆等要素，可以通过旅游开发迅速融入乡村旅游产业，以提升乡村旅游资源价值和文化可视度，突出乡村地区之间的差异性。

其次，在“乡村振兴”“城乡融合”等大战略的背景下，中国乡村拥有更开放和更文明的文旅融合空间。融合理念的深入化与普遍化能够使中国乡村文旅融合形成充满活力的开发空间，而乡村文旅融合又可以借助现代旅游理念来盘活乡村现有的特色旅游资源，在提升传统乡村旅游产品内涵与品质的同时，创造新的文化与旅游的吸引物，进而扩大乡村文化与旅游的产业链，提升乡村居民的文化获得感。

(二)从市场开发角度来看

首先，中国乡村文化与旅游的互动由来已久，其产品和市场表现形式也较为多元化。无论是早期的“吃农家饭、观农家景、体农家味”，后来的乡村休闲旅游以及乡村农业创意旅游，还是乡村休闲度假旅游等，都体现着乡村丰富的文化内涵和文旅融合的市场需求。另外，文旅融合也是构建“乡村振兴”“城乡融合”等战略的最直接、最有效手段之一，其在中国城乡一体化建设中有着重要的表现。

其次，当前我国城乡地区存在的供需不平衡问题是催生文旅融合以及乡村旅游开发的重要因素。供需不平衡是市场问题，也是某个市场发展的优势所在，这充分说明了城乡旅游市场发展具有巨大潜力。乡村文化与旅游融合的动因主要有两点：一是大部分乡村的传统农业已经不能适应现代社会经济的发展需要，亟须拓展乡村传统农业的各项功能、创新传统农业传承与发展方式、推进传统农业产业结构的转型升级。二是人们对于旅游的需求日益多样化和个性化，特别是城市常住居民逃离日常生活压力、谋求身心放松、渴望返璞归真的愿望变得日益强烈和急迫，城市与乡村的旅游需求的供需矛盾使新的旅游形式和休闲产品不断涌现。

最后，乡村对于社会经济现代化发展的渴求有效促进了资源的合理配置。文旅融合能够形成新的特色鲜明、独具魅力的旅游资源。因此，乡村文旅融合与开发对乡村来说是一种新型的资源配置方式和发展形态，在社会与经济等方面具有较为积极的正面效应。乡村文旅融合通过市场运行达到城乡资源合理配置的目的，既有利于乡村就业的增加、居民增收和乡村社会经济的整体发展，又有利于保护和传承乡村传统文化，改善乡村整体生态环境。

三、文旅融合下的乡村休闲旅游

乡村休闲旅游是乡村旅游的一个细分市场。近年来，在人们收入水平不断提升、旅游需求逐渐增强等一系列因素的共同作用下，中国乡村休闲旅游市场逐渐发展壮大，成为城市居民休闲度假、放松娱乐和旅游消费的重要方式。

(一)文旅融合下的中国乡村休闲旅游开发现状

中国乡村文旅融合与休闲旅游开发正处于高速发展和急剧扩张的阶段。无论是产业开发，还是市场规模都在持续扩大。随着中国乡村振兴战略的提出，乡村文旅融合与休闲旅游开发的环境出现了明显的正向变化。乡村休闲旅游开发带动了乡村基础设施的建设以及交通、餐饮、住宿、小商品生产等多个行业的发展，对乡村自然生态环境与传统特色文化的保护和传承起到了积极的推进作用。另外，乡村文旅融合与休闲旅游开发也在向着多元化方向发展，由此产生了众多形态的景区景点。例如，以自然生态景观和乡村田园风光为特色吸引物的观光型乡村休闲旅游景区；以参与乡村原生生活和生产活动为特色吸引物的体验型乡村休闲旅游景区；以漂流和徒步越野等野外极限运动为特色吸引物的时尚运动型休闲旅游；景区以休闲疗养康体设施为特色吸引物的健康疗养型休闲旅游景区。

虽然文旅融合与乡村休闲旅游市场开发潜力巨大且开发效果明显，但中国乡村休闲旅游开发以及乡村文旅融合还处于发展阶段，其自身仍然存在较多问题需要解决。首先，对众多乡村传统文化的特色发掘不够且开发项目同质化现象严重，一些乡村不能准确把握自身环境资源和文化资源特色，反而在商业开发和产品内容上不断地模仿和照搬，导致乡村本土设施过于城市化和普遍化，人为导致自身特色的丧失，从而失去了对城市游客的吸引力。其次，对乡村文旅融合下休闲旅游开发的深度不够，一部分乡村只停留在表面的观光游览层面。由于乡村休闲设施与特色文化缺乏深度发掘，那些低质的乡村休闲旅游景区根本无法打造一套完善和新奇的旅游活动路线，从而无法满足城市游客的旅游需求。最后，主管文化和旅游开发的地区政府对乡村文旅融合与休闲旅游的规划和管理不到位。如果没有完善的规划，就无法创新旅游产品、完善基础设施建设、实现产业开发目标、提高服务质量等。

（二）文旅融合下中国乡村休闲旅游开发策略

在国家“文旅融合”“乡村振兴”“城乡融合发展”等战略指导下，各级政府主管部门应该加强规划设计。做好乡村文旅融合与乡村休闲旅游开发的顶层设计。首先，根据各地区的自然条件、人文环境，明确发展方向和发展特色，充分考虑乡村产业布局和生态优势，形成定位科学和特色鲜明的乡村休闲旅游开发规划；其次，发挥政府招商引资平台作用，加强乡村民营资本和人才引进，通过专业人才的打造，形成乡村文化和休闲旅游品牌特色；最后，景区主管部门应建立对乡村休闲旅游经营者和服务人员的培训体系，提升服务质量和经营水平。

进一步发掘乡村传统文化内涵和地域特色，增强乡村休闲旅游的吸引力和竞争力。通过文旅融合，在乡村基础设施建设中增加文化休闲空间，以此丰富乡村休闲旅游的农耕文明和文化传承体验；壮大乡村农业特色产业，为休闲体验活动提供资源；构建传统农业的优质品牌，依托特色农产品来创新乡村休闲旅游产品；积极开发现代化农业观光、采摘、粗加工体验等休闲旅游产品。

发掘独具魅力的生态资源以避免同质化现象。乡村休闲旅游开发应该发挥不同区域的独特生态资源优势，紧紧围绕生态区域来创新休闲旅游项目，同时将特色民宿与多样化生态休闲活动相结合。在乡村文旅融合与开发过程中，紧紧依托传统种养农业以及田园风光和优秀乡土文化等，实现特色乡村休闲旅游产业布局，从而避免产品同质化和产品低质化的竞争。

总之，乡村休闲旅游开发可以被认为是乡村文旅融合的新业态，实现了乡村产业的跨越式发展和创新，有效带动了乡村社会经济的高质量发展，促进了乡村文化振兴。

第二章　中国的乡村休闲旅游开发

乡村休闲旅游开发对乡村社会经济发展有着极其重要的价值与意义。《"十四五"推进农业农村现代化规划》提出,"优化乡村产业布局,健全乡村产业体系,以农业农村资源为依托,以农民为主体,培育壮大现代种养业、乡村特色产业、农产品加工流通业、乡村休闲旅游业、乡村新型服务业、乡村信息产业等,形成特色鲜明、类型丰富、协同发展的乡村产业体系"。"十四五"时期把乡村休闲旅游作为现代产业体系的重要组成部分,肩负着新的历史使命,需要在自身发展模式和现有产业转型升级的基础上,以更加积极的态度来响应和参与"乡村全面振兴""城乡融合"等战略,为促进城乡共同富裕做出更大的贡献。

第一节　乡村休闲旅游开发

乡村休闲旅游开发能够把乡村自然景观、民俗文化和农耕文化融入大众旅游市场,极大地丰富了旅游产业的内涵。它是一个将旅游开发与乡村特色文化、传统农业等形态不断融合的演进过程。因此,中国的乡村休闲旅游开发将会带动城市周边地区的社会经济发展以及乡村优秀传统文化的传承和传播。乡村休闲旅游产业也将会成为拓展乡村传统农业功能、促进农村资源高效利用的新兴产业。

一、乡村休闲旅游

乡村休闲旅游之所以受世界各国和各地区的青睐,除其能够为游客提供休闲放松、观光游览、研学体验等,还能促进乡村社会经济等各方面的创新与发展,能够有效推进城市与乡村的社会结构和产业形态的融合。中国的乡村休闲旅游开发是促进乡村社会经济持续发展的新举措,也是有效调整传统农业结构、构建人与自然和谐共处的重要环节。

(一)乡村休闲旅游的含义

20 世纪 80—90 年代,中国的乡村旅游开发逐渐起步。当时的乡村旅游大多出现在中心城市或著名旅游景区的周边地带,作为城市或景区观光旅游的附属品而存在。游客在参观主要景点之后,在景区附近的村庄逗留,通过吃农家饭和选购土特产、纪念品等形式来提高当地居民收入,彼时的乡村旅游既不是真正的旅游目的地,又无法成为单独的旅游产品。这一时期的乡村休闲旅游与乡村旅游没有严格的区分。

目前,国内外学界对乡村休闲旅游还没有一个公认的定义,很多地方和管理归口部门仍然将其与乡村旅游的概念混为一谈,对涉及的乡村休闲旅游的产业形态、产业构成、休闲种类等认识还有所偏差。实际上,乡村休闲旅游与乡村旅游是两个既相近又相异的概念。乡村休闲旅游的基本属性是以充分开发具有观光、体验、参与、研学等旅游价值的乡村休闲类资源为前提，把传统农业生产，现代科技应用，民间艺术加工与目标游客的游览、求知，体验传统农事活动等融为一体，使游客在“闲散、放松、愉悦身心”“放慢生活节奏”的同时，领略乡村特色农耕文化的自然意趣。乡村休闲旅游是乡村传统农业与现代旅游业交叉融合而产生的一种新型的旅游经营形态；而乡村旅游则更加强调空间维度。它将城市之外的整个乡村作为开发对象，主要以具有典型乡村景观的聚落、建筑和自然环境作为旅游吸引物，通过大众观光、组织游客到乡村旅游目的地短暂游览等形式实现旅游经济效益，更体现了时间性和效率性。因此，乡村休闲旅游与乡村旅游在范围上存在一部分重叠，两者又有着明显的差异。乡村休闲旅游强调乡村传统农业与旅游活动的同步性以及游客感知的“休闲性、体验性、愉悦性”；而乡村旅游则强调旅游活动和乡村的人文属性、自然环境之间的关联性，体现了短暂性和快捷性。

本书的乡村休闲旅游被界定为：乡村休闲旅游是指在现代工业化社会高度发达、人们收入快速提升的前提下，以城市常住居民为主要客源目标，以乡村特有的自然景观、人文历史景观、民俗活动等项目为旅游吸引物，以休闲放松和休闲度假为主要目的的旅游活动。除此之外，对于乡村休闲旅游的研究还应注意以下三点内容。

第一，乡村休闲旅游是旅游的重要内容，也是乡村旅游的一种新的产业形态。它将乡村传统农业生产从单一的粮食保障功能向就业、增收、生态涵养保护、观光休闲娱乐、历史文化传承等多功能拓展，从而带动了乡村传统农产品加工业、服务业、交通运输业等相关产业的转型与发展，满足了城乡居民休闲消费的需求。

第二，乡村休闲旅游开发以乡村地区的各类特色资源为主体对象，以城市及周边居民为客源，通过构建并实现城市与乡村互为资源、互为市场、互为环境的循环结构，开辟了乡村振兴和城乡融合的新路径。

第三，乡村休闲旅游是中国旅游体系的一个重要组成部分。其作为集传统农业生产和加工、乡村旅游观光和游览、乡村休闲娱乐和度假以及参与体验于一体的旅游新形态，有助于促进中国乡村旅游开发和城乡居民旅游消费的转型与升级。

（二）中国乡村休闲旅游兴起的原因

中国乡村休闲旅游的兴起是改革开放与产业结构调整双向互动的结果，当然与宏观政策导向、国民收入提高、生活观念改变等因素有着密不可分的关系。具体原因表现在以下五个方面。

1. 宏观政策的导向作用

1998 年，国家旅游局就推出“华夏城乡游”，提出“吃农家饭、住农家院、做农家活、看农家景、享农家乐”的口号，有力地推动了中国乡村休闲旅游业的发展；1999 年国家旅游局推出“生态旅游年”，彼时全国各地抓住新机遇，充分利用和保护乡村生态环境，开展乡村农业生态旅游，进一步促进了国家乡村旅游业的发展；2010 年农业部与国家旅游局联合下发《农业部　国家旅游局关于开展全国休闲农业与乡村旅游示范县和全国休闲农业示范点创建活动的意见》（农企发〔2010〕2 号）的文件；2011 年农业部与国家旅游局联合下发《农业部　国家旅游局关于认定全国休闲农业与乡村旅游示范县和全国休闲农业示范点的通知》（农企发〔2011〕9 号）。由此看出，这些宏观政策加快了中国乡村休闲旅游开发的步伐，成为推进传统农业功能拓展、乡村经济结构调整、社会主义新农村建设以及促进乡村居民就业增收的重要举措。

2. 国民收入不断提高

国家统计局的数据显示，“2022 年，全国居民人均可支配收入为 36 883 元，比 2021 年名义增长 5.0%，扣除价格因素，实际增长 2.9%，城镇居民人均可支配收入为 49 283 元，增长 3.9%，扣除价格因素，实际增长 1.9%”。

图 2-1 显示：“2022 年中国农村居民人均可支配收入为 20 133 元，增长 6.3%，扣除价格因素，实际增长 4.2%，全国居民人均可支配收入中位数 31 370 元，增长 4.7%，其中城镇居民人均可支配收入中位数 45 123 元，增长 3.7%，农村居民人均可支配收入中位数 17 734 元，增长 4.9%”。

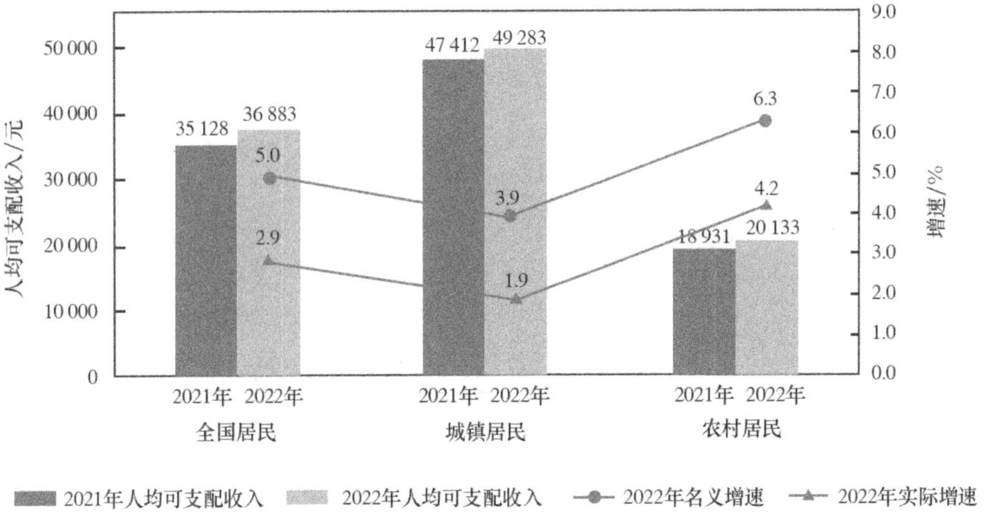

图 2-1 2022 年全国及城乡居民人均可支配收入与增速

相关研究表明，在中国城市居民出游范围中，80%集中在距离城市 500 千米以内的范围，50 千米范围的出行游客占 24%，15 千米以内占 37%，且 15 千米以内的休闲出行多集中在周末，而近距离的休闲旅游消费表现出层级高和数量大的特点①。居民人均收入的提高和休闲旅游消费的扩大为城市居民参与乡村休闲旅游活动提供了雄厚的物质基础。

3. 居民闲暇时间增多

1995 年，中国开始实行每周工作五天的制度，包括春节、五一、十一等长假在内，一名普通的劳动者每年用于休息的时间累计长达 100 多天，这一休假时间占全年天数的 1/3，而对于全国的学生群体来说，他们每年能够享受的节假日数量要多于一般劳动者。由休息时间增多带来的变化是城乡居民外出旅游的意愿明显提高。

4. 城市与乡村环境差异明显

城市工业化产生的一系列问题导致城市居民生活的精神、心理压力剧增，烦躁情绪充斥，例如，空气污染、水源污染和垃圾污染、工业建筑噪声污染等。虽然近年来中国对“城市病”②

① 杨静. 中国乡村休闲旅游经济发展的实践研究：以温州市为例[J]，赤峰学院学报(自然科学版). 2016(1)：72-74。

② 城市病是指城市在发展过程中出现的交通拥挤、住房紧张、供水不足、能源紧缺、环境污染、秩序混乱，以及物质流、能量流的输入、输出失去平衡，需求矛盾加剧等问题。

的治理效果明显，城市总体环境质量在一定程度上有所改善，但由城市化导致的城乡环境的差异非常明显。城市居民亟须寻找清净优美的异地环境来达到释放压力、舒缓情绪和贴近自然的目的，因此乡村休闲旅游应运而生。

5. 居民生活观念的转变

从中国居民的消费观念和习惯来看，近 10 年居民购买的日用商品越来越趋向于高端化和品质化，人们对消费产品更加关注由其所带来的消费获得感和幸福感。据统计，“2022 年，全国居民人均消费支出 24 538 元，比 2021 年名义增长 1.8%，城镇居民人均消费支出 30 391 元，名义增长 0.3%，农村居民人均消费支出 16 632 元，名义增长 4.5%，扣除价格因素，实际增长 2.5%”①。从 2022 年居民人均消费支出及构成来看(图 2-2)，“2022 年，全国居民人均食品烟酒消费支出为 7 481 元，占人均消费支出的比例为 30.5%，比例依然较大；人均衣着消费支出为 1 365 元，下降 3.8%，占人均消费支出的比例为 5.6%；人均交通通信消费支出为 3 195 元，增长 1.2%，占人均消费支出的比例为 13.0%；人均教育文化娱乐消费支出为 2 469 元，占人均消费支出的比例为 10.1%；人均医疗保健消费支出为 2 120 元，增长 0.2%，占人均消费支出的比例为 8.6%；人均其他用品及服务消费支出为 595 元，增长 4.6%，占人均消费支出的比例为 2.4%”②。数据表明，食品烟酒消费支出在国民消费中的占比仍然很大，说明了衣着、居住、生活用品的消费略有下降，但是人们对于医疗、教育文化娱乐、交通通信等消费支出的占比有所提升，说明人们消费观念发生了改变，对于健康、舒适的需求逐渐增加(图 2-2)。

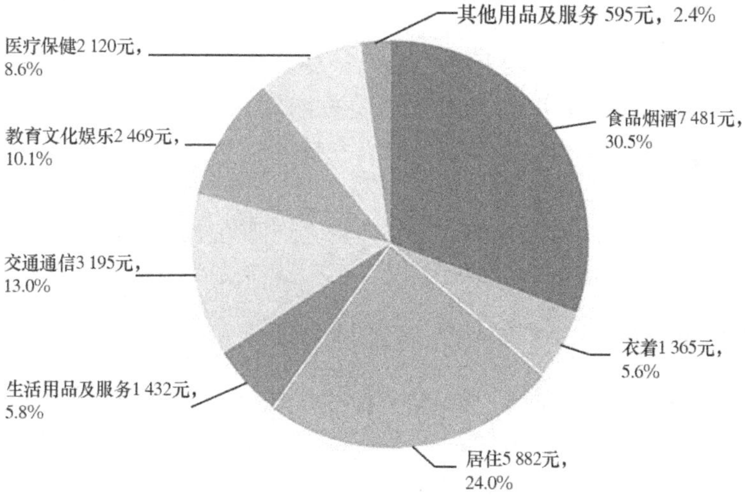

图 2-2　2022 年居民人均消费支出及占比

2019—2023 年，中国居民消费价格指数一直保持为 102～104。在物价基本稳定的情况下，这个消费价格指数表明国民生活不断改善，整体生活质量不断提升，而乡村休闲旅游作为丰富人们精神文明的组成部分，自然会被国民消费所重视。另外，随着受教育程度逐步提高，城乡居民渴望开拓自身眼界、体味乡村地区民风民俗，从而达到增长知识、放松身心的预期在

① 国家统计局. 中华人民共和国 2022 年国民经济和社会发展统计公报。

② 同①。

不断增强，这就给了乡村休闲旅游产生并且兴起的理由。

（三）中国乡村休闲旅游开发的优势

中国乡村休闲旅游开发虽然起步时间较晚，但是随着社会经济发展提质增效以及国家宏观政策积极的引导，其产业开发已经引起广泛的社会关注。中国乡村休闲旅游开发的优势主要表现在以下三个方面。

1. 乡村休闲旅游资源多样

中国乡村面积广阔且自然、社会和生态环境差异明显，例如，北方地区是以旱地为主的传统农业景观，南方则是以水田为主的稻田农业景观，西北地区的草原放牧业和灌溉绿洲景观、东北地区的冰雪和雾凇景观以及西南山地高原景观等。另外，中国是一个历史悠久的多民族国家，众多少数民族在历史发展的长河中形成了各具特色的民族传统生活方式、特色民俗文化和风俗习惯等，这些都是中国可以发展乡村休闲旅游的独特资源。

2. 乡村劳动力资源丰富

旅游行业本身是一个劳动密集型产业，需要大量劳动力参与其中。一个地区的旅游服务质量与从业人员数量和素质有着密不可分的关系，从业人员数量是旅游开发和持续发展的前提条件，而人员素质是旅游产业提升的重要保证。中国乡村剩余劳动力的充足为乡村休闲旅游开发提供了可靠条件。因此，丰富的劳动力资源为乡村休闲旅游开发提供了基本保障，也解决了乡村剩余劳动力就业难的问题。

3. 发展前景和空间广阔

就乡村而言，其表现出地域广阔、风光优美、空气清新等一系列亮点。“构建高水平社会主义市场经济体制”“建设现代产业体系”“全面推进乡村振兴”“促进区域协调发展”等一系列战略举措明确了中国乡村休闲旅游开发的方向。2020 年之后大范围跨境旅游的减少和停滞也极大地促成了中国旅游市场结构的调整，从过去的大规模跨境旅游和出境旅游，转变为城市周边乡村休闲旅游。未来的中国不仅是旅游大国，而且也应该成为乡村休闲旅游大国。

二、内循环背景下的中国乡村休闲旅游开发

2020 年中国政府提出的“内循环”战略是恰逢其时的，这一战略为中国乡村休闲旅游开发带来了新方向，尤其是在国际循环等不确定、不稳定因素的影响下，这一战略更加凸显其深远的内涵。此时的中国乡村休闲旅游开发面临着难得的机遇，即长期在国际旅游市场外溢的旅游消费需求，必然会转向国内旅游市场，进而让更多乡村旅游目的地被发现和被塑造，客观上为中国乡村休闲旅游开发带来了另一个新的“消费驱动”。

（一）内循环背景下的开发现状

《国民经济和社会发展第十四个五年规划和 2035 年远景目标纲要》提出“完善节假日制度，全面落实带薪休假制度”等一系列利好文旅产业发展的政策措施，给中国乡村休闲旅游开发注入新的活力。在经济生活方面，随着以国内大循环为主体、国内国际双循环相互促进的新发展格局形成，乡村休闲旅游开发已经成为国家扩大内需战略的重要组成部分。

对于中国旅游产业来说，内循环应该是城市与乡村的互动，城市居住生活、乡村休闲度假，

盘活城市与周边乡村的旅游市场；双循环是入境旅游和出境旅游的发展。一方面，在城市长期居住工作和生活，到乡村地区休闲度假，这是旅游的发展趋势；另一方面，中国乡村休闲旅游开发已经显现高频次、短距离、效益高、大众化的趋势。当前，双循环的条件受国际、国内政治和经济等因素的影响并不成熟，甚至在某些领域出现了倒退和萎缩的趋势，但是内循环的条件已经表现出成熟的迹象，乡村休闲旅游的消费提升、竞争热潮已经显现。一系列的利好因素使中国乡村休闲旅游开发迎来了重要的战略机遇期。

从目前的中国消费市场来看，以旅游产品生产者为主导的时代早已过去，随之而来的是以游客为主导的市场体系，但以游客为主导并不意味着进行简单的产品替代，而是要满足游客的出游预期和现实需求，尽力发掘消费者的潜在需求，谋求引导旅游市场的未来需求。从消费者的偏好来看，人们早已不再追求奢华炫耀的生活方式，而更热衷于常态下的放松休闲。在面对这种市场转型的旅游需求时，在有限的城市空间中，形成了新型的旅游开发模式：一种是环城市周边形成的城郊型旅游产品，或者半城郊型旅游产品；另一种是城市内的旅游商业组织形式。而乡村休闲旅游，即城郊型旅游需求占据了重要位置，其不仅满足了不确定国际市场环境下和偶发性事件影响下人们的旅游消费需求，而且提升了整个乡村旅游的吸引力。

（二）内循环背景下的开发原则

在目前的内循环背景下，中国乡村休闲旅游开发应该秉承“可持续发展”的原则，在大力提倡保护自然生态环境的同时，注重把乡村休闲旅游开发和乡村社会经济协调发展合理有效地结合，实现区域内产业化发展和生态环境相互促进的良性循环。总体而言，开发需要根据区域现实环境适时组合变换，但应该遵循以下四个方面的原则。

1.乡土特色差异原则

特色一直是旅游目的地存在的基础，这也是大多数旅游开发者和经营者的共识。在当前中国旅游市场产品“同质化”现象泛滥的情况下，旅游目的地必须拥有与众不同的旅游资源并且保持差异化开发，才能保持旅游产品的吸引力和竞争力。所谓的乡土特色差异原则就是在乡村休闲旅游目的地的自然、生态、人文等景观深度发掘的基础上，对其展现的独有要素开展保护，避免由简单模仿导致的特色丧失。大多数乡村休闲旅游开发是针对城市游客进行的，在其开发过程中要保持乡村旅游资源的原有魅力和味道，让城市游客体会乡村独特的传统农业生产和民俗特色。

2.生态系统保护原则

中国乡村休闲旅游开发需要运用系统论的观点来加强对休闲旅游目的地生态系统的保护，使乡村景观的原生性和完整性尽量保持统一和协调。乡村休闲旅游开发需要保护乡村生态环境和文化的多样性。乡村休闲旅游规划和开发需要开发者和经营者运用生态学和可持续发展等相关理念，对乡村原生态的自然和人文环境加以统筹协调和有效保护，以便达到社会经济效益的最大化和损失的最小化的目的。因此，中国乡村休闲旅游开发需要因地制宜，尽量不要擅自构筑或改变乡村原有的生态与文化环境，无谓地增加一些与乡村原生的生态环境不相适应的建筑物和文化元素。

3. 保护与开发相结合原则

乡村休闲旅游开发必须遵循合理开发与有效保护相结合的原则。一方面，中国大部分乡村的生态环境都相当脆弱，当地常住居民与自然环境的关系并不和谐；另一方面，乡村传统文化在现代都市文化的冲击之下显得十分脆弱。以上现状要求乡村休闲旅游在开发过程中应该时刻注意乡村自然生态环境的保护和传统文化的保护，真正将保护与开发传承有效结合，防止人为破坏和污染，在兼顾近期效益的同时，合理规划。

4. 本地社区参与原则

人是乡村休闲旅游活动中最活跃的因素，乡村休闲旅游开发离不开游客，更离不开乡村居民的参与。乡村常住居民应充分融入乡村休闲旅游开发的各个环节。例如，让旅游目的地的常住居民参与特色的民俗文化旅游项目的管理和排演工作，常住居民的参与使外来游客能充分感受原汁原味的乡村传统农业生产、生活氛围。通常，乡村本地社区的参与是乡村休闲旅游开发的基本保证。乡村常住居民既要参与休闲旅游经济收益的决策、旅游开发的规划和实施等管理实践，又要维护和继承自然生态环境与乡村社会优秀传统文化。

三、中国乡村休闲旅游开发模式

由于中国乡村休闲旅游开发起步较晚，成形的开发模式还在实践摸索中，而开发模式种类、分类多种多样，按照不同形成条件，其类型大致做如下划分。

（一）按区域旅游开发划分

从旅游目的地开发角度来看，中国乡村休闲旅游开发模式可分为核心资源导向模式、客源市场导向模式、主题品牌导向模式和综合休闲旅游发展模式等。

1. 核心资源导向模式

旅游资源是乡村旅游开发的基础要素，尤其在以旅游资源为导向的乡村休闲旅游开发中更是处于十分重要的位置。核心资源导向模式是以具有突出特色与品质的乡村休闲旅游资源为依托，根据外部旅游市场的需求和变化，通过对核心旅游资源的开发，建设相应的基础设施和公共服务设施，开发能够满足游客休闲旅游需求的旅游目的地，这种开发模式是目前众多乡村休闲旅游目的地中最为成功的模式之一。该类模式的旅游项目都是围绕自身的特色旅游资源展开的，因此其开发的重点在于如何有效地发掘属于乡村自己的休闲旅游资源，并使旅游资源所蕴含的休闲价值能够最大限度地被有效利用。这种模式代表地区有海南三亚、云南大理、四川成都等地。

2. 客源市场导向模式

乡村休闲旅游客源市场主要为靠近旅游客源市场的乡村地区。这种客源市场导向模式通过对旅游客源市场进行需求调查分析，同时充分发挥其区位优势和基础设施优势，构建与客源市场需求相对接的乡村休闲旅游目的地，满足200千米范围内城市居民休闲旅游的需求。这类乡村休闲旅游目的地的最大特点是坚持以旅游客源市场为导向，在旅游现实需求的拉动下，从满足游客休闲旅游需求的角度来设计和开发休闲旅游产品，并开展积极的旅游市场营销，从而促进乡村休闲旅游开发。该类模式的代表地区有北京市周边、天津市周边、上海市周边的乡村休闲旅游开发等。

3. 主题品牌导向模式

近年来，大众化出游在中国的普及率越来越高，各地区的旅游开发步伐不断推进，旅游目的地数量持续上升，中国的旅游市场呈现异常激烈的竞争态势。对于旅游开发商来说，亟须寻求新的开发项目来推动整体旅游行业持续发展，这时主题品牌导向模式应运而生。乡村休闲旅游的主题品牌导向模式是以乡村中某一休闲主题品牌为导向，突出乡村休闲旅游的差异化和个性化，形成无法复制的乡村休闲旅游主题品牌，有效解决旅游目的地的趋同化问题，并通过强有力的旅游宣传与推广来提升乡村休闲旅游目的地的吸引力和竞争力。作为一种新兴的乡村休闲旅游开发形式，主题品牌导向模式越来越受到旅游群体的关注。这种模式的代表地区有山西汾阳市贾家庄、河南省漯河市南街村等。

4. 综合休闲旅游发展模式

综合休闲旅游发展模式是从资源优势和市场需求两方面出发，既立足于资源发掘与合理利用，又满足了不同游客的多样性、个性化需求，并提供了丰富多样的旅游产品和服务。城市居民休闲时间的增多、生活质量的提高和旅游需求的变化促使中国乡村休闲旅游目的地开发必须摆脱简单化、粗放式的手段，走集约化和精细化的道路。在现代乡村休闲旅游的开发中，许多国家和地区都采取了综合休闲旅游模式，并以此来积极推进乡村休闲旅游目的地的培育和建设。

(二)按市场经营方式划分

如果按照市场经营角度来划分，中国乡村休闲旅游开发模式大致可以分为以下三种类型。

1. 个体农户经营模式

该模式是乡村休闲旅游开发中简单和初级的模式，主要以乡村常住居民为经营主体。乡村常住居民[①]对自己经营的农牧场、果园等进行基础改造与旅游设施升级，使这些设施变为一个完整意义上的乡村休闲旅游场所。该种模式表现出景区规模小、休闲功能单一、旅游产品初级等特点。它的开发和经营方式主要是通过吸纳周边闲散劳动力，把乡村传统手工艺、民俗表演、休闲服务、农业劳作技术表演、农业生产等形式加入旅游产品，从而形成以点带面的乡村休闲旅游开发模式。例如，我国各地迅速出现的“农家乐”“农家茶室”“农家旅馆”等就是这种经营模式的典型代表。

2.“农户＋农户”模式

“农户＋农户”模式是由一些善于经营的农户带动其他农户共同致富的一种旅游开发模式，即乡村农户之间可以自由组合、共同参与乡村休闲旅游开发项目。该模式通过乡村本地农户之间的合作达到共享特色资源的目的。在一些远离客源市场的偏远乡村，其常住居民对外部企业介入当地休闲旅游开发存在很大的顾虑，大多数常住居民不愿把资金或土地交给陌生的外部公司去管理和经营。这时，在常住居民中出现“大胆的先行者”通常会开辟一些简单的

① 乡村常住居民是指在城市以外的乡村地区长期居住、生活、繁衍的群体。

旅游项目并首先获得成功。在大胆的"先行者"的示范带动下，周边农户纷纷加入乡村休闲旅游开发的行列，最终形成"农户＋农户"的乡村休闲旅游模式。这种模式的特点为资金投入较少；旅游目的地的游客接待量和服务能力有限；地区传统文化保留和传承较为完整；开发初期的外来游客花费较少，并且能够体验最真实的乡村传统习俗与文化。目前这种模式是最受乡村农户欢迎的旅游开发形式。当然，该模式的缺点是现代化管理水平较低、资金投入相对有限、对休闲旅游目的地周边地区的旅游带动效应较为有限。

3."公司＋农户"模式

"公司＋农户"模式是以现代化公司的旅游开发为主导，接纳乡村当地居民参与的一种开发模式。现代化旅游管理公司负责乡村休闲旅游景区的日常经营与管理，景区周边的常住居民不同程度地参与其中，而现代化旅游管理公司与景区周边居民之间是一种联系与合作的关系。首先，该模式吸纳了大量乡村剩余劳动力参与旅游项目的日常经营和管理，充分利用了乡村各类闲置的资产、富余的资金、丰富的传统文化，促进了乡村文旅融合与城乡经济融合；其次，该模式提高了乡村常住居民的收入水平，丰富了乡村旅游的活动形式；最后，引进的现代化旅游公司的管理经验提升了乡村休闲旅游从业者的接待服务能力，有效避免了乡村旅游市场的不良竞争。

第二节　公共危机下的乡村休闲旅游

所谓公共性危机，是指在国家社会运行过程中由自然灾害、社会机制失灵引发的可能危及公共安全和正常社会秩序的危机事件。通常，引发公共危机事件的原因有：自然灾害（包括火灾、风暴、地震、洪水和干旱）、公共安全突发事故、影响广泛的恶性刑事案件、国家或地区恐怖事件、大面积的疾病传播（即公共卫生问题）、自然环境恶化等。公共危机事件对旅游开发以及乡村休闲旅游产业发展的影响不言而喻，因此深入研究公共危机事件与乡村休闲旅游开发的关系，对中国构建和谐社会、促进城乡融合发展、提高乡村休闲旅游产业韧性等都具有极其重要的意义。

一、公共危机下乡村休闲旅游的困境

由于某个公共危机事件而彻底改变该地区旅游经济发展的内外部环境的案例屡见不鲜。例如，中东地区在 20 世纪 60 年代是吸引力最大的旅游目的地，但是之后受战争、恐怖事件、地区冲突等影响，其旅游价值日渐"贬值"；2024 年 9 月，台风"摩羯"登陆中国海南省，该台风是自 1949 年以来登陆中国的最强秋台风。在这次超强台风的袭击中，受灾最严重的海口、文昌两地的损失，初步估计近 600 亿元，文昌市预计直接经济损失高达 327 亿元，该次台风过境让海南省 2024 年上半年旅游产业的增加值损失殆尽。在公共危机事件影响下，乡村休闲旅游开发面对的困境主要有三个方面。

（一）地区旅游业复苏的负面预期巨大

由于旅游业的发展与游客的流动和心理关系密切，公共危机事件的发生会直接导致旅游人口流动减少和地区旅游营业收入大幅度下滑。不确定的公共危机事件将会对全球旅游业的

发展产生巨大的负面心理影响，极大地制约了旅游业的发展。

（二）经济下行预期影响仍将持续

中国乡村休闲旅游开发当前面临的困境几乎就是全球旅游业所面临的问题。其问题主要来自两个方面：一是交通运输行业仍然需要继续疏通和扶持；二是有些重要景区周边的商店、住宿、餐饮等出现了关停和出售的情况，从而导致不少旅游目的地甚至失去了旅游接待的能力。例如，2020 年和 2021 年中国旅游总花费分别损失了 42 242 亿元、42 542 亿元，损失占比达到 65.46%、59.31%。据估计，未来五年中国旅游开发仍然会受一些不确定公共危机事件的影响。

（三）公共危机隐患依然存在

目前，中国乡村休闲旅游开发面临的不确定性、公共性的危机主要有两方面：一方面，一部分乡村休闲旅游目的地的安全无法得到有效保障，大量游客聚集有可能增加出现旅游意外事件的风险；另一方面，社会资源稀缺使各地政府不得不把有限的资源用在最需要的地方，而那些发生公共危机事件时抗压能力相对较小的旅游机构会出现应急处置能力不足的情况，由此加大了发生公共危机事件的风险，最终导致目标游客出游信心不足和出游意愿下降等。

旅游业本身属于涉及面较宽的交叉性行业，受内外部环境的影响，未来发展仍然充满了极大的不确定性。因此，促进区域旅游高质量发展并增强旅游产业的韧性是当前中国旅游业恢复与重建的重要方向。

二、乡村休闲旅游产业韧性提升的路径

中国的旅游产业，特别是乡村休闲旅游产业亟须增强抵御外部变动、缓解内部危机和实现创新开发等韧性能力，以更好地适应内外部环境的变化。如何形成合理应对公共危机，以高质量发展为目标导向的韧性旅游开发模式是学界需要研究的重要课题，也是中国乡村休闲旅游开发必须面对并解决的主要问题。因此，提升乡村休闲旅游产业韧性是实现旅游业提质增效、转型升级和高质量发展的必由之路。

（一）韧性提升需要注意的几点问题

中国乡村休闲旅游产业韧性的提升主要表现在两个方面：一是休闲旅游目的地的旅游产业体系应提高对偶发性公共危机事件的适应能力和应对能力；二是通过优化乡村休闲旅游目的地内外部开发环境来提升休闲旅游产业的韧性。从产业韧性提升的角度来看，以下三个方面的问题值得关注。

1. 兼顾短期效益和长期效益

乡村休闲旅游产业的短期效益主要以乡村本地市场为主来恢复旅游产业的运行，包括重新挖掘本地优秀传统文化并创新乡村旅游线路，鼓励周边城市居民深入乡村体验生活、探索求知和休闲放松等，增强城市游客对乡村的归属感和对乡村休闲旅游的认同感。同时，以发放优惠券等方式刺激周边城市游客到乡村休闲度假消费，增加乡村休闲旅游产品，优化服务等。

2. 谋求绿色转型和包容性开发

旅游产业绿色转型和包容性开发在 2019 年之前，各个旅游目的地就已经开始了该类实

践。2019—2022年，中国旅游产业呈结构的脆弱性，使绿色转型和包容性开发的需求更加迫切。在绿色转型方面，如何鼓励和支持乡村休闲旅游开发者积极投身绿色环保的基础设施（如节能照明设施、绿色住宿建筑、可持续会议场所、环保交通工具等）建设，有效推行健全的环境保护和管理机制，并为旅游相关企业提供环境保护和管理方面的指导和技能培训（培养员工可持续技能），应该成为众多乡村休闲旅游目的地考虑的问题；在包容性开发方面，需要更好地平衡乡村休闲旅游开发与乡村本土从事农业生产的居民以及其他关联者的利益关系，并注重构建更为公平的乡村休闲旅游开发方式。

3. 重视本地市场，吸引高质量游客

公共危机事件最直接的影响是中国跨境和跨区域旅游受到诸多限制。因此，中国乡村休闲旅游目的地需要将市场预期更多地投向本地市场，特别是旅游目的地周边200千米范围内的旅游市场，还要高度重视本地游客的培养。例如，一些经济发达城市通过补贴来吸引本地城市居民利用周末到城市周边的乡村进行休闲旅游。

除此以外，乡村休闲旅游开发由数量向质量转型的表现之一是以吸引高质量游客作为旅游业开发的重要目标。未来的乡村休闲旅游开发应该更加强调乡村本土特有的文化属性，以吸引更多符合其文化价值观的游客。

（二）产业韧性提升的实践路径

在公共危机事件的影响下，中国乡村休闲旅游产业韧性提升的实践路径主要有以下三条。

1. 以政策保障为基础的开发途径

首先，要实现政策保障落实到乡村休闲旅游开发中，就需要市场与政府“两只手”的相互协调与有机配合，从而为乡村休闲旅游的高质量开发创建包容性强与多元化发展的社会经济环境。乡村当地政府及时和有效的监管是必不可少的，因为它可以缓解乡村休闲旅游开发和经营管理的企业与游客之间的矛盾，起到稳定城乡旅游市场的作用。

其次，在中国乡村休闲旅游开发的政策保障中，最重要的是公共卫生安全体系的完善，它对于建立游客信心和获得游客的信任至关重要。从长远来看，旅游的公共安全问题将成为乡村休闲旅游开发的重点关注领域。

最后，乡村振兴是未来中国乡村休闲旅游开发的重要战略任务，乡村休闲旅游开发是未来中国旅游产业复苏和可持续发展的一个重要环节。通过一系列政策保障，充分发挥乡村休闲旅游开发在乡村振兴和城乡融合中的纽带作用，这将是中国乡村休闲旅游开发在公共危机事件下最行之有效的发展道路。

2. 以技术引领为依托的开发方式

首先，以信息技术及数据为关键要素的数字经济蓬勃发展，推动中国成为名副其实的数字经济大国。数字经济新业态的全面发展给中国旅游业，特别是乡村休闲旅游业注入了新的发展活力。数字经济新业态是提升中国乡村休闲旅游开发韧性的重要抓手，也是支撑旅游系统完善和产业高质量发展的新动能。因此，提升乡村休闲旅游开发产业韧性就需要进一步拓展数字经济在旅游产业中的运用，推进旅游新业态的发展。例如，通过在多个地点使用虚拟现实及其他技术来创新游客体验；通过生物识别、人工智能和物联网等一系列技术，提供更加高效的服务；使用大数据和区块链，通过广泛的数据收集和分析来实现更高效和准确的旅游业务运营，协助管理休闲旅游目的地和游客流量等。将大数据、人工智能和云计算等不断应用于旅游产业，解决旅游开发面临的产品创新缺失、资源错配、信息不对称等问题，以促进游客、旅游企业与旅游目的地之间的沟通。

其次，乡村休闲旅游开发离不开与周边地区的合作。乡村休闲旅游目的地能够通过有效地组织、协调和实施相应措施来应对公共危机事件对旅游业造成的影响。应对公共危机事件需要乡村休闲旅游目的地管理组织提高管理能力、协调能力和创新能力，通过将不同职能部门纳入旅游管理系统，以协调行政资源，进而减少旅游业发展面临的阻力。

3. 以需求导向为目标的市场培育策略

首先，供给和需求共同发力以培育高质量旅游市场。中国的乡村休闲旅游开发，无论是供给侧结构性改革还是需求侧改革，其目的大致有三个方面：一是促进乡村休闲旅游产业健康发展，实现乡村地区社会、经济水平全面发展；二是构建城市与乡村地区的融合发展体系，实现城乡之间的双向互动；三是通过旅游开发来带动乡村社会经济振兴，达到缩小城乡差距的目标。因此，有效转变当前乡村休闲旅游经济发展中存在的供给和需求不足，提升乡村休闲旅游的韧性，进而推动乡村休闲旅游供给与需求的两端共同发力，实现中国乡村旅游产业的高质量发展。

其次，系统改善乡村休闲旅游社区与游客的关系。自 2020 年以来，中国很多旅游目的地开始重新思考如何平衡社区和游客之间的关系，以提高当地居民对旅游业的满意度。为了提高旅游目的地居民对旅游业的满意度，政府应鼓励并邀请乡村常住居民参与制定未来的旅游战略和策略，提高其对居住地的归属感和自豪感。

最后，有效推广乡村休闲旅游目的地形象。例如，2020—2023 年的四年间，中国各个旅游目的地始终坚持开展旅游营销活动，不少地方还重塑了其旅游目的地新形象。乡村休闲旅游形象的重塑主要涉及安全、绿色和可持续发展等方面，目的在于增强与游客的联系，以争取旅游全面开放后的发展先机。对于中国乡村休闲旅游目的地来说，开展旅游营销活动和有效推广旅游目的地形象的目标不在于立即提高游客数量，而是与已存在的游客保持情感联络，激发其重返旅游目的地的愿望。

第三节　乡村休闲旅游开发面临的问题与思考

从总体来说，中国乡村休闲旅游开发势头良好。若要实现长期可持续发展，任重道远。通过对乡村农业、经济、社会文化等各方面的了解，对休闲旅游资源进行全面的梳理，当前中国乡村休闲旅游开发面临以下几个问题，并提出了一些思考。

一、乡村休闲旅游开发面临的问题及原因

在近十年的旅游开发过程中，乡村休闲旅游越来越被人们接受，其逐步成为促进中国城乡融合、推进新农村建设、拓宽乡村常住居民增收致富渠道的有效途径。从开发现状来看，乡村休闲旅游仍然存在整体发展水平不高的问题，主要表现在以下四个方面。

（一）政策力度低且同质化现象明显

一方面，乡村休闲旅游开发的投资主体理论上包括乡村当地居民、社会资本、公私营各类

企业等，但是政府的资助是必要和必需的。例如，“农家乐”的投资主体是某个乡村常住居民，但是镇、区、市等行政区在乡村公共卫生、城乡交通道路等设施建设方面要给予必要的资助，金融信贷方面也要给予贴息优惠等政策支持。虽然中国各级政府对乡村休闲旅游开发重视程度明显提升，但有关乡村休闲旅游开发和管理方面的法律法规较少且较为笼统，甚至一些法律法规只是依附于其他行业管理而存在的。开发实践缺乏政策的支持和由监管导致的开发意愿降低、恶性低价竞争、开发方式简单粗暴等一系列问题频频发生。

另一方面，大多数乡村休闲旅游开发项目的经营特色并不鲜明，甚至一些项目经营产品单调，缺乏能够结合乡村特色的吸引力产品，多数旅游项目面临的问题是活动内容相似并且创新能力不足。早期开发者的思维定式和思维模式仍然把后来者局限在一定的范围，例如，认为到乡村就必须赏花、摘果、吃农家饭、在农家住宿等。没有核心竞争力的乡村休闲旅游项目非常容易被模仿，模仿复制是跟进的开发者采取的付出成本最低、见效最快的一种经营方式。简单模仿会造成市场旅游产品价格的恶性竞争，最终破坏旅游市场的良性发展。创意匮乏和特色不鲜明已造成中国部分乡村休闲旅游开发项目的经营举步维艰。以北京市郊平谷为例，平谷是北京市重要的生态涵养区之一，受大都市经济辐射带动较弱，但农业发展非常好。相关统计数据，“2021 年平谷区休闲农业与乡村旅游接待游客 397 万人次，实现总收入 33 682 万元，同比增长 8.3%，2022 年第一季度，平谷区休闲农业与乡村旅游接待游客 21.7 万人次，实现总收入 2 840.8 万元，增长 43.7%”。平谷区观光休闲农业园的收入仍然以农业采摘收入为主，与北京市周边其他地区相比，其旅游产品类型几乎处于一种无差异的竞争状态，而其他方面的旅游收入，例如，休闲健身娱乐、湖边垂钓和民宿等差异化的产品却占比很低，综合表现为整体旅游收入分布不均衡。类似于以采摘收入为主导的旅游经营模式的特色不强，较易被模仿和复制，所以平谷区内形成了千村一面、大同小异、低价竞争的发展状况最终导致平谷区的农业观光园虽然从业人员数量多，但人均创造收益却不甚理想。

(二)起步晚的休闲基础设施相对薄弱

乡村休闲旅游整体形象既关系着旅游目的地全局利益，又关系着乡村地区参与旅游经营居民的个体利益。过去的 20 年，中国多数乡村都以城镇化发展为目标，基础设施已经非常完善，但是休闲旅游接待设施却并没有跟上时代发展的脚步。其具体表现为：部分乡村休闲旅游景区并未有计划地开发，或者处于初级开发阶段，景区景点路窄、路况差、旅游环境整体承载力低导致休闲旅游开发潜力不足；一些地方行政管理部门缺乏行之有效的监管和运营等规章制度导致休闲旅游基础设施缺失或被破坏现象十分严重；部分已经建成的休闲景区由于经营不善又陆续出现了废弃现象，大量基础设施被搁置和荒废。以上这些情况极大地损害和降低了乡村休闲旅游项目的附加体验价值。

仍然以北京市平谷区为例，近十几年来，平谷地区统筹城乡一体化发展战略，加强了农村基础设施建设并取得一定的成效。在全区行政村保持 100%通公路的前提下，进村主要道路全部安装了路灯，居民出行更加便捷，生活环境更加宜居。北京轨道交通 22 号线(平谷线)的加速建设大大加强了平谷与中心城市的联系。尽管在乡村生活基础设施上发展明显，但平谷区乡村休闲旅游设施仍然存在较大提升空间，例如，酒店住宿、民宿、休闲娱乐和康养健身等方面。平谷区面积为 948.24 平方千米 ，2023 年年末全区常住人口为 45.6 万人，其中，常住外来人口为 7.2 万人，占常住人口的比例为 15.8%；城镇人口 28.1 万人，占比为 61.6%。平谷区拥有北京市数量最多的4A级自然型景区。由于地处偏远山区，截至2021年，平谷区依旧以旅游观光为主。在非标准住宿上，平谷区用于短租的房源数量极其有限，因此平谷区休闲住宿的酒店、民宿和娱乐设施相对薄弱，具有很大的开发空间。

（三）规模小且技术与管理水平较低

首先，当前中国乡村休闲旅游产业总体表现为产业规模“小、散、乱”的粗放发展方式以及休闲旅游产品结构形式单一。相当数量的村镇和景点存在各自为政、各扫门前雪、单打独斗等问题，乡村休闲旅游经营总体较为分散。①从全国尺度看，美丽休闲乡村空间机构分布不均，整体呈集聚分布并形成“两极多核”的空间特征。②从省域尺度看，东部沿海省市美丽休闲乡村密度较高，偏西部高纬度、高海拔地区的密度较小；除青海、西藏外，各省（自治区、直辖市）美丽休闲乡村集散差异较小，集聚程度较低，趋于均衡分布；北京、天津的美丽休闲乡村空间发育最好。①

其次，中国乡村休闲旅游开发的粗放型发展与乡村休闲产业从业人员的专业化水平存在关联。现有的乡村休闲旅游项目多为小规模的私营经济，开发者和经营者通常喜欢雇佣低廉的劳动力或亲朋好友，低质劳动力和裙带关系会产生经营管理上的诸多问题。培训时间和培训条件有限会导致从业人员缺乏必要的旅游管理和服务技能，从而造成服务人员不能为游客提供高质量的旅游体验。

最后，虽然小农经济是中国大多数乡村地区的原生经济形态。该经济形态对城市游客有着较为强大的吸引力。由于其内部接待表现为一家一户分散经营和自负盈亏的形式，乡村地区旅游品牌的形成、项目的科学管理以及整体形象的营销等方面均存在着许多实际困难和现实问题。中国乡村休闲旅游开发一味地片面强调对传统农业生产和自然资源的开发，而忽视了对乡村传统文化、乡村民风民俗等人文类资源的深度发掘，这使得乡村休闲旅游资源的规划与整合存在丰富资源与有限资金对立的问题，从而无法形成有效的开发合力。

（四）地域形象不明显且品牌特色效能低

乡村休闲旅游开发的网络形象大多与农业观光、休闲采摘、景观欣赏有关，而其他乡村休闲产品认知度却并不高。目前围绕乡村历史、民俗和乡土文化开展品牌形象的构建，其话题性弱且内涵较单一，对各个区域休闲旅游品牌构建的贡献有限。地方政府在休闲品牌的构建和推广上采取相应的措施，以原生态为重点、以乡土文化为纽带来打造具有地方特色的乡村休闲品牌，从而实现品牌的多元化发展，提高其知名度和影响力。

不少乡村休闲旅游项目在开发之初就简单、粗暴地将原住居民全部迁出，仅以打零工形式雇用部分被迁出的居民，令其在景区内从事表演性质的农业耕作和农产品生产活动，而被雇用人员和工作时间均不固定。除此之外，休闲景区内农产品的生产不以经营为目的，而主要用于游客观赏和品尝，甚至部分休闲景区直接从外地购买农产品供游客品尝和购买。从文化“活化”角度来看，如果某一景区和文化景观从当地常住居民的日常生活中剥离，将意味着走向“死亡”，因为文化源自劳动、生产和生活，那些缺乏市井生活气息的文化景观和景区只是一具“空壳”。所谓的“品牌和特色”早已经无从谈起，开发的可持续性更是令人担忧。

---

① 王兆峰，史伟杰. 中国美丽休闲乡村的空间分布特征及影响因素[J]. 地理科学，2022，42（1）：104-114。

二、对乡村休闲旅游开发中存在问题的思考

乡村休闲旅游开发既可以丰富我国旅游资源而满足游客回归大自然和缓解生活压力的需求，又能提高乡村资源的利用率，进而推动新型农业生产，增加乡村社会收益，促进乡村经济繁荣及城乡一体化建设。本书从中国乡村休闲旅游开发存在问题引出以下四个方面的思考。

（一）加大政策扶持，差异化发展

制定相关的法律法规以引导和规范乡村休闲旅游开发的有序化、制度化经营十分必要，因为一个成熟的市场必须有完善的保障体系和政策措施。只有这样，才能保证效率和公平的实现。例如，法国的乡村休闲旅游开发就得益于政府在资金、技术、资源配置上的大力支持，同时在资产管理和发展方向上予以辅助和规范。因此，中国乡村休闲旅游属地管理部门应该根据当地社会经济的实际情况，在职权范围内制定有关的资金和项目扶持政策，从宏观层面加强对乡村休闲旅游开发的引导和调控。在尊重旅游市场规律和原住居民意愿的基础上尽可能少用强迫性命令，而是要充分发挥政府在公权层面上的引导、协调和服务作用。乡村休闲旅游开发必然会涉及相关政策的改革、配套和制定，各地政府应该在遵守相关政策的基础上，根据地区自身存在的资源禀赋和社会经济差异为本地乡村休闲旅游开发，创造良好的政策环境，特别是在立项、用地、建设、信贷、能源和供水等方面给予优惠政策。

（二）因地制宜，建设基础设施

目前来看，中国乡村休闲旅游开发存在两种片面趋势：一是把乡村休闲旅游视作中心城市旅游产业的附属品，视作中心城市休闲文化生活的外围延伸；二是向单纯的旅游观光景点转化。这两种趋势都忽视了乡村休闲旅游开发所具有的多功能特性和综合性。实际上，乡村地区休闲旅游开发最大特色是它的综合性，即乡村社区的生产、生活、生态三个部分的统一和协调发展。因此，开发者对乡村休闲旅游项目的选择要做到因地制宜，结合现实状况区别对待；对不同的项目开发要在做好全面规划的基础上，尽可能选取特色强、潜力大的项目，并集中资金重点开发。

另外，在开发过程中，要充分发挥项目所在地政府的主导作用，设立专项发展基金，用于旅游目的地基础设施建设和配套设施建设。例如，支持城市金融企业加大支农惠农贷款力度，推行物权抵押、土地使用权抵押等多种形式的抵押贷款。这些措施最终目的还是通过资金支持来加强乡村休闲旅游基础设施及配套设施建设，创造高质量和高品位的乡村旅游服务环境，为乡村休闲旅游开发创造良好的社会环境、经济环境。

（三）规范管理，创新技术手段

虽然一些乡村地区的农林、水利和旅游等部门制定了相关标准来评定景区景点的开发等级，也在逐步推进实施各自的景区项目管理办法，但分散的“各自为政”经营方式又会出现多头管理的现象。鉴于这种情况，乡村休闲旅游开发项目所在地应该在规范管理和创新技术手段的同时，进一步细化项目开发的统筹管理。例如，构建乡村休闲旅游开发促进平台、成立乡村休闲旅游促进会等，与其他地区旅游团体建立交流合作关系，定期开展交流；采取走出去和请进来的方式，建立稳定的乡村休闲旅游人才培训和交流渠道；由相关管理部门主导策划和建立

一些公共乡村休闲旅游园区项目，以便引进外部企业来投资创业等。

另外，中国乡村休闲旅游开发还应该在保持传统农业文化和反映传统农业历史的基础上，寻求与融合新的技术支撑。例如，充分利用独特的自然资源、古老的文化习俗、传统的生产方式，让游客尽可能多地了解过去的农耕历史以及体会中华民族古老的文明奥秘；鼓励农业园区积极引进或者培育适合乡村休闲旅游开发的特种蔬菜、瓜果、花卉以及其他观赏性植物品种，通过农业技术更新提高游客的参与度；某些地方农业科研单位可以利用自身的科研优势，参与乡村地区休闲旅游开发，通过现代农业生产的高科技展示和科学知识普及活动，城市游客能充分体会知识和科技的力量。

(四)构建地域形象，打造特色品牌

1.地域形象构建方面

中国乡村休闲旅游开发应该将地区农业休闲和传统文化结合来举办一些具有代表性的节日庆典活动，让游客的休闲放松活动与乡村社会真实生活以及传统农业生产相联结，使乡村休闲旅游的地域形象更具活力。乡村休闲项目的开发者和管理者要精心策划景观布局，从实际的农业生产出发，合理放置能够展现乡村生活的农耕狩猎器具和雕塑实物以及点缀和反映乡村社区风情的景观实物。从乡村地区文旅融合的角度来看，结合了那些民间技艺和乡村社区风情发展起来的休闲旅游项目将更加富有形象特色。

2.品牌特色打造方面

为避免由产品形式单一导致的品牌特色不明显的情况，乡村休闲旅游开发应该立足于自身的地区特色和地域文化亮点，尽量设计具有独特优势的休闲旅游品牌产品。例如，充分利用乡村各种传统节庆假日组织休闲观光旅游、举办展览会、科普研学游等活动，形成游览观光与参与体验相结合、知识学习与娱乐趣味相结合的旅游产品。

第四节　中国乡村休闲旅游的治理

乡村休闲旅游开发应该根据自身特点和现状，因地制宜地利用“山”的优势和“水”的优势，有效依托区域内的人文资源和自然资源，将城乡统筹和地域文化传承、自然生态环境保护等要素有机融合，致力于解决乡村地区空心化、乡村社会经济振兴、城乡融合发展等难题。同时，应该提倡新的乡村生活体验并配套完善的基础服务设施，实现集山水揽胜、人文体验、田园度假等多功能为一体的乡村休闲综合体。

一、乡村旅游与乡村休闲旅游治理

本节所指的“乡村”不只包括传统地理意义上的农村地区，更是包含了农业人口数量、农业景观形式、传统农事活动和乡村村落分布等形态以及常住人口密度不高，且生活节奏缓慢的非城市化地带。需要特别注意的是，中国的乡村地区是一个极其复杂的社会、经济、生态系统，并不能简单地被识别成“农村”。乡村与农村的差别主要表现在三点：一是乡村不仅是农民居住、从事农业和农事劳作的地方，更是一个经济生活的体系，其很多内部构成具有独立活动的性能；二是乡村是一个社会和经济的综合体，包括经济、政治、科教和传统民俗等其他活动，乡村

地区除农业外，还包括部分工商业、交通运输业、服务业、教育业等物质生产活动和非物质生产活动；三是乡村还包括空间因素，即自然生态环境的立体因素，即乡村地区是一个具有一定自然、社会、经济、生态特征和功能的综合性体系。而传统上的“农村”在以上三个方面的表现及涵盖范围要远远小于乡村。

乡村休闲旅游治理是指面对乡村旅游开发中的诸多现实情况，从休闲的角度或从人们休闲旅游需求的角度去考虑乡村旅游的开发过程、建筑分布和景观设计等。在开发过程中，力求实现基于休闲需求的物质空间和精神文化的构建，同时充分满足目标游客的乡村休闲需要。目前，中国乡村旅游正在从乡村旅游管理模式向旅游治理模式转变，将乡村休闲旅游开发以及乡村社会经济发展融入国家社会经济发展的整体战略。这种转变具有时代的必然性，也是一种有效的治理方式。

乡村休闲旅游的治理应遵循乡村旅游的基本属性，乡村休闲旅游自身有一些特殊的属性，旅游治理也需要遵循自身开发的一些特殊属性。在中国的乡村地区开展休闲旅游开发和治理必须依附于具有乡村性的各种资源，在乡村性基础上去充分发掘这些资源的“休闲性”，其中的乡村休闲旅游治理主要集中于景观农业和乡村休闲开发两个方面。

二、中国乡村休闲旅游治理方略

治理乡村休闲旅游需要在构建休闲旅游形象、品牌的同时，逐步形成独具乡村特色的休闲文化氛围，充分发挥乡村休闲旅游目的地的潜在旅游资源优势，进而促进乡村地区社会、经济的进一步发展。在乡村休闲旅游治理过程中，开发者要正确认识乡村休闲旅游的内容和内涵，不要混淆“农业旅游”“休闲农业旅游”“农家乐”等概念，避免休闲治理的单一性、片面性和过度开发等。在中国乡村休闲旅游完成休闲治理的过程中，应当充分把握以下五点。

（一）注重休闲性和乡村性

1.从休闲性角度来看

乡村休闲旅游的乡村性与体验性的最终落脚点就是帮助游客完成乡村休闲旅游活动。实际上，休闲性是目标游客到乡村旅游所追求的最终目标，也应该是乡村休闲旅游治理所需要达到的最终结果。无论是乡村休闲旅游的治理过程，还是目标游客的旅游活动，都应该注重休闲性。例如，某个国家或地区的乡村休闲旅游目的地要向目标游客充分展现自身的自然生态景象、休闲生活氛围和休闲文化风貌，为目标游客提供以休闲为目的的交通、住宿、餐饮、休憩场所等各种便利条件。因此，乡村休闲旅游治理需要在开发过程中突出其休闲性，让游客休闲放松、身心愉悦。

2.从乡村性角度来看

乡村休闲旅游“乡村性”的缺失会导致乡村休闲旅游目的地出现个性消失、产品同质化等现象。前人的研究提出，诸多乡村旅游具有“乡村性”的特征：一是辽阔的地域与较低的常住人口密度；二是具有乡村特色的自然生态景观与简单的经济活动；三是具有传统的乡土社会文化特征。由此可知，乡村性不仅泛指乡村原住居民世代生活留下来的传统建筑、历史村落等静态景观以及民族民俗风情，还应该包含伴随原住居民世代繁衍、生息的乡村地区传统文化、社会氛围和生态环境等。城市目标游客之所以选择乡村休闲旅游是因为他们更加注重乡村旅游的现实体验，而这种体验并非单一的游憩活动能达成，它是城市游客与农村生活形态做了整体性接触而产生的，其中与本土居民人际交往的经验更能使城市游客体会乡村休闲文化及其价值。因此，在乡村休闲旅游开发治理过程中，无论是乡村旅游吸引物，还是旅游环境载体，都最好是原真性的。只有传统原生的乡村生活与生产环境，才能够突出乡村性，而这些传统原生的休闲旅游资源才是最可贵和最具有吸引力的。

（二）突出参与性和体验性

参与和体验乡村休闲生活才是城市目标游客迫切追求的旅游目标。与一般旅游活动相比，城市目标游客在乡村休闲旅游活动中更加注重参与性和体验性，乡村休闲旅游的治理更应该提供一些具有乡村特色的休闲体验，即与城市生活形成差异化的体验。实际上，大多数城市目标游客往往会期望在乡村亲身参与传统农业劳作、民间手工产品的制作和品尝农家特色食品；在田地之间、果园中、鱼塘边或牧场领略乡村地区“原汁原味”的生产和生活。

（三）彰显民俗性和生态性

民俗文化是乡村休闲旅游的精神内涵，也是目标游客参与乡村休闲旅游的重要内容之一。民族多样性、地域的广阔性、季节变化和丰富的农作物种植都为乡村地区的旅游活动提供了丰富的休闲旅游资源，乡村常住居民的日常餐饮习惯、着装风格、节庆风俗、婚嫁习俗和民谣民乐等都充满了浓郁的乡村特色。富有乡村气息的农家土特产、传统手工艺品等乡村旅游资源的开发不仅能让外来游客接受乡村传统文化洗礼，感受其淳朴的乡村生活气息，而且传统民俗文化能得到更好地传播与推广。中国乡村休闲旅游治理需要注重对彰显民俗性的特色旅游资源进行合理开发，有效发掘和展现广大乡村的特色传统民俗文化，使目标游客能充分体验不同乡村地区的文化特色，切身参与和感受淳朴的乡村休闲生活。

此外，乡村休闲旅游治理中的生态性也是不容忽视的因素。2005 年 8 月，时任浙江省委书记习近平同志在浙江省湖州市安吉县余村考察时，首次提出“绿水青山就是金山银山”的重要论断。在“两山论”的指引下，当地实现了从“靠山吃山”向“养山富山”的转变。由此看出，生态性既是乡村休闲旅游的一种行为理念和开发模式，又是中国乡村社会经济振兴和城乡融合发展的前提条件。中国乡村休闲旅游治理需要充分考虑对生态的保护，以实现乡村休闲旅游的可持续发展。

（四）提升文化性和示范带动性

文化是某一地区进行旅游开发的灵魂，旅游开发又是历史文化延续的物质依托。旅游产业发展中的各要素在一定程度上体现了开发管理者对地区文化内涵的理解，而旅游产品的品位高低能够反映开发者自身的文化理念。在中国乡村休闲旅游开发过程中，文化因素的地位和作用已经表现得越来越明显，具体表现为旅游主体、旅游客体以及旅游服务环节包含的文化内涵。例如，一部分革命老区的红色旅游已经成为中国旅游开发的一个新的亮点，在带动旅游开发的同时，极大地促进了当地社会经济的发展和城乡融合发展，而文化因素在红色旅游中起到了核心作用。由此可以预见，以乡村自然风光为基础，以乡土文化为核心将是乡村休闲旅游的新趋势和新亮点。因此，中国乡村休闲旅游治理要深入挖掘其蕴含的文化资源，在打造特色文化的同时，提升乡村休闲旅游的文化品位。在梳理前人研究的基础上，本书总结出关于发掘和提升中国乡村休闲旅游文化性的四条途径：一是培养乡村常住居民的文化认同感，使其内心对本土优秀传统文化形成“文化自觉性”；二是通过教育、培训以及环境影响等方式，提高乡村常住居民的文化素质；三是活跃乡村区域休闲文化，以形成城乡居民休闲理念；四是乡村休闲旅游目的地要积极开展对外合作，在成熟营销理念的基础上打造具有自身特色的文化品牌战略。

乡村休闲旅游治理需要塑造一批典型的旅游目的地品牌，以便为其他地区的休闲旅游治理提供可以借鉴的范例。当然，中国乡村地区自然环境、生态资源和人文景观资源的差异明显，休闲旅游治理的方法与模式不能一概而论。首先，可以对一些典型的成功案例进行示范和推广，让其他休闲旅游目的地有参照性地相互考察与借鉴，这样不仅能促进地区合作、农业科技交流、城乡社会经济融合，还可以进一步扩大乡村休闲旅游市场范围；其次，不同的乡村休闲旅游目的地还应该在保持各自特色和差异的基础上，相互借鉴与相互学习，那些治理成效显著的地区要充分发挥示范带动作用；最后，相关旅游管理部门要积极推动市场间的交流合作，以便互相学习，为乡村休闲旅游开发注入新的动力。

以中国四川省成都市蒲江县甘溪镇明月村为例，该村以“竹海、茶山、明月窑”为特色休闲资源，构建了一种“文创赋能休闲农业、推动产村融合发展”的乡村旅游新形态。数据显示，“2020 年该村接待游客 23 万人次，乡村休闲旅游收入达到 3 300 万元，带动全村农民人均可支配收入达 2.7 万元”。其文化性和示范性可以总结为两个方面：一方面，坚持农旅融合、文旅融合的同时，合理推进产业发展。该村“依托 3 000 余亩有机茶叶基地、8 000 余亩雷竹园区和 300 多年的明月窑，成立了明月村乡村休闲旅游合作社，推出农事体验、自然教育、制陶和草木染体验等项目，打造了蜀山窑、呆住堂艺术酒店等文创项目 50 余个，开发明月笋、明月染、明月陶等系列文创产品 10 余种，吸引 150 余名村民返乡创业就业，2020 年合作社实现营收 130 万元，同时邀请全国各地新村民入驻，实现了浪漫田园和文艺村落的融合发展，新村民与原住居民互助共享”。另一方面，坚持文化传承的同时，努力构建鲜明的旅游产业品牌，明月村的休闲旅游开发在彰显文化传承的基础上，始终把特色化和差异化作为发展方向。近年来，该村连续举办了“春笋艺术节”“中秋诗歌音乐会”等特色鲜明的文化活动；创设了“明月书馆”“陶艺博物馆”等乡村公共文化空间；孵化出“音乐种子计划”“明月文舍”等一批文化创意项目；培育了明月之花歌舞队、明月古琴社、明月诗社、守望者乐队等特色文艺队伍 6 支 200 余人，这些文艺人才又进一步创作了《明月甘溪》《明月集》等原创歌曲和原创诗集。

（五）提高乡村居民参与治理的自觉性

在乡村休闲旅游治理过程中，休闲旅游目的地原住居民的主动参与可以提高旅游的乘数效应和游客感知满意度，因为只有常住居民，才最了解当地特色。乡村休闲旅游治理需要提高乡村常住居民参与治理的自觉性，这样有利于避免非本地治理者因为盲目追求经济利益而造成本土传统文化的消亡和变质，从而更能维护乡村传统生态风貌以及乡村文化的原真性。中国乡村休闲旅游治理应该注意三点：一是休闲旅游目的地常住居民能认识到休闲旅游治理与自身利益的关联性。如果乡村休闲旅游开发可以为当地居民带来实际的收益，他们就有可能自愿、主动地加入治理与保护队伍。二是满足休闲旅游目的地常住居民多层次的需求，强化休闲旅游目的地居民参与治理的意愿。三是在乡村休闲旅游目的地建立一种公正、合理、公开的利益共享机制，乡村休闲景区周边的常住居民在承受旅游活动负面影响的同时，理应分享旅游活动的收益，这样能够有效减少乡村社区内的利益摩擦和冲突。

例如，浙江省湖州市德清县莫干山的“民宿发展模式”。该休闲旅游目的地把民宿经营作为地区的基础产业，构建了多层次的产业发展体系，通过地方旅游开发政策扶持、外部资金引进、人才培养利用等方式打造出“莫干山特色小镇”这一品牌形象。

莫干山的休闲旅游开发实践是以当地政府为主导积极发掘周边地区旅游资源，围绕康体休闲健身和乡村休闲体验两大主题来构建的地区旅游产业。积极鼓励原住居民参与当地的休闲旅游产业规划和开发，通过自有村舍、传统技术、资金等入股形式提高了原住居民参与旅游开发的积极性与自觉性。同时，依托当地特色风景名胜区，打造出户外生态运动基地和国家登山健身步道以及“环莫干山”游等热门旅游产品。通过有效串联周边地区旅游资源和对镇区街道进行民国风格改造（老式照相馆、布鞋店、老酒庄、咖啡馆等怀旧风格的旅游业态，建造小型博物馆、VR 体验馆、复古钟楼等建筑）以及举办本地音乐节、国际自行车赛事、山地越野竞赛等节庆活动，提振了莫干山休闲旅游品牌的知名度，也提升了当地居民的参与性和治理的自觉性。

在整个休闲旅游开发过程中，该休闲旅游目的地有效发挥了依托长三角地区大城市群的优势，充分调动当地常住居民参与休闲旅游开发的积极性。另外，莫干山旅游景区的示范带动作用使浙江省其他地市，乃至全国各地都掀起了一股乡村地区民宿开发的热潮。在中国城乡融合战略的背景之下，具有莫干山特色的休闲旅游产业已经成为带动乡村地区社会、经济发展的特色先导产业。

第三章　文化振兴与乡村休闲旅游开发

在中国现代化发展过程中，相继出现的乡村凋敝、文化衰落和传统特色消解等问题都是文化振兴实践亟须解决的。过去的乡村建设基本以经济指标为核心，偏重硬件设施的完善，而忽视了文化“软实力”的提升。目前，休闲旅游开发对乡村振兴的带动效应已成为社会各界的共识。作为乡村社会发展的纽带和乡村经济振兴的动力，乡村旅游是传承与传播中华传统农耕文化的有效途径。同时，乡村地区文化振兴需要充分挖掘与合理利用乡村传统文化，将乡村传统文化振兴与乡村休闲旅游开发有机融合，将乡村传统特色文化与乡村旅游开发相联结，依托广大乡村地区的农业田园风光、历史村落建筑、乡土民俗文化、特色风土人情等资源优势实现开发、保护、传承和传播的目的。最终，通过乡村文化与乡村休闲旅游开发的深度融合，实现乡村社会经济振兴和城乡融合发展。

第一节　中国的乡村振兴与乡村文化振兴

乡村振兴以乡村社区文化振兴为基础，而乡村社区文化又有传统和现代之分。传统乡村社区与现代乡村社区在文化发展上的最大差别在于：传统乡村社区和城市之间是单向流动，而现代乡村与城市之间是双向循环发展。中国的乡村振兴、乡村文化振兴以及城乡融合发展的关键在于扭转城市与乡村资源要素的单向流动和以城市为中心的社会资源配置，这既是重大挑战，又是新的发展机遇。乡村振兴与乡村文化振兴需要在城乡之间建立起一种双向流动和循环机制，从而构建乡村与城市共生的新型城乡关系。

一、乡村振兴战略的提出及内容

乡村地区是具备自然、社会和经济特征的区域综合体，兼具生产和生活、生态和文化等多重功能，其与城市之间的关系是互促互进、共生共存，两者共同构成了人类活动的主要空间。由于乡村所占的人口、资源和面积比例较大，“乡村兴则国家兴，乡村衰则国家衰”。在这一大背景之下，中国政府实施乡村振兴战略具有重大现实意义和深远历史意义。

(一)乡村振兴战略的提出

乡村振兴战略是习近平总书记在党的十九大报告中提出的战略。党的十九大报告指出，农业农村农民问题是关系国计民生的根本性问题，必须始终把解决好“三农”问题作为全党工作的重中之重，实施乡村振兴战略。

(二)乡村振兴的演进

中国的乡村振兴以及乡村文化振兴，从构想到运筹、从构思到构建都经历了一个漫长的发展时期。2018 年 3 月 5 日，国务院总理李克强在《政府工作报告》中提到，大力实施乡村振兴战略；2018 年 5 月 31 日，中共中央政治局召开会议审议通过《国家乡村振兴战略规划(2018—2022 年)》；2018 年 9 月，中共中央、国务院印发了《乡村振兴战略规划(2018—2022 年)》；2021 年 2 月 21 日，《中共中央　国务院关于全面推进乡村振兴加快农业农村现代化的意见》发布，这是 21 世纪以来第 18 个指导“三农”工作的中央一号文件；2021 年 2 月 25 日，国务院直属机构国家乡村振兴局正式挂牌；2021 年 3 月，中共中央、国务院发布了《关于实现巩固拓展脱贫攻坚成果同乡村振兴有效衔接的意见》，并提出了一系列重点工作；2021 年 4 月 29 日，中国共产党十三届全国人大常委会第二十八次会议表决通过《中华人民共和国乡村振兴促进法》；2021 年 5 月 18 日，司法部印发了《“乡村振兴 法治同行”活动方案》。至此，中国乡村振兴战略及相关机构基本构建完成。

从内容上看，中国乡村振兴实施路径包括了七个方面：“重塑城乡关系，走城乡融合发展之路；巩固和完善农村基本经营制度，走共同富裕之路；深化农业供给侧结构性改革，走质量兴农之路；坚持人与自然和谐共生，走乡村绿色发展之路；传承发展提升农耕文明，走乡村文化兴盛之路；创新乡村治理体系，走乡村善治之路；打好精准脱贫攻坚战，走中国特色减贫之路。”

二、乡村振兴下的乡村文化振兴

中国的乡村振兴需要“文以化之，文以铸之”，因此，将乡村地区优秀文化作为乡村振兴的灵魂，通过内容和形式的传承与创新，将乡村优秀文化有效融入乡村文化振兴，真正实现乡村振兴战略和全面建成社会主义现代化强国。

首先，乡村文化振兴是为了解决中国乡村社会经济发展过程中出现的文化凋敝和文化空化的问题，其根本目的是通过乡村文化振兴进而推进乡村社会经济全面振兴，让乡村居民享受由文化兴盛带来的便利性，同时留住传统文化脉络、推动乡土特色文化传承。事实上，中国的乡村文化振兴是国家整体振兴事业中的关键一环，对于解决城乡文化发展不平衡、城乡社会结构差异化等问题具有重要价值。

其次，乡村文化振兴为乡村振兴提供了承载力的主体保障。中国是一个传统农业大国，有着悠久而又深厚的农耕历史，乡村文化振兴离不开乡村当地居民的参与。在现代乡村文化的发展进程中，以文化为载体构建具有历史内涵和时代特色的文化产业，从而带动乡村社会经济的发展和人口素质的提高，将是中国乡村振兴的重要路径。

最后，乡村文化振兴为乡村社会经济等各方面的振兴提供了人才保障和组织保障。随着国家战略的变化，今后的乡村振兴不仅需要乡村常住居民的积极参与，更需要城乡社会各类精英人才的加入。因此，乡村地区的文化振兴能够拓宽各类人才的引进渠道和构建新的人才培养模式，例如，大力培育基层优秀干部，充实管理岗位；利用宏观政策引导优秀人才回乡创业；等等。此外，乡村文化振兴还需要充分挖掘一些适合乡村地区社会、经济高效发展的社区组织模式和治理方法，将乡村地区的自治、法治与德治有机结合，从而推进乡村振兴战略的发展。

总体而言，中国乡村文化振兴的内容主要有五个方面：一是乡村文化产业振兴，时代要发展，产业是基础；二是乡村文化人才振兴，人才是国家振兴和社会经济发展的关键，积极培养有才能的专业人才；三是乡村社会文化振兴，加强人的思想道德建设和公共文化建设，弘扬社会正气的同时，构建文明社会风气；四是乡村文化生态振兴，良好的文化生态环境是人们生活生存的根本；五是乡村文化组织振兴，一个好的组织能起到带头作用，达到全面振兴的目的。

三、乡村文化振兴与乡村振兴的辩证关系

乡村文化振兴是乡村振兴的一个重要组成部分，乡村文化振兴有助于乡村振兴战略的推进与实施。

（一）乡村文化振兴是乡村振兴的有效支持

中国政府提出的乡村振兴战略是一项系统的工程，其内容包括产业振兴、人才振兴、文化振兴、生态振兴、组织振兴五个方面。因此，推进乡村振兴、经济振兴的过程就是统筹谋划乡村地区的和谐社会构建、经济高速发展、文化保护与传承、生态文明建设等的全过程。乡村文化振兴作为乡村全面振兴的“铸魂工程”，能够为中国的乡村振兴提供精神支持和文化支持，因为优秀的特色文化本身就是一种重要的文化资源，更是乡村全面振兴的文化生产力。对乡村地区丰富、悠久、独特的文化资源进行有效开发和市场运作，能够促使城乡之间形成独具特色的文化和旅游产业，从而推进乡村产业振兴的发展。

（二）乡村文化振兴是乡村全面振兴的必然要求

首先，乡村文化振兴为广大乡村产业振兴提供了人才储备和文化资源。中国乡村产业振兴的目标是实现产业兴旺，而产业兴旺需要各种类型高素质的优秀人才作为基础支撑，乡村文化振兴能够有效地提升乡村常住居民的科技文化水平和农业生产技术水平，培养一批有文化内涵、懂生产技术、会管理经营的新型居民。其次，乡村文化振兴有助于乡村生态振兴和生态保护意识提升。在乡村文化振兴过程中，通过宣传和教育来培育乡村常住居民的生态保护意识，进而形成环境友好型的生产方式和低碳型生活理念，树立尊重自然规律、顺应自然发展、保护自然环境的生态文明价值观，有效促进人与自然和谐共生。另外，乡村文化振兴能为乡村生态振兴提供深厚的生态文化内涵，更加高效地推进乡村生态振兴。最后，乡村文化振兴能够为国家集体经济组织的创新和发展提供必要的企业文化基础。乡村文化振兴可以为乡村集体经济组织普及现代化的企业管理制度，提升乡村常住居民的现代化经营和管理能力，从思想层面和生产理念上逐渐壮大乡村集体经济的优势。

第二节　乡村文化振兴中的高质量文旅融合

2022 年，中华人民共和国文化和旅游部、教育部等六部委联合印发《关于推动文化产业赋能乡村振兴的意见》（文旅产业发〔2022〕33 号）。该意见明确提出“到 2025 年，文化产业赋能乡村振兴的有效机制基本建立，汇聚和培育一批积极参与文化产业赋能乡村振兴的企业、机构和人才……文化产业对乡村经济社会发展的综合带动作用更加显著，对乡村文化振兴的支撑作用更加突出”。该意见的提出为今后中国乡村休闲旅游开发以及乡村文旅融合指明了发展方向。

一、乡村文化振兴中文旅融合的宗旨

中国乡村传统文化大多来源于农耕文明，因此基于乡村文化振兴的休闲旅游开发应该注意三点：一是对中国乡村延续数千年的优秀传统文化与民俗活动样式的传承；二是对乡村地区

传统文化特色的保护与开发；三是休闲旅游产业与乡村本土传统文化的无缝融合。在实践开发过程中，既要重视优秀传统文化的保留和保护，又要力图实现文旅融合的创意与创新发展。只有这样，中国乡村休闲旅游开发才能提高自身文化内涵，并最终实现乡村文化振兴和文旅融合发展。

（一）发掘乡村文化资源，增加乡村文旅融合厚度

通常具有地方特色的自然地形地貌、古代历史遗址、本土特色饮食、民族传统服饰和地区民俗节庆等都可以作为乡村传统文化发掘的对象。在乡村休闲旅游开发中，将以上这些元素的文化成分进行有效串联，从而形成富有乡村特色的文化体系。以山东省潍坊市井塘古村的休闲旅游开发为例，该村始建于明代景泰七年，很多村中道路用青石板铺成，古石桥、古井、古庙分布村中。此外，井塘古村是红色苏区著名的“井塘会演”之地。相对于其他历史文化底蕴薄弱的地区而言，井塘古村以明代文化为主导，兼具近代的红色文化资源，具有一定的文化开发和文旅融合优势。事实上，中国乡村存在大量如井塘古村一样的文化资源较为丰富的地区。乡村文旅融合可以通过著名历史事件回放、乡村节庆活动、传统民俗表演等形式来提升乡村地区传统文化可视度；以旅游项目开发或景观建设为导向，结合网络自媒体、短视频等，打造集休闲旅游观光与传统历史文化于一体的文化旅游项目；借助参与体验、综艺录制、视频广告等方式提升乡村休闲旅游目的地的知名度，增加乡村地区文旅融合的厚度。

（二）优化文旅产品结构，增加乡村文旅融合深度

乡村休闲旅游开发需要实现乡村文旅融合基础产品的精细化、个性化生产，增加传统特色文化在乡村地区民宿、餐饮、节庆、风俗和建筑景观等基础旅游产品中的渗透力度。另外，乡村文旅融合首先要做的是提高文旅体验型产品的市场比重，开发者和经营者可以在传统乡村旅游产品体系基础上，适当增加具有乡村地区特色的休闲体验性旅游项目，以提升目标游客参与度，进而优化乡村休闲旅游产品的供需结构。例如，宜阳洛水昌谷的旅游开发项目，该项目设计之初就是按国家5A级景区标准打造的大型休闲旅游度假康养运动综合体。其景区包含了主题博物馆、文化艺术中心、会议中心、度假酒店和石头客栈等，同时建有奥莱小镇、商业街、八角街等集娱、游、购于一体的大型商业中心；还有面向儿童开放的沙滩乐园、托马斯火车乐园、航空小镇、精灵屋、水上乐园和运动公园等。众多体验性项目的建成有效增强了该景区的体验性。

（三）构建共建共享发展机制，增加文旅融合强度

相关研究表明，共建共享的发展机制是乡村文旅融合的基础保障。例如，尽可能完善乡村常住居民的参与机制，鼓励乡村常住居民以土地使用权、森林种植权、传统技术手艺、资金等形式入股乡村文旅项目开发。另外，合理优化乡村与外部企业的对接机制，例如，成立乡村休闲旅游开发项目对接小组，在相关网络平台或信息传播媒体公开招标信息，以项目促进合作。鼓励社会企业与乡村合作社、家庭农场以及乡村居民个体进行合作，以此提升农产品附加值。

（四）选择适合当地的开发模式，增加文旅融合广度

虽然中国农耕文明的历史延续了几千年，广大乡村地区文旅资源极其丰富，但仍需要探索适合休闲旅游开发以及乡村文旅融合的本土模式。目前，中国文旅融合开发模式种类众多，例如，以中心城市为依托的环城市乡村旅游开发地带；以著名景区为依托的环景区的乡村旅游开发模式；以历史文化为依托的古镇旅游开发模式；以传统民俗为依托的乡村文化与社区生活开发模式；以创新创意为主导的传统民间艺术推动乡村旅游开发模式；等等。需要说明的是，这五类乡村休闲旅游开发模式在中国实际开发进程中应该依据地区现有资源灵活地进行开发规划和组合搭配，而旅游项目开发者在完成乡村休闲旅游开发时还要因地制宜地选择适合自身长远发展的开发模式。

二、中国乡村地区的高质量文旅融合

随着物质生活水平的提高，人们越来越热衷于乡村休闲旅游活动。这种新兴的旅游方式不仅是人们回归大自然、放松身心、体验乡村异域生活的主要方式之一，而且是推动乡村经济社会发展、提高乡村常住居民经济收益、促进中国乡村地区文化与旅游产业高质量融合的有效途径。

（一）乡村高质量文旅融合的实践效果

文化具有公共属性且乡村是文化的重要载体，对乡村文化的培育与传承有助于扭转中国乡村地区空心化格局，从而实现乡村振兴。随着中国乡村振兴战略不断推进，乡村地区文旅融合实践效果明显，其主要表现在以下四个方面。

1. 文旅产业振兴提质增效

中国生态环境、人口亚健康和老龄化等问题日益凸显，国民对生活质量和健康要求也在不断提升，人们从心理上提升了对于健康知识和健康生活的认知，增强了对产品健康功能的关注。从市场角度来看，它会导致许多人将国际出游计划改变为国内短线旅游，这种市场变化给中国乡村文旅融合带来了新业态和新机遇。例如，2021 年山西省农产品加工销售收入达 2 620 亿元，过去的十年年均增长 12.3%，山西省国家级龙头企业 45 家、省级企业 649 家，分别增长 36%和 57%，山西省休闲农业和乡村旅游接待游客 6 733 万人次，带动 42.4 万农民受益，营业收入为 81.3 亿元。按照这种增长要素的预测，2025 年山西省范围内将会创建基于农林文旅康等项目的乡村休闲旅游产业基地 40 处以上，围绕这些项目的年营业收入将至少达到 25 亿元，并且带动 5 万乡村地区常住人口收入提高。

2. 乡村优秀文化得以传承

扎根于乡村优秀传统文化是中华农耕文明历经几千年的历史积淀和智慧结晶，也是中国乡村文化振兴的“根”与“魂”。通过各级政府管理部门的不懈努力，中国乡村优秀传统文化得到了广泛宣传与弘扬，用中华优秀传统文化引导和培育城乡地区社会价值观。例如，中国安徽省宣城市泾县在乡村优秀特色文化的传承和传播过程中，以“新四军历史文化”为代表的红色文化与传统手工技艺“宣纸文化”作为“双文化主体”，构建了一个集青少年爱国主义教育、党建瞻仰凭吊、传统手工技艺、特色农业文化等于一体的文旅融合开发体系，同时，结合“宣纸文化园”“宣笔制作体验”等乡村休闲体验项目的开发，使参与乡村休闲旅游的游客能够更加深入地了解传统宣纸与宣笔的发展历史和制作工艺，并体验其制作过程。这样既弘扬了乡村地区优秀传统文化，又振兴了乡村文化产业。

3. 生态保护能力持续提高

随着中国乡村文旅融合的发展，乡村常住人口的环境保护意识不断提升。新一代的乡村常住居民更加重视对传统古村和古镇、丰富的自然资源、多样的生态环境以及特有历史文化遗址的保护，通过自身努力积极推进乡村环境的整治，进而更好地打造集自然美和人文美于一体的“美丽乡村”。新农村建设不能单纯地只以经济发展为目标而忽视生态保护，必须做到文化和生态保护的同步进行，否则那些优秀传统文化将面临消亡的风险。数据显示，2021 年，全国万元国内生产总值能耗比 2020 年下降 2.7%，在监测的 339 个地级及以上城市中，全年空气质量达标的城市占 64.3%，未达标的城市占 35.7%，细颗粒物（$PM_{2.5}$）年平均浓度 30 微克/米^3，比 2020 年下降 9.1%，在 3 641 个国家地表水考核断面中，全年水质优良（Ⅰ～Ⅲ类）断面比例为 84.9%。

实践证明，中国大部分乡村文旅融合发展极大地促进了广大乡村及周边地区的生态保护和社会经济发展，而乡村生态保护和社会经济发展又进一步推动了乡村文化振兴，中国乡村振兴正朝着更加健康和更加积极的方向发展。

4. 乡村精神面貌与组织效力明显增强

一方面，依托乡村丰富的传统文化资源，以民间传统戏曲、农事节庆活动、民族音乐等乡村居民喜闻乐见的文化形式开展文化活动，有效地解决了新时代乡村精神文化的缺失问题，在一定程度上丰富了乡村常住居民的精神文化生活。据统计，“2021 年年末全国文化和旅游系统共有艺术表演团体 2 044 个、博物馆 3 671 个，全国共有公共图书馆 3 217 个、总流通量 72 898 万人次、文化馆 3 317 个，全国有线电视实际用户 2.01 亿户，其中有线数字电视实际用户 1.95 亿户，2021 年年末广播节目综合人口覆盖率为 99.5%”。在以上的统计数据当中，绝大部分的增长量来自广大乡村，这也是由中国乡村文化振兴发展所带来的显著成效。

另一方面，在促进文旅融合发展的过程中，各级管理部门对分属于农业产业、文化产业、旅游产业、康养产业等不同领域的人力、物力进行了一定层面的统筹协调，对不同行业的资源进行逐步整合与配置，这些措施有效加强了乡村地区的“组织能力”。另外，在不断健全和规范基层党组织工作机制的同时，应加快推动乡村社区构建和完善，以有效增强乡村社区的战斗力和公信力。

（二）乡村高质量文旅融合体系的构建

中国乡村高质量文旅融合的评判标准实际上是非常明确的。如果无法有效实现农民与乡村社区自身物质水平的显著提升，就谈不上乡村振兴；如果无法实现农民和乡村社区精神文化生活的高品质化，也就谈不上乡村文化振兴。中国乡村高质量的文旅融合要从文旅产业兴旺和乡村文化振兴开始做起。在乡村高质量文旅融合中，旅游产业不仅要充当区域经济发展的重要动力，而且要与乡村优秀传统文化一起在全面提升人民生活质量方面发挥重要作用。中国乡村高质量文旅融合除需要遵循“宜融则融”和“能融尽融”原则外，还应该以特色文化和旅游资源融合、文旅产品融合、销售和推广渠道融合、各自产业的体制机制融合等为主要手段。

1. 合理开发与融合乡村特色文旅资源

乡村特色文化拥有物质和非物质的资源优势，旅游产业拥有客源的资源优势，而这两种优势之间的融合是乡村高质量文旅融合的首要条件。因此，中国乡村特色文化资源开发要用更加创新和开放的思维来看待乡村地区旅游开发和旅游消费。乡村旅游开发也要为乡村文化资源的传承和价值变现提供高质量的游客,同时为其转化为独具魅力的乡村旅游产品贡献智慧。乡村旅游开发不能只做乡村特色文化资源的"啃老族",而是要用更多的创新和创意来推动旅游开发与旅游文化,尤其是乡村优秀传统文化之间更深入的融合。只有这样,乡村高质量文旅融合才能在传统特色发展的基础上彰显现代新形象。

2.有效促进乡村文旅产品创新

总体上看,中国乡村文化更多是面向乡村当地常住居民的。某一地区文化的养成需要足够的历史积淀,而现代旅游开发更多的是面向流动量巨大的城乡游客,旅游活动基本是一种非惯常环境下的暂时性的消费活动。因此,在重新认识"文化是旅游的灵魂,旅游是文化的载体"基础上,遵循乡村优秀特色文化和乡村旅游开发各自的发展规律,理性和有序地推进乡村高质量文旅融合,这就需要在乡村文旅融合与旅游开发过程中,确立以"文化"为中心的产品开发理念,进而促进面向乡村常住居民的公共文化服务与面向外部游客的旅游公共服务之间的有效融合。另外,乡村地区高质量文旅融合还要让文化这一公共性事物拥有市场服务意识形态,释放公共文化服务空间的旅游体验价值,让乡村旅游更有社会责任意识,能够满足城乡居民对于文化认知的期待,真正意义上使乡村地区的文化空间成为旅游消费的新场景和文化传播的新舞台。

3.高效融通乡村文旅融合渠道

通常,文化产品和旅游产品在传播渠道上存在着显著差异,文化产品能够脱离空间现场,以通信在线化的方式来高效传播,而旅游产品的空间一体性使参与旅游活动的游客必须亲临消费现场,而所谓的网络虚拟旅游实质上是无法替代在线旅游的。因此,乡村高质量文旅融合是通过科技赋能文化的创新展示和以网络在线传播为手段,为乡村地区旅游目的地营销提供新的传播渠道,随后将除乡村地区中的文化传播外的价值通过旅游市场的供给来变现,用线下的文旅产品创新和文旅产业生态优化来进行承接,在线的乡村特色文化体验能高效地转化为乡村旅游消费活动,完成从"线上"到"线下"的实质转换。

4.科学完善乡村文旅融合的体制机制

中国乡村高质量文旅融合需要将过去"重保护"的体制科学合理地转换为现在"重效能"机制。而乡村特色文化资源需要完成从资源思维到产品思维,再到空间思维的持续演进,同时辅以科学利用、措施精准、合理管控等手段,最终使这些特色文化资源可以成为更多人的体验对象。另外,对待乡村文化资源既不能一味地保护,又不能过度地开发,而要突出保护、利用、传承、传播四位一体的平衡发展,以便解决乡村文旅融合中特色文化资源是否适合、是否能够用于大众体验和乡村旅游消费的问题。乡村高质量文旅融合应该从体制和机制上完善设计,进一步明确特色文化资源所形成的要素在所属权、使用权、销售权和收益权等方面的权属关系,从而推动乡村高质量文旅融合的深度发展。

鉴于中国乡村文化振兴的现实情况,高质量的文旅融合也需要适时调整和避免一些普遍的问题,具体有以下三点。

(1)构建可持续发展的供需动态配给机制　乡村旅游目的地不能毫无底线地迎合,甚至取悦城市游客,而是要构建一种可持续发展的供需动态配给机制,通过旅游产品供给端的创新来引导乡村旅游市场需求端的消费。因此,乡村文化振兴中的高质量文旅融合应该是既能展现乡村特色传统文化，又要传递故事背后的“优秀价值观”；既要提供市场渴求的乡村旅游产品，又要提供市场未来需要的乡村旅游产品。在生产旅游市场需求产品的同时，通过产品的供给和创新，游客能用最简单的方式获得最直接的快乐。中国乡村文旅融合开发的最大障碍在于大多数人还在力图用现代的时间模式去探寻历史的空间意义，从而造成文旅融合产品的市场供给与需求的错位。

（2）倚重传统特色文化　高质量文旅融合是避免用“僵硬化、程式化”的解说以及“卖萌式”的文化创意来迎合乡村旅游市场开发。中国乡村高质量文旅融合需要将悠久的特色传统文化通过某种时尚的方式表达给它的“接受者”（即参与旅游活动的游客），那些特色传统文化信息能以一种轻松的方式被传播。在一些乡村文旅融合过程中，过于迎合城市游客的文化认知和过于单一化的文化信息传递最终会造成文化要素选择的肤浅、文化信息编码的偏离以及文化要素传递被阻碍。另外，由于中国一些乡村旅游开发普遍存在在地时间短和旅游频率快的特点，乡村特色文化符号的选择、文化信息的编码、文化内核的提炼成为难题。

（3）通过文旅产品创新来实现乡村优秀传统文化有效传播　好的乡村文旅融合通过产品创新，以及场景的文化性、文化的场景性等模式完成创新，以引导游客获得旅游精神价值。如果任何一个乡村文旅融合型产品的最终结果是游客无法看懂其文化内涵，这种文旅融合产品就不是一个好产品。只有解决好选择什么资源、如何呈现内涵、如何传播价值等问题，才能实现乡村优秀传统文化的有效传播。

中国的乡村文旅融合高质量发展是一个动态过程，能够有效促进乡村地区一、二、三产业融合，带动乡村全面发展。站在市场角度来看，中国乡村文旅融合高质量发展体系的构建还应该紧跟城乡消费升级趋势，以便推出种类更多、文化更浓的优质旅游产品，在更好满足游客旅游消费需求的同时，为乡村振兴注入更强劲的动力。

第三节　乡村文化振兴中对旅游产业的诉求

20 世纪 90 年代初，利益相关者的概念逐渐被引入旅游研究领域。1999 年，世界旅游组织大会第十三届会议制定的《全球旅游伦理规范》正式提出了“利益相关者”概念，其内容明确了利益相关主体行为的不同标准和属性。中国的乡村旅游开发，特别是乡村休闲旅游开发是一个系统性的过程，因地制宜地开发乡村旅游和推进乡村文化振兴，应该保证乡村优秀传统文化的推广、传承与乡村旅游开发之间的均衡发展和利益诉求。只有这样，才能够充分挖掘乡村优秀传统文化的内涵，让乡村旅游开发与乡村文化振兴齐头并进。

一、文化振兴下乡村旅游面临的困境

随着中国城市化进程以及新农村建设步伐的加快，乡村文化生态和旅游开发正逐步发生着潜在的变化，而乡村文化振兴和文旅融合依然存在着不少问题。例如，在乡村传统文化方面，因其遭受来自城市的巨大冲击，出现文化主体意识缺失、乡村文化资源整合不足等情况；在乡村旅游开发方面，开发理念、产业发展、基础设施建设、经营管理等方面也存在亟待解决的问题。

（一）乡村传统文化受到冲击导致了经营管理意识和品牌意识缺乏

随着中国乡村旅游开发的逐步深化，大量外来游客带着各自的“原生文化”涌入乡村，他们

为乡村居民带来经济收益的同时，也冲击着原有的传统乡土文化。乡村传统文化源自乡村原住居民长期的生产和生活，是乡村特有的历史内涵和社会生活内涵，更是推进乡村旅游开发的“灵魂”，而失去优秀传统文化的乡村便失去了可持续发展的活力，也失去了进一步开发乡村旅游的驱动力。

中国乡村旅游开发仍然处于初级阶段，多以家庭为单位，缺乏统一的组织管理。大多数乡村居民自身知识素养和管理能力有限以及开发成本限制等，导致开发者在开发过程中出现丧失原有文化特色而简单模仿、整体服务能力低下、缺乏相应经营和管理措施等现象。其最终的结果是一些有特色、有潜力的乡村旅游项目经营规模无法进一步扩大以及竞争力无法继续加强等。由于多数乡村本地居民缺乏品牌意识和品牌塑造能力，即使一些人具备了品牌意识，也没有足够的技术和能力去塑造自己的乡村旅游品牌。如果没有品牌效应的支持，即使拥有一定数量和质量的旅游资源也极有可能逐渐失去活力，最终导致乡村旅游开发陷于停滞。

（二）乡村旅游产业融合度不深导致了产品单一

经过多年的发展积累，虽然中国乡村旅游开发实践的整体产业规模已经初具雏形，但是仍然面临一些问题，其具体表现为：一方面，大多数乡村旅游开发的整体产业融合度不高、文旅产业发展规模尚小、经营管理模式相对落后、文旅产业在地区之间与行业之间缺乏紧密关联、文旅融合与其他相关产业链的延伸较短。另一方面，一些乡村对于自身拥有的土地资源优势、农产品种类优势、特色传统文化以及资金技术等优势资源仍然缺乏有效统筹和整合，导致其旅游开发的社会效益和经济效益不高，无法充分满足现代游客多样化和多层次的乡村旅游需求预期。在中国乡村旅游开发中，许多文旅产品和相关旅游活动的内容较为单一化与同质化，使某些地区的旅游产品在乡村文旅市场中的竞争力急剧下降。首先，受旅游开发成本、开发者素质、开发环境等一些因素的限制，文旅融合的旅游产品存在着严重的同质化竞争现象，最终造成游客预期差距明显和旅游体验感差；其次，不少乡村文旅产品在开发建设之初就已经落后于大众的审美喜好，现有产品的品质落后，又不能及时进行创新与更新，进而造成游客重复出游次数减少或游客黏性趋弱等；最后，虽然经过数年发展，但是许多乡村仍然没有突破季节、时令和地形等条件的制约。

（三）乡村生态发展理念不足导致了开发过度

实现乡村旅游生态化发展需要相关管理者和开发者具备很强的专业性。从中国乡村旅游发展现状来看，虽然其产业规模不断发展壮大，某些旅游产品的种类逐渐变得丰富多样，但是大多数地区的乡村旅游开发与生态化发展之间仍然存在较大的差距。有些旅游项目开发者、经营者、游客等环保意识较弱，多数乡村旅游的生态保护机制相对缺乏等现状都在一定程度上造成了乡村生态资源无序开发和生态环境污染等不合理现象的发生。

中国新型城市化进程不断加快，乡村地区居住条件得到了极大的改善，大量的民生设施和公共基础设施不断完善。城市化快速发展结果是在提高乡村常住居民居住体验的同时也造成了乡村地区人文景观的过度城市化趋向。不少乡村地区的一些独具特色的历史建筑、生产生活遗迹正在慢慢消失，越来越多城市风格的建筑与生活设施在乡村地区拔地而起，这种看似现代化的发展趋势严重影响了外来游客参与乡村旅游活动的观赏性和体验性。

中国乡村地区文旅融合开发收益构成包括门票、纪念品、文艺表演、传统手工技艺等在内的各类旅游产品和文化创意产品的销售。在当前中国旅游市场中，一部分短视的旅游开发者和经营者为了提高文旅产品的交易量而不断地进行过度市场营销，在很大程度上对原始淳朴的乡村优秀传统文化产生了巨大冲击。通常传统文化是一种普遍形成的社会伦理、观念，既是乡村居民的一种精神食粮，又是一种提高外来游客体验和获得感的商品。然而，在中国乡村旅游开发过程中，一些优秀的特色传统文化却在商业化道路上被过度压榨和消费。例如，在民族传统服饰上，虽然服装租赁对于乡村旅游来说是一项很大的收益，但是在服饰制作中为了追求最大效益，简单制作的民族服饰面料粗糙、款式不伦不类、制作工艺简单等，早已失去了民族传统服饰的美感。在民俗节庆活动中，一些乡村旅游开发项目为了吸引外来游客而空洞编造和肆意拼凑各种节日和民风民俗。总之，乡村旅游开发生态理念落后导致了一部分乡村特色的文旅资源商业气息过度浓厚，使文旅融合的价值目标发生了严重的退化。

（四）人文资源重视不够导致了专业人才与技能人员缺乏

无论是中国乡村地区数量众多的历史遗迹、古建筑，还是种类丰富的民风民俗节庆活动，都蕴藏着深厚的传统文化内涵。由于当前中国乡村文化振兴与文旅融合开发对人文资源重视不够而忽略了旅游资源的特色性和地域性，旅游市场中的产品和服务的同质化现象严重。除此之外，乡村旅游开发者、管理者对乡土文化和传统古建筑都没有给予足够的重视与保护，单纯围绕城市游客开发旅游项目，忽视了对乡村特色的发掘，这就使文旅融合与乡村旅游开发浮于表面化、形式化、空洞化。

乡村人文资源重视程度的不足直接导致了乡村文化振兴和旅游开发缺少相关专业人才与技能人员的参与，这在一定程度上制约了中国乡村文化振兴和旅游开发的进一步发展。一方面，在城市化浪潮中，乡村人才纷纷涌入大城市谋求个人发展，造成了乡村整体技术人员匮乏的现象，进而导致乡村旅游开发项目不论是服务水平提升、开发模式创新，还是经营规模扩大、特色产品升级等，都受到极大限制；另一方面，中国乡村对本土旅游专业人才和相关技能人员的培育、培训也存在较大缺口，例如，一些乡村旅游开发者或服务人员在上岗之前都没有经过系统性的技能培训。

（五）基础设施建设不全导致了环境卫生质量差

一般来说，某个旅游目的地基础设施的完备和现代化程度将会直接影响该地区旅游产品的整体服务水平，基础设施和基本服务的便捷性又会进一步影响外来游客的旅游消费体验感与旅游产品口碑。一些乡村旅游目的地在交通运输、餐饮食宿、基础公共设施和娱乐项目等方面还相对滞后，并且各地区服务水平参差不齐。

基础设施建设被忽视使乡村旅游目的地一旦在某一时间段内游客数量激增，该乡村旅游目的地就会陷入瘫痪状态。自改革开放以来，中国的教育和卫生事业不断发展，乡村环境卫生得到了较大的改善，但与发达城市相比仍存在较大差距。虽然乡村地区，特别是一些经济不发达的偏远乡村拥有丰富的特色人文资源和自然生态旅游资源，但是当地居民卫生观念落后，且基础卫生设施缺乏。例如，垃圾桶的安装位置、公厕的建设数量等承载力不够就会导致进入旅游旺季后“脏、乱、差”现象严重。

(六)利益分配不均导致了不合理开发现象严重

中国乡村旅游开发的主要利益相关者包括各级地方政府、参与乡村旅游开发的内外部企业、乡村地区常住居民等,而旅游市场开发保有的经济属性使以上各方的利益诉求存在明显不同。各级地方政府是公共权力的代表,统筹协调乡村旅游开发的行政事务,拥有乡村文化振兴和乡村旅游开发事项的引导权与决策权;参与乡村旅游开发的内外部企业依靠自身的资本力量,维持既得经济利益;虽然乡村常住居民是乡村文化振兴和文旅融合开发的主要参与者,但他们没有乡村文旅项目的开发决策权,也无法参与其中,这也导致他们获利最少。此外,参与乡村旅游开发的内外部相关企业只是一个市场行为的综合体。在缺乏必要市场监管的情况下,它们的市场行为会更加趋于功利化,例如,简单粗暴地将乡村原住居民迁出旅游目的地、为了经济利益破坏目的地的自然生态环境资源、过度开发土地空间等。经济利益受损最大的仍然是乡村当地常住居民。

乡村旅游市场利益分配不均的现象进一步扩大会导致一些不合理的旅游开发恶性事件的频发,造成乡村旅游产业发展混乱。一方面,为了追求最大的经济利益,不少乡村旅游目的地的旅游产品、服务组合、开发经营项目等同质化现象非常严重,虽然“同质化”和“简单模仿”能够使旅游项目开发者在短期内以较少的资金投入获取最大的市场利润,但是旅游项目会因此严重脱离文旅融合与乡村旅游开发的发展目标。另一方面,由于缺乏对市场综合性和预判性的研究,很多乡村文旅融合项目在开发之初就并未充分考虑游客的实际需求,乡村文旅融合项目出现了旅游资源与游客参与乡村旅游需求不匹配的现象。

二、中国乡村休闲旅游相关者的利益诉求

少量研究者对旅游目的地相关利益诉求进行了研究。本节根据前人的研究,结合中国乡村旅游产业开发的实际,从旅游目的地政府、乡村旅游者、乡村旅游目的地居民、参与乡村旅游开发企业四个方面,对中国乡村旅游开发实践以及乡村休闲旅游开发相关者的利益诉求进行分析。

(一)乡村休闲旅游目的地政府的利益诉求

关于在扶持乡村旅游开发过程中政府是否应该获得利益的争论一直存在。事实上,公共选择学派的观点更符合中国乡村休闲旅游开发的实际。在乡村休闲旅游开发和景区景点塑造过程中,有些官员出于个人政绩积累和管理集团利益的需求,在开发的各个环节一直扮演着利益相关者的重要角色。

在乡村休闲旅游开发中,旅游目的地政府的利益诉求可以归纳为三个方面:在政治上,通过不断提高自身服务水平,增强城乡居民的满意度和认可度,从而提高各级政府自身的公信力;在经济上,借助乡村休闲旅游开发实现财政增收和促进其他相关产业发展的目的,提高乡村原住居民的就业率,增加乡村居民收入,提高乡村居民生活水平,等等;在文化上,以乡村休闲旅游开发为契机,加强宣传区域特色文化,提升所属地区的文化地位,实现经济、文化、社会三方面的和谐推进。

(二)乡村休闲旅游者的利益诉求

休闲旅游者是乡村特色文化资源转为旅游市场产品的最终消费者,乡村旅游目的地能否满足游客(即乡村休闲旅游者)的审美体验是乡村旅游开发能否持续发展的基础。如果游客在旅游目的地的体验超过自身对旅游的预期,将有可能重复参与当地的旅游活动或将好的评价传播给周围的亲朋好友,用“口碑效应”对乡村休闲旅游项目进行营销;如果市场中的游客没从旅游活动中获得预期体验,就会对乡村休闲旅游目的地造成负面影响,从而破坏旅游目的地的外在形象。中国乡村休闲旅游者的利益诉求大致包括四个方面:在旅游活动中获得愉悦的审美体验感;安全舒适的乡村休闲旅游环境;明码标价的乡村休闲消费环境;保护当地的优秀传统文化和自然环境。

作为乡村地区休闲旅游的需求者,游客对乡村休闲旅游产品以及服务是否满意,决定了一个项目能否持续发展。在乡村休闲旅游开发中,游客始终处于主动的地位。通常,常态化的乡村休闲旅游方式和同质化的设计模式已不能满足现代城市游客的乡村休闲旅游需求,他们更希望能够享受参与式和体验式的旅游。总体来看,游客参与乡村休闲旅游的诉求主要是期待自身的休闲消费和旅游体验得到双重享受。

(三)乡村休闲旅游目的地居民的利益诉求

乡村休闲旅游目的地社区内的常住居民本身就是文化与旅游资源的一部分,这一群体承担着乡村传统文化传承、优秀特色文化资源保护与推广的重任,他们在整个旅游开发过程中有无利益分享将直接影响乡村休闲旅游目的地各类资源和产品的可持续利用。对于乡村地区的居民来说,最重要的目标是获得一种安宁、美好、愉快的生产与生活形态,因为乡村是他们世代居住的家园,也是其家庭的根基所在。在乡村休闲旅游开发中,当地常住居民的利益诉求主要表现在:提高个体家庭的经济收益;增加就业机会;改善常住地的生产设施与日常生活条件;提高常住地及周边环境质量;参与本地的旅游开发;优秀传统文化受到尊重和保护;等等。

乡村常住居民是乡村休闲旅游开发必不可少的主体。当地居民的热情参与能凸显区域特色,使城市游客体会乡村独特魅力,感受乡村的生命力与活力,从而达到净化心灵的目的。乡村常住居民的参与受自身的资源、资金、能力等条件的限制,对休闲旅游开发的参与期望值较高,因此开发者必须充分考虑乡村休闲旅游目的地居民的利益诉求。结合中国乡村休闲旅游开发的实际情况,其利益诉求可分为四个方面:在经济上,增加家庭经济额外收入、顺利销售农产品、利用手中闲置建筑提供住宿、增加乡村旅游就业等;在文化上,尽可能多地保留本地区的传统文化遗产、传统农耕技术、民风习俗特色等;在环境上,提高居住地环境承载力、合理开发乡村休闲旅游资源、保持现有环境状态,同时实现乡村休闲旅游可持续发展;在教育上,本地政府能够承担新型职业培训的责任,邀请专家利用最新的生产技术、耕作技术、培育技术、营销技术、服务技术等对当地居民进行培训,提高居民自身的生存技能。

(四)参与乡村休闲旅游开发企业的利益诉求

参与乡村休闲旅游开发的企业作为经济资本的占有方对乡村休闲旅游目的地进行投资,使乡村休闲资源能够顺利转化为市场中的旅游产品,获取利润,投资方的利益保障同样是乡村休闲旅游开发的前提。参与乡村休闲旅游开发的企业大致包括三种类型:一是城市大型旅游企业，其资金相对雄厚，管理水平较高；二是地方政府牵头组织经营，这类企业与政府关系密切；三是农户联合或者集团经营，这种类型的经营方式和理念相对落后。参与乡村休闲旅游经营的企业在缩短乡村休闲旅游的开发周期、解决乡村常住居民就业和扩大乡村休闲旅游客源市场占有率等方面具有重要的作用。不可否认，追求经济利益和价值增值是一般企业资本的基本目标，那些参与乡村休闲旅游开发的企业将乡村休闲旅游资源作为经营资本，在项目选择考察期间企业有选择投资，或者不投资的考量，而一旦进入旅游项目的实质性开发阶段，这些企业将会以市场中的商业思维模式来做出选择。随着我国市场经济的不断拓展，企业资本也会因为乡村生产力发展而不断调整。

对于城市大型旅游企业和地方政府牵头组织经营企业来说，现实市场经营通常以最低成本来换取最高效益。其利益诉求表现为：持续扩大企业集团经营规模，不断扩展自身发展空间，赚取更多的企业资本；期望乡村休闲旅游目的地政府能够给予更多的政策优惠，精简审批流程，节约时间成本；期望乡村地区常住居民积极配合，主动参与旅游开发，提升服务水平。

对于农户联合或者集团经营企业来说，与外来的企业和政府牵头企业相比，村民经营户是乡村特色文化的创造者和重要组成部分。村民经营户对乡村休闲旅游的开发既有常住居民的利益诉求，又有开发商的利益诉求，还有更为强烈地对乡村休闲旅游长远发展和优秀特色文化传承的考虑。

总的来说，乡村休闲旅游本地农户联合或者集团经营企业利益诉求包括几个方面：提高乡村休闲旅游经营收入；降低旅游经营成本；长期实现高额利润；保护乡村地区自然环境；促进乡村社区和谐；促进乡村特色文化传承；增强乡村传统文化自豪感；乡村休闲旅游目的地可持续发展。

三、乡村休闲旅游利益诉求下的资本关系

鉴于以上对中国乡村休闲旅游相关者利益诉求的归纳与分析，大致可以得出如下结论。

参与乡村休闲旅游开发的企业的最主要的利益诉求是从旅游开发中获得实际的经济利益，而乡村自然环境保护、优秀传统文化传承、社区和谐等可持续发展目标并不会成为其关注和考虑的重点。参与旅游开发的企业所追求的利益与乡村居民的长远发展概念存在明显的差距：乡村常住居民追求的是世代享有的发展权，而企业的旅游开发行为可能至多几十年，因此参与乡村休闲旅游开发的企业不可能成为推动乡村休闲旅游目的地可持续发展的支持主体。乡村休闲旅游目的地所在政府会从社会转型、经济提振、自然环境保护、传统文化传承的角度来综合考虑乡村的可持续发展。

对于乡村地区常住居民以及他们创建的农户联合或者集团经营企业来说，乡村是自己的家园。乡村常住居民的利益诉求：一是保证乡村家园能够长期繁衍生息；二是保障子孙世代的生活和生存环境；三是乡村优秀传统文化能够继续存在。前两者是乡村居民的物质追求，后者是乡村居民的精神追求。出于对子孙后代生产和生活环境的保障，乡村常住居民会自觉地考虑自然环境是否可持续，现有资源是否能够继续保障子孙后代安居乐业。乡村优秀传统文化是由本地居民世代传承下来的，出于对祖先的敬重和对文化的感情，乡村常住居民比其他利益相关者更在意当地的文化是否能延续。在乡村休闲旅游开发过程中，只有乡村地区常住居民才最关心当地社区的社会、经济、环境和文化等方面的可持续发展。在乡村休闲旅游开发过程中，只有乡村地区常住居民以及他们建立的农户联合，或者集团经营企业对乡村休闲旅游可持

续发展具有最大的诉求，而中国的乡村文化振兴以及乡村振兴应该最大限度地以乡村常住居民为主体。

事实上，乡村休闲旅游资源是由乡村常住居民在千百年与自然的和谐共处中所获得的，并通过一代代相传，最终成为乡村休闲旅游的重要部分。但是大多数乡村居民很难从本地的旅游开发中获得这部分休闲旅游资源转化为产品时的经济收益。究其原因，虽然一直以来乡村常住居民对那些自然与文化的休闲资源享有使用的权利，但是没有经营权力。当这些自然与文化资源从纯粹的生产和生活条件转化为乡村休闲旅游产品时，大多数乡村常住居民是没有权利对自身权益进行主张的，也无法对自身利益实行合法的保障，致使他们在利益分配中处于较为弱势的地位。而那些以社区为载体且地处偏远、主要旅游吸引物为乡村传统文化的休闲旅游目的地常常会因为旅游资本运行而矛盾重重，甚至发生恶性群体事件。这种状况打乱了城乡社会经济的和谐稳定，破坏了乡村休闲旅游开发的环境。

第四节　乡村文化振兴中的休闲旅游资本的转化路径

社会资本推动了中国乡村各类资源与旅游、消费、文化、科技等要素的深度融合，也激发了中国乡村休闲旅游开发的活力。但是其设计的一些乡村休闲旅游项目会对城市经济产生作用力，与乡村原有社会经济状态差异明显，这是因为社会资本最擅长的是迎合消费者的想象、期望、偏好。由此可以推断，社会资本很难长期专注于推动乡村休闲旅游项目的提档和升级，中国乡村休闲旅游开发与社会资本转化介入乡村休闲旅游发展任重道远。

需要特别说明的是，本节内容涉及的休闲旅游资本仅仅包含发生在乡村的休闲旅游活动以及乡村休闲旅游资源，而不涉及城市中的休闲旅游和休闲资本。因此，本节内容主要探讨中国乡村休闲旅游资本转化的实现，首先分析乡村休闲旅游资源的资本属性，然后提出乡村休闲旅游资本的转化路径。

一、乡村休闲旅游资源的资本属性

资本的属性是指价值性、收益性和增值性。乡村休闲旅游资源具备资本属性，乡村休闲旅游资源可以完成资本转化。

(一)乡村休闲旅游资源的价值性

乡村休闲旅游资源能够满足游客了解乡村地区的需求，同时游客也能产生愉悦放松和审美感受。另外，乡村农业休闲旅游资源凝结了人类长期劳动的结果，是乡村居民在长期的生产生活中群体文化基因与自然环境相互作用的结果。乡村休闲旅游资源是乡村地区常住居民历史智慧的结晶和现代传承的综合劳动成果。乡村休闲旅游资源不仅具备美学、科学、艺术、文化传播和传承等价值，还具有存在、选择的价值，其所拥有的各类价值能够通过市场交换最终转化为乡村地区的社会价值和经济价值，为乡村常住居民带来丰厚的收益，所以乡村休闲旅游资源具有的使用价值与非使用价值共同构成了乡村休闲旅游资源的总经济价值。

(二)乡村休闲旅游资源的收益性

乡村休闲旅游资源具备较强的异质性和地方性，甚至是稀缺性，因此它能够为游客提供特别的体验。乡村休闲旅游资源的收益性早已在目前中国旅游市场得到了淋漓尽致的体现。对于游客而言，鉴赏乡村休闲旅游资源的过程是其获得生态环境教育的机会，一些中国乡村优秀传统文化资源（如农业文化遗产等）能够为现代生态文明建设提供创新思路和发展借鉴，为广大乡村的和谐发展创造社会收益。

（三）乡村休闲旅游资源的增值性

通常，某个商品通过市场交易过程产生了实际的经济增长，而这部分经济价值将会逐步积累、提升。当这部分经济价值积累达到一定程度之后，它又可以用于新的投资和实现新的经济增长。中国乡村休闲旅游资源的商品化过程实质就是其市场资本化的一个过程，也是一个有效吸引社会投资进入乡村的过程。这样做的好处是中国乡村休闲旅游资源能够顺利进入资本积累的良性循环轨道，为乡村常住居民带来更大的经济收益，进而提升乡村文化自信。因此，乡村休闲旅游资源能够转化为乡村地区的一种资本而实现积累和增值。

二、乡村休闲旅游资本的转化路径

所谓的乡村休闲旅游资源的资本转化，实质是将乡村存在的各类休闲旅游资源转化为本地经济资本，以优质特色的旅游资源吸引外部经济资本进入，使乡村常住居民真正从乡村休闲资源开发中受益。

在前人研究的基础上，中国乡村休闲旅游资本可划分为实体乡村休闲旅游资本与虚体乡村休闲旅游资本进行分析。实体的乡村休闲旅游资本是显性资本，通过乡村地区休闲旅游资源的经济资本转化来实现，是一种能够为乡村常住居民带来直接经济利益的旅游资本；虚体的乡村休闲旅游资本是一种隐性资本，其内容包括乡村地区的文化制度、社会道德规范等。虽然这些要素不能直接实现经济资本的扩大，更不会直接为乡村常住居民带来某些方面的经济收益，但是它能通过社会制度的约束，保障乡村常住居民社会经济等利益分配的权利，进而间接地促进乡村经济资本的转化和积累。

（一）实体乡村休闲旅游资本转化的路径

通常，某一种类型的资源只有在市场交换过程中才能实现其真正的价值，某种价值需要进入市场进行交易并产生增值后才能转化为资本。中国乡村休闲旅游资源只有加工成相关旅游产品并进入旅游市场参与交换，同时获得区域旅游市场的认可，才能实现其经济价值。中国乡村休闲旅游资源的资本转化必须要经过三个步骤：乡村休闲旅游资源的产品化、乡村休闲旅游产品的市场化、乡村休闲旅游经济结构的优化。

1. 乡村休闲旅游资源的产品化

一般来说，某个乡村休闲旅游资源的物质部分可以被游客直接感知，进而满足目标游客的视觉、听觉、味觉和触觉等现实体验；非物质部分则需要通过一定实物形态的载体才能实现其消费过程。乡村休闲旅游资源的市场价值需要对拥有的休闲旅游资源进行包装和开发，并形成新的休闲旅游产品才能有效实现。那些未经任何加工的乡村休闲旅游资源虽然能够成为外来游客的欣赏对象，但是无法形成真正的乡村休闲旅游产品，更无法形成一定规模的旅游产业。乡村常住居民的生活状态在单一的被欣赏中不会产生任何经济价值，也不能因此获得收益，这也是我国很多休闲古镇起初的商业化价值主要从门票中产生，而没有其他经济收入的原因。因此，乡村休闲旅游资源资本转化的第一步是将拥有的各类特色资源以一种合适的形式和恰当的载体转化为旅游产品。

中国乡村休闲旅游资源的特殊性决定了该类型的旅游目的地的开发需要整体规划、统筹进行。在乡村社会和经济中，任何超前开发，或者独立地单体开发都会使自身显得格格不入，也无法构成真实的乡村休闲旅游景区。例如，一片麦田的观赏价值对于大多数游客来说其吸引力相当有限，而麦田种植、收割以及面粉生产过程却能够极大提升人们了解和参与的兴趣。另外，还有一些乡村尝试将物质形式的乡村特色资源进行移动或复制，形成新的乡村休闲旅游产品，例如，以现代主题公园的形式进行开发，包含大量的农业、农耕表演和日常生活场景。虽然这是一种乡村旅游开发方式的尝试，但其开发理念与自然生态发展并不完全一致，其影响力和产品价值仍然需要后续考量才能得出结论。

2. 乡村休闲旅游产品的市场化

乡村休闲旅游资源在进行产品化开发之后就需要得到市场的认可，进而实现市场交换才能够获得经济收益。目前，中国乡村休闲旅游产品市场化转化基本方式大致有以下四种。

第一，经营权整体买断。这种方式是有偿将乡村休闲旅游项目经营权在合同规定年限内转让给开发者的一种经营选择。在大多数情况下，由于乡村休闲旅游社区是乡村地区常住居民经过长时间磨合共同形成的，乡村居民缺少专业的环境与旅游市场经营能力，而市场经营管理能力与投入资金的不足又会导致休闲旅游项目开发难以形成具有市场竞争力的品牌产品。因此，乡村休闲旅游项目的经营权整体买断基本可以克服大多数乡村休闲旅游社区不善经营的弊端。

第二，特色资源参股入股。这种形式是根据乡村常住居民对其所在地区休闲旅游资源的特点与集体所有制性质以及常住居民对传统文化创造、传统技艺传承、特色景观构建与保护的贡献大小来配置股权，再以持有股权的形式投入乡村地区休闲旅游开发的整体权益分配。这一形态的市场表现为参与旅游开发的外部企业大多以投入资金作为股权，乡村居民以文化主体、传统技艺、特色景观等形式入股，双方共同在休闲旅游开发经营中获得收益，这时的乡村常住居民则承担起保护与传承中华优秀传统文化、技艺的重任。该种方式不失为一种理想的乡村休闲旅游开发模式。需要注意的是，在特色资源参股入股模式中，股权分配者必须重点考虑乡村常住居民在创造特色文化与旅游产品过程中付出的劳动量和贡献值，需要基于乡村实际情况和市场劳动成本，建立一套有效的乡村休闲旅游股权分配机制。

第三，以村庄为单位的群体经营。这种经营方式的实现是建立在由某个乡村社会精英带头以及乡村社区互助理念和平等分配基础上的。中国一些乡村是这种经营方式的典型代表，例如，河南省南街村、江苏省华西村、山西省贾家庄等。在该种开发模式下，项目的群体经营者需要处理乡村常住居民内部的收益分配问题，克服乡村人才匮乏的现状以及提高乡村休闲旅游集体经营与管理能力等。因此，某些村庄群体经营可以采取聘用外部管理公司来完善乡村休闲旅游的集体经营体制，这样既可以保障集体的各种权益分配，又能够实现乡村休闲旅游目的地的现代化运营。

第四，村民个体自主经营。它是乡村居民利用现有文化与自然休闲资源，根据自我开发与融资能力而进行的一种自主经营和自负盈亏的乡村休闲旅游开发模式。该种开发模式虽然充满差异化和个性化特征，但是在缺乏必要的经营知识和高度追求经济利益的双重作用下非常容易形成“分散、弱小”的旅游产品和服务，致使其很难对目标游客产生旷日持久的吸引力和强大的市场竞争力。该种模式还有可能造成休闲旅游目的地的内部同质化竞争,从而破坏乡村休闲旅游目的地的内部和谐,间接影响乡村优秀传统文化的保护与传承。

3. 乡村休闲旅游经济结构的优化

大多数乡村地区特色资源是由当地常住居民集体创造和共同拥有的。在这种集体所有方式下,加强乡村休闲旅游开发资本化运营管理,以保障乡村常住居民的主体地位与利益实现。其大致需要从两个方面入手。

一方面,建立乡村社区休闲旅游开发协会。在现代乡村休闲旅游开发中,乡村居民原有的非制度化分配方式应该给予制度化的认可,这样才能实现乡村社区的均衡治理。因此,以乡村地区原有非正式组织制度为原型而建立的乡村休闲旅游开发协会能够全面代理乡村休闲旅游目的地常住居民与外界的协商与谈判,充分保障乡村常住居民的个体利益。

另一方面,建立旅游开发股权分享制度。通常,乡村特色自然资源与文化资源的产权属于乡村社区集体,但一些文化和技术方面的内容又是由个体村民共同协作创造的,因此乡村休闲旅游资本在转化过程中可以对乡村常住居民的贡献程度进行定性与定量的评估。根据评估结果确定旅游目的地常住居民原始股权的分配比例,这样既可以对旅游目的地常住居民的贡献做出综合评价,又能最大限度地实现地区特色资源价值的共享。实现对乡村集体获得的收益按股权分配,既可以保障集体的主体地位,又能考虑乡村常住居民的利益,将乡村本地居民真正纳入休闲旅游开发的队伍,提高其参与开发和保护的积极性。

(二)虚体乡村休闲旅游资本转化的路径

实体乡村休闲旅游资本需要以地区旅游资源的持续转化能力作为条件支撑,而虚体乡村休闲旅游资本的获得是实体的乡村休闲旅游资本实现的条件。具体来说,虚体乡村休闲旅游资本获得主要有两条途径。

第一条途径为基于教育投资追加的资本积累。目前中国大部分乡村已经具备对本地区追加教育投资的能力,前期追加的教育投资有利于提高乡村常住居民的虚体乡村休闲旅游资本,而虚体乡村休闲旅游资本的获得能够间接促进实体乡村休闲旅游资本的有效提升。因此,在乡村休闲旅游资本转化过程中,乡村常住居民的家庭教育与社会教育除获得基本的生存技能外,还应该掌握文化创新传承与传统农业生产技术的能力,而这种显性的“自我生产能力”其实就是一种资本形态。乡村常住居民在日常学习过程中付出的劳动是一种为了换取未来利益而进行的投资。例如,某个乡村旅游目的地居民参加休闲旅游开发决策能力的培养、规划创新能力的培养、收集处理相关旅游市场信息能力的培养等。

第二条途径为基于整体旅游市场体制化认可的资本积累。体制化是某种个体迎合社会广泛认可的首要条件。在市场中,没有经过体制化认可的劳动成果存在一定程度的风险,极有可能得不到社会补偿。只有资本的获得需要乡村休闲旅游资源经济价值获得体制化的认可,乡村居民才能投资。如果中国乡村传统民风民俗等被纳入制度化体系,这就会促进乡村休闲旅游资本的转化。

第四章　农业文化遗产保护与乡村休闲旅游开发

农业文化遗产保护与开发是中国乡村文旅融合的重要内容之一。与一般意义上的遗产不同，农业文化遗产是基于传统农业生产活动的产物，具有重要的生态保护、文化传承功能。其良好的生态环境、丰富的生物种类以及传统文化多样性是乡村休闲旅游开发的资源基础。随着社会经济发展和农业科技进步，农业文化遗产还呈现系统性、活态性、动态性等鲜明的特征，但是农业文化遗产具有濒危性、生态脆弱性和文化敏感性劣势。乡村休闲旅游开发被认为是农业文化遗产动态保护的重要途径之一，对于实现农业文化遗产地生态与文化价值转换、传承保护以及促进乡村振兴和城乡融合发展都具有重要意义。

第一节　农业文化遗产的认知与保护

"农业文化遗产"可以这样认为："每一个农业文化遗产地都是一座生物、文化和技术的基因库。"

一、农业文化遗产的认知

联合国粮食及农业组织（Food and Agriculture Organization of the United Nations，FAO）自 2002 年开始构建全球"重要农业文化遗产"（globally important agricultural heritage systems，GIAHS）保护项目，并提出"农业文化遗产"（GIAHS ）的定义与内涵。本章以中国乡村文旅融合与休闲旅游开发为背景，在前人研究的基础上将相关文献进行梳理、归纳，并就农业文化遗产的定义、旅游价值挖掘等做出新的阐释。

（一）农业文化遗产的定义

中国的农业文化遗产是国家文化自信战略的重要资源和主要财富。农业文化遗产涵盖的内容大致能够归结为以下三个方面。

1. 满足多重需要

农业文化遗产拥有独特的土地利用系统、典型的农业生产景观以及丰富的生物和生态多样性，可以有效满足遗产所在地社会、经济与文化发展的多重需要，有利于促进地区可持续发展。

2. 具有多重属性

农业文化遗产兼具农业经济发展、传统农业技术传承、多样性生态保护和乡土特色文化振兴等功能，具有自然景观遗产、物质文化遗产和非物质文化遗产等多重属性。

3.具有相融共生的特点

农业文化遗产是传统农耕文化现代社会形态的呈现，中国地域辽阔且拥有独特的传统农业生产和生活方式，而农业生产生活又哺育了风格多样的地域文化，从文化内容上呈现“相融共生”的鲜明特点。此外，丰富的多民族文化共同构成了中华优秀农耕文明。例如，2022 年 5 月联合国粮农组织认定了三处中国农业文化遗产地，即内蒙古阿鲁科尔沁草原游牧系统、福建安溪铁观音茶文化系统和河北涉县旱作石堰梯田系统。

内蒙古阿鲁科尔沁草原游牧系统是中国入选的首个游牧农业文化遗产地，牧民转场放牧的放养形式使牧场植被受到保护，有限水资源被合理利用，避免了牧场草地的退化。福建安溪铁观音茶文化系统位于中国福建省东南部，该系统通过自然环境的生态管理确保茶树栽培的最佳条件，而这些农业技术的代代传承确保了安溪茶园生态系统的稳定性和可持续性发展。河北涉县旱作石堰梯田系统是典型的“雨养农业系统”，该系统位于山区，自然环境表现为气候干旱、生态质量低、环境恶劣等，当地原住居民开创的“石堰梯田”耕作形式仍发挥着重要作用。这个农业系统既为当地常住居民提供了农业文化的传承和稳定的生活来源，又为缺土少雨的北方石灰岩山区打造了生态循环可持续发展的农业样板。

以上三处农业遗产均表现为“各具特色、各成体系、和谐共生”的人地关系，有效支撑了遗产所在地粮食安全、生计安全、农业生物多样性和知识体系等社会经济的发展，还对农业体系原有的特色属性、传统属性加以利用和保护，为乡村可持续发展注入了新的活力，高效推动了乡村社会、经济转型发展。

截至 2023 年，农业农村部先后公布过六批次的中国重要农业文化遗产名单。由于涉及地域和名单内容众多，且受篇幅所限而无法依次罗列，此处仅以第一批名单和第六批名单为例来说明。2013 年农业部公布了 19 个传统农业系统为第一批中国重要农业文化遗产，具体名单内容如表 4-1 所列。

表 4-1　第一批中国重要农业文化遗产

序号	具体种类	农业系统
1	传统漏斗架葡萄栽培体系	河北宣化传统葡萄园
2	世界旱作农业源头	内蒙古敖汉旱作农业系统
3	南果梨母株所在地	辽宁鞍山南果梨栽培系统
4	传统林参共种模式	辽宁宽甸柱参传统栽培体系
5	沼泽洼地土地利用模式	江苏兴化垛田传统农业系统
6	传统稻鱼共生农业生产模式	浙江青田稻鱼共生系统
7	陡坡山地高效农林生产体系	浙江绍兴会稽山古香榧群
8	湿地山地循环农业生产体系	福建福州茉莉花种植与茶文化系统
9	竹林、村庄、田地、水系等综合利用模式	福建尤溪联合梯田
10	世界最早的栽培稻源头	江西万年稻作文化系统
11	南方稻作文化与苗瑶山地渔猎文化融合体系	湖南新化紫鹊界梯田
12	大面积山区稻作农业生产体系	云南红河哈尼稻作梯田系统
13	世界茶树原产地和茶马古道起点	云南普洱古茶园与茶文化系统

续表 4-1

序号	具体种类	农业系统
14	传统核桃与农作物套作农耕模式	云南漾濞核桃作物复合系统
15	传统稻鱼鸭共生农业生产模式	贵州从江侗乡稻鱼鸭系统
16	干旱地区山地高效农林生产体系	陕西佳县古枣园
17	古梨树存量最多的梨树栽培体系	甘肃皋兰什川古梨园
18	农、林、牧循环复合生产体系	甘肃迭部扎尕那农林牧复合系统
19	大型地下农业水利灌溉工程	新疆吐鲁番坎儿井农业系统

自第一批中国重要农业文化遗产名单公布之后，截至 2022 年，我国各地区重要农业文化遗产数量与类型持续增加，所涉及的农业产品种类不断丰富、农业生产生态类型更加多样，尤其是中西部省市的众多特色传统农业文化系统被陆续纳入保护范围，而这些系统更是全面地展示了丰富的传统农耕文化。

2021 年 7 月，农业农村部农村社会事业促进司发布《第六批中国重要农业文化遗产名单》（农社发〔2021〕2 号），认定山西阳城蚕桑文化系统、内蒙古武川燕麦传统旱作系统等 21 项传统农业系统，如表 4-2 所列。

表 4-2　第六批中国重要农业文化遗产名单

数量	农业系统
新增项目 20 项	山西阳城蚕桑文化系统；内蒙古武川燕麦传统旱作系统；内蒙古东乌珠穆沁旗游牧生产系统；吉林和龙林下参—芝抚育系统；江苏启东沙地圩田农业系统；江苏吴江蚕桑文化系统；浙江缙云茭白—麻鸭共生系统；浙江桐乡蚕桑文化系统；安徽太湖山地复合农业系统；福建松溪竹蔗栽培系统；江西浮梁茶文化系统；山东莱阳古梨树群系统；山东峄城石榴种植系统；湖南龙山油桐种植系统；广东海珠高畦深沟传统农业系统；广西桂西北山地稻鱼复合系统（柳州市三江侗族自治县、融水苗族自治县，桂林市全州县，百色市靖西市、那坡县）；云南文山三七种植系统；西藏当雄高寒游牧系统；西藏乃东青稞种植系统；陕西汉阴凤堰稻作梯田系统。
扩展项目 1 项	广东岭南荔枝种植系统（茂名）

按照农业农村部公布的《重要农业文化遗产管理办法》，“重要农业文化遗产是指人们在与所处环境长期协同发展中世代传承，并具有丰富的农业生物多样性、完善的传统知识与技术体系、独特的生态与文化景观的农业生产系统，包括由联合国粮农组织认定的全球重要农业文化遗产和由农业农村部认定的中国重要农业文化遗产”。这一定义明确将“农业文化遗产”与农业历史、农业遗产进行了明显的区分，所以它与人们所熟知的自然与文化遗产在特征、体系和内容上存在较大差异。

综上所述，农业文化遗产的定义为：人类与其所处环境在长期的磨合、协同、共生、演变中，创造并传承的具有独特农业生产技术和历史文化传承性的整体系统。而农业文化遗产旅游是指以乡村农业生产为基础，兼具农业产业与乡村旅游、自然生态旅游、历史文化遗产旅游等多重特征。

(二)农业文化遗产旅游价值的发掘

农业文化遗产承载了一个地区农业生产和农业技术发展的历史，是遗产地劳动人民智慧的结晶，同时体现着人类与自然和谐相处的绿色生态理念。在经过长时间的历史变迁后，其本身就已经具备了相当高的社会、经济价值。

首先，农业文化遗产是古人生存智慧的集中体现。作为一个综合载体，精耕细作与间作、轮作，套种技术体系与用地养地，农林牧复合等农业文化遗产是“活着的”，其承载的是美丽的乡愁；其次，农业文化遗产具有现实的生产功能与生态环境功能，遗产地原住居民是这个系统的创造者，也是文化历史传承和社会经济受益的主体；最后，传统农业和中华农耕文明最鲜明之处还在于能够体现“顺天应时、取用有度、绿色循环、生态平衡”的生产生活实践智慧以及“天人合一、和而不同”的生态哲学。

以“山西阳城蚕桑文化系统”为例，阳城地区养殖蚕桑的历史可追溯到商汤时代。在历经千年的蚕桑养殖和丝织加工的过程中，阳城地区形成了一套以传统特色农业为主的文化系统和技术体系，从利用当地资源修剪梯田地埂、栽植桑树到病虫害防治，再到农产品采收和储藏等都体现了原住居民的勤劳与智慧。蚕桑生产也与农民的生活建立了紧密联系，与当地文化融合发展，形成了大量与桑、蚕、丝相关的风俗、礼仪等(如结婚送蚕种、“望夏看蚕”等)，无不体现着蚕桑文化的丰富内涵。另外，除具有自然生态和农业文化传承的功能外，该系统还具有重要的“生计维持功能”，因为蚕桑产业在提升阳城地方经济活力、增加当地常住居民收入以及促进贫困户增收等方面发挥着重要作用。

1. 中国农业文化遗产对乡村地区文化振兴的作用

研究表明，农业文化遗产地的休闲旅游开发不仅有助于农业文化遗产多元化价值和功能的实现，而且给当地社会、经济带来了巨大的变革。因为乡村休闲旅游开发不仅涵盖了经济维度的价值收益、人口就业和居民生计等，也涵盖了资源利用、能源消耗模式、绿色生活方式、优秀文化传统、社会关系、地方认同和文化自信等多个维度，并且随宏观环境和微观策略的变化呈现空间异质性和时间动态性。中国农业文化遗产的保护和休闲旅游价值的发掘对于乡村文化振兴与传承大有裨益，其主要表现在以下三个方面。

第一方面，传承优秀农耕文化有利于拓展现代乡村的农业功能。在中国传统农业发展演变中，其本身就蕴含着自然资源保护、生态循环利用、人与自然和谐共生的朴素生态观和价值观。在传统农业发展演变中，积累起来的生产技术和管理经验对现代农业生产依然具有较高的利用价值和传承性。

第二方面，有利于保护乡村生态环境和构建绿色生态开发系统。中国大多数农业文化遗产地都处于远离中心城市的偏远地区，自身生态环境使其在长期的农业发展中具备了独立的、可循环的生态系统。例如，某些农业生态产品是农业文化遗产地常住居民重要的生活来源和经济收益保证，同时在乡村自然生态环境保护方面发挥着极其重要的作用。

第三方面，通过改善乡村居民的生计条件，实现城乡融合发展。前人研究发现，对乡村特有农业文化遗产的保护和开发的确能够改善遗产所在地的经济水平，再加上适度的乡村休闲旅游开发，既可以保护农业文化遗产，又能促进城乡的融合发展。

2.中国农业文化遗产在乡村休闲旅游开发中的价值表现

具体来说，中国农业文化遗产作为以“活化性、复合性、可持续性、多功能性”为主要特点的传统农业的生产、生态系统，其在乡村休闲旅游以及乡村旅游市场中的价值发掘主要表现在艺术美学价值、历史文化价值、科学考察价值、社会经济价值、生态环境价值等五个方面。

(1)艺术美学价值的发掘　游客对于乡村地区艺术美学价值的需求是放在首要位置的，其关键因素在于审美，而人的美感来源于自身的感官情绪。乡村休闲旅游中的农业文化遗产审美价值主要有：传统农业景观、长久从事农业生产和生活所产生的农业聚落形态、农业工程和设施类、以传统民俗生产编制的生活用品和艺术品等。

农业文化遗产与其他遗产审美价值的最大的区别就在于它的审美价值是通过参与劳动和日常农事生产来完成的。我们可以将其分为初步审美感知、乡土田园体验和农耕精神意境三个层次。第一个层次是对农业景观整体审美的感知。第二个层次是乡土田园体验。游客能够将自身融入乡土生活，充分感受传统农耕文化的美学意境，这是中国农业文化遗产地推动乡村休闲旅游开发的重点。只有深度发掘农耕文化的内涵，并让游客体验和感受那些特色文化内涵，才能产生乡村文化认同效应；第三个层次是农耕精神的意境感受，也是哲学境界最高的一层，从以眼观之到以身试之，通过眼、身、心的融入，游客的休闲旅游体验能升华到哲学精神意境。

(2)历史文化价值的发掘　历史文化与乡村旅游以及乡村休闲旅游之间是不可能割裂的。农业文化遗产的根本文化属性是指那些由历史过程、岁月积淀逐渐将人的各种行为与自然相互作用所产生的，同时带有浓厚地区特色的独特生产和生活方式。华夏农耕文明起源于农耕、兴盛于农耕，众多农业文化遗产地的农耕生产、农业社会经历变迁、沧海桑田等共同构成了遗产地的历史价值，而农业文化遗产地的文化价值就是在历史演进过程中产生的本土民俗民风、生产生活、文字符号等。游客能够直观感受的是其表现出的整体性，农业文化遗产的历史性是其休闲旅游资源的基础价值。农耕文化多样性是农业文化遗产历史文化价值的集中表现，其产生的民风民俗、农业经验、祭祀庙宇等共同构成了遗产区域的文化活力，而农业遗产的文化传承价值同样不可忽视，因为没有文化传承就意味着传统文化知识的丧失。

(3)科学考察价值的发掘　农业文化遗产的主要判定标准为其是否具备自身独特的有借鉴价值的农业生态生产系统。这个系统包含了农业技术典籍、传统农业工程技术、传统生产生活方式和传统民俗文化等诸多要素。这些传统技术对现代农业产业发展具有不可忽视的科学研究和考察价值。这些凝聚了古代人民的智慧和技术魅力的传统文化遗产可以不加修饰地直接用于乡村休闲旅游开发，并为乡村带来较高的社会价值、经济价值。

(4)社会经济价值的发掘　遗产社会价值可以体现在“宣传、示范、传统文化认同”等方面。遗产所在地的经济价值包括两大类：第一类是用遗产地资源直接开发和变现；第二类是由旅游产业运营间接产生的经济效益。社会经济价值的发掘是指在遗产系统所在地区进行旅游产业开发与经营所带来的间接经济效益。社会经济价值主要体现在遗产地的产业联结与融合发展上。例如，随着我们对劳动教育的普及和提倡，下乡体验农耕成了中小学生，甚至是大学生的劳动实践课程。乡村休闲旅游中的田间劳作成为近年来广受城市家长和学生欢迎的热门休闲旅游项目；耕种、采摘、观光和品尝等乡村休闲旅游项目在一些农业文化遗产地也日益增多。

(5)生态环境价值的发掘　中国农业文化遗产的生态环境价值主要体现在对生物多样性

的发掘以及生态系统服务价值上。众多的农业文化遗产地的生态脆弱、环境敏感度高且保护压力巨大。随着城市化进程的不断加速，遗产系统生态环境面临着巨大挑战。现实表明，农业文化遗产地的休闲旅游开发进程对遗产系统的生态环境影响非常大。然而，城市设计理念和旅游开发理念不断更新，遗产系统的生态状况开始引起重视。根据联合国粮农组织的遴选标准，农业文化遗产地的社会发展形态可以比作一个自给自足的开放系统，同时对周边环境、社会经济价值有正向裨益效应，而该类型地区的旅游开发须对遗产地各个方面产生正向促进作用，尤其在生态环境方面。

二、中国农业文化遗产的保护及重点

为应对世界农业生物多样性的减少以及传统农耕文化的消失等问题，联合国粮农组织于2002年发起了全球重要农业文化遗产保护的倡议。经过世界各国将近20年的共同努力，已经有23个国家和地区所属的65项传统农业系统被列入《联合国农业文化遗产保护名录》。

（一）中国农业文化遗产的保护

中国是2002年全球重要农业文化遗产保护倡议最早的响应者、积极参与者、坚定支持者和主要贡献者，同时在国际上率先开展了国家级农业文化遗产的发掘与保护。2012年中国政府启动重要农业文化遗产的发掘与保护工作；2016年农业部组织开展农业文化遗产普查工作，共发掘408项具有保护潜力的农业生产系统。截至2022年，农业农村部已发布6批138项中国重要农业文化遗产，主要分布在29个省、自治区、直辖市，内容涵盖稻鱼共生、桑葚鱼塘、湿地农业、山地梯田、农牧复合、草原游牧等类型众多的生产系统。实践表明，农业文化遗产是具有重要历史价值并对现代生态循环农业产生重要借鉴意义的传统农业系统，能带来10%～30%的农产品品牌增值，对遗产地原住居民直接收入的贡献率接近40%。

目前，中国的全球重要农业文化遗产共有18项，其数量居世界首位，如表4-3示列。

表4-3　中国18项全球重要农业文化遗产（截至2022年8月）

编号	系统名称	认定时间
1	浙江青田稻鱼共生系统	2005年
2	江西万年稻作文化系统	2010年
3	云南红河哈尼稻作梯田系统	2010年
4	贵州从江侗乡稻鱼鸭复合系统	2011年
5	云南普洱古茶园与茶文化系统	2012年
6	内蒙古敖汉旱作农业系统	2012年
7	浙江绍兴会稽山古香榧群	2013年
8	河北宣化城市传统葡萄园	2013年
9	陕西佳县古枣园	2014年
10	江苏兴化垛田传统农业系统	2014年
11	福建福州茉莉花与茶文化系统	2014年
12	甘肃迭部扎尕那农林牧复合系统	2017年
13	浙江湖州桑基鱼塘系统	2017年

续表 4-3

编号	系统名称	认定时间
14	山东夏津黄河故道古桑树群	2018 年
15	中国南方山地稻作梯田系统(福建尤溪联合梯田、江西崇义客家梯田、湖南新化紫鹊界梯田、广西龙胜龙脊梯田)	2018 年
16	福建安溪铁观音茶文化系统	2022 年
17	内蒙古阿鲁科尔沁草原游牧系统	2022 年
18	河北涉县旱作石堰梯田系统	2022 年

中国农业文化遗产的开发和保护应该遵循"在发掘中保护、在开发利用中传承"的原则,以此不断推进农业文化遗产的开发与保护。

一方面,遗产的传承需要在发掘中保护。中国是世界上最早响应并积极参与重要农业文化遗产保护的国家,也是农耕文明保有资源最为丰富的国家之一。因此,遗产地的发掘和保护需要注重三点:①发掘蕴藏在农业文化遗产中的传统农业品种资源,加快遗产所在地优质传统品种资源的普查与收集,抢救濒危传统农业品种,努力构建传统农业的"种子身份证",同时加快农业优异种质基因的精准鉴定,开展遗产地农业优良品种地理标志的认证,为现代农业品种的质量控制提供优质资源;②挖掘蕴藏在遗产中的传统科技,积极探索农业生产数字化、智慧化的路径与形式,为现代农业科技创新提供传统智慧;③发掘蕴藏在农业遗产中的传统文化精神,提炼和彰显传统农业生产在长期实践中升华的"天人合一、节用物力、应时取宜"等理念,为人类解决全球性问题提供更多智慧和滋养。

另一方面,遗产的文化内涵需要在利用中传承。中国农业文化遗产大多地处经济落后、自然生态脆弱,但历史文化遗产丰厚的地区。如果过分强调"原汁、原味",就会忽视所在地区的社会经济发展,最终导致无法调动当地居民积极性,难以实现保护目的。因此,需要在利用中传承,以便推进农业文化遗产保护,同时注意四个方面:①保护遗产地的生物物种多样性,有效应对全球气候变化、生物物种多样性丧失、水土流失严重以及农业物种单一化等问题;②发挥农业文化遗产在农业品牌和地区方面的优势,认真讲述农业产品的文化故事、文化内涵,提升农业产品的品牌价值和传统文化附加值;③推进农业文化遗产对数字技术的应用与发展,例如,建立遗产数字化场景,以推动实景网络直播、网红田园景观、农业生产等场景的打造,积极构建农业文化遗产的网络空间与线下推销相结合的营销模式;④发展农业文化遗产场景式消费,开发乡村文化休闲旅游产品,以沉浸式、系统性内容为载体发展农事体验、乡村研学、实景演艺等业态。

(二)中国农业文化遗产的保护重点

与其他已经存在的遗产类型相比,农业文化遗产最大的特点是"活化"和"活态性",即农业文化遗产地常住居民的参与在完整的农业系统中是绝对不能少的,农业文化遗产地的常住居民才是农业文化遗产保护的主体,一旦常住居民消失,农业文化遗产就会像一棵腐朽的枯树一样随时倒塌。但调查显示,在我国目前的农业文化遗产保护和开发过程中,农业文化遗产地的常住居民认知度和参与度仍然很低。某些乡村文化遗产地常住居民认知度和参与度的下降导致了农业文化遗产可持续发展面临挑战,而这一状况已经演变为一个普遍性困境。对农业文化遗产的认知以及保护性研究不仅能为相关保护政策的制定提供理论依据，提高乡村常住居民对遗产保护开发的认知度，还能为其他地区传承、保护和以农业文化遗产为核心资源的乡村休闲旅游开发提供参考。已有实践证明，以“活化”为基础的农业文化遗产保护重点应该集中在以下四个方向。

1.传统农业耕作技术与经验的保护

对农业育种、耕种技术、灌溉设施、病虫害防治以及收割储藏等传统生产经验的保护与传承应该是中国农业文化遗产保护工作的重点。对传统农业耕作技术与经验的保护，最先要完成的是深入调查与系统分析。利用乡民口述历史、文字记录、视频录像等方式将传统农业生产技能和耕作经验系统地记录、保存和传承。传统农业耕作技术与经验表现的智慧结晶主要以“口口相授”的形式保存于中国乡村中老年群体中。这一社会群体应该成为中国农业文化遗产保护的重点。

2.传统农业生产工具的保护

传统农业生产工具被认为是某个国家或地区在一个特定的农业历史时期的社会、经济、科技发展水平的典型代表。由于其存在历史传承性和典型性，对于我国乡村地区文旅融合与休闲旅游开发来说，这种传统生产工具不但没有理由随意消灭，而且不能简单粗暴地用现代化技术取而代之。目前，我国传统农业生产工具保护的任务应该集中在保护、研究、发展三个方面。例如，一些地区会通过创建传统农业生产工具博物馆、展览馆等将这些传统农具保护起来。这种方式在当前的中国乡村地区是一种比较流行和有效的传统农业工具保护手段。

3.传统农业生产制度的保护

所谓的传统农业生产制度是人类为维护传统农耕生产秩序而制定的一系列社会经济规则、道德伦理规范以及相关的民间禁忌习俗等。这一制度的建立为延续和维护传统农业生产秩序发挥了重要作用。历史实践证明，如果只有单纯的农业生产技术而没有农业生产制度，传统农业生产就无法传承和推广，也不可能实现可持续发展。由于我国地域辽阔，“三里不同风，十里不同俗”的地域特点为乡村地区发掘资源和利用资源提供了便利条件，当然对于丰富多样的传统生产制度的保护也是必不可少的，且符合可持续发展要求。

4.特有农作物品种的保护

当今经济全球化和技术标准化的表现使加入人类优选技术的优良农业品种得以普及，但最后造成的结果是各地用于生产的农作物品种呈现明显的单一化倾向。如果我们持有乐观的态度，那么这些优良品种的普及会为中国提高农作物单位面积产量奠定基础，从而解决新增长人口的吃饭问题。以长远眼光来看，农作物品种单一化倾向不但为农作物病虫害快速传播创造了条件，而且影响了当代人对农产品口味的多重选择。更重要的是，农作物品种单一化会减少全球物种的多样性，从而导致被减少的农作物品种会随着种群数量减少而逐渐消失，而传统农业文化数量和类型将进一步减少。为避免类似情况的发生，中国政府采取了积极地应对措施，例如，早些年启动的国家物种基因库计划以加大对特有农作物品种的保护。国家基因库基地位于深圳市大鹏新区，建设规模约为 116 000 米^2，其业务架构主要由生物样本库、生物信息数据库、动植物资源库、数字化平台组成。该基地的建成极大地促进了特有农作物品种保护。除此之外，还应该把提高遗产地原住居民保护、保留农作物品种的意识作为农业文化遗产保护的一部分加以重视。

第二节　农业文化遗产休闲旅游的开发概况

农业文化遗产旅游资源是指以农业文化遗产系统要素为核心，能够对游客产生吸引力，并且通过合理开发产生一定社会价值、经济价值、生态价值和文化价值的旅游资源。虽然农业文化遗产可以被认定为旅游资源的种类较广泛，但其核心还是传统农业生产系统。一般来说，农业文化遗产旅游资源包括自然生态方面（自然环境、景观资源、生物多样性等）、文化方面（传统村落、风土人情、民俗、饮食等）、农业方面（生产过程、生产技术、生产产品等）等。由于涵盖范围较广，它具有一定的自然属性。不同于自然保护区，农业文化遗产旅游资源具有一定的文化属性但又不同于单纯的人造景点与景区。

一、农业文化遗产旅游开发的研究

农业文化遗产旅游开发是基于遗产所在地原住居民与其所处环境长期协同进化与动态适应而形成的独特土地利用系统和农业景观系统，再通过旅游资源的升级和改造，最终转变为具有旅游接待功能的产业并加以开发和保护。开发成形的农业文化遗产旅游能够通过旅游产业所具有的联结和纽带作用，极大地满足遗产所在地社会经济与文化发展需要。

（一）中国的研究概况

通过对国内外农业文化遗产旅游开发研究的梳理和归纳，其可为类似领域的实践研究提供一定的参考。目前，中国农业文化遗产研究范围较为广泛，主要涉及遗产类型、涵盖内容、范围、概念、保护和开发策略等。这里我们仅以乡村休闲旅游开发为背景，从旅游资源、旅游开发、开发模式三个方面展开讨论。

1.关于农业文化遗产旅游资源的研究

诸多学者对此进行过探讨。例如，吴江洲等（2012）以遗产地可持续发展为视角，认为在狭义上农业文化遗产的价值体现在生物多样性、人文、观念以及可持续性等几方面，而可持续性主要体现在人地和谐、生态伦理、科研示范、生态社会、实践借鉴等方面；熊礼明、李应辉（2012）认为在农业文化遗产价值体系的特点上，最突出的就是人地互动与活态上；张莹（2015）认为由历史、文化、艺术、科学、生态、经济、社会 7 大块构成了聚落类农业文化遗产的主要价值体系；王思明、李明（2015）以本征性或存在性与功利性或使用性区分其价值系统，而旅游资源的开发与利用正是其使用价值的一种；熊礼明（2017）认为艺术观赏、科学考察、历史文化价值属于其旅游资源的本底存在属性且对其挖掘利用可产生相应的经济、社会、环境效益。从以上各位学者的论述来看，农业文化遗产的主要价值体系由历史、艺术、文化、社会、生态和经济等几方面构成。

在农业文化遗产的价值应用与转换方面，学界的研究主要集中在三个方面：助推乡村振兴战略和城乡融合战略的实施；缩小城乡差距，减少中国贫富差距，维护城乡社会稳定；激发乡村地区传统民俗文化活力。这一方面的代表研究主要有以下几种。

曹东勃、宋锐（2020）认为中华优秀农耕传统文化的继承和发扬光大与乡村振兴战略的实施目的与要求联系紧密并十分契合，并指出乡村振兴的伦理本源离不开农业文化遗产；闵庆文等（2020）认为农业文化遗产所处地区普遍存在自然风光独特、生态系统循环良好且有与之对应并传承下来的传统农耕文化，对绿色农业的发展以及实现农民增产、增收作用巨大；伽红凯、卢勇（2021）提出在农业文化遗产资源禀赋价值的转换中，利用市场化手段实现深度发掘、保护与利用，合理植入相关产业，将遗产地社区相关产品转化为市场商品，实现乡村振兴。

2.关于农业文化遗产旅游开发的研究

该类研究比较集中。大部分聚焦于被联合国粮农组织认定的全球重要农业遗产系统，以个案研究的形式较为常见，其中从社会经济发展角度、社区参与角度、开发适宜性视角、农户农地利用行为演变角度、传统农业技术传承角度和旅游体验角度等进行了研究。其包含的研究内容主要有以下几种。

孙业红等（2006）认为青田稻鱼共生系统的旅游开发是当地经济增长的主要催化剂；刘某承等（2010）以稻田养鱼为例，认为有些地方政府为了在短时间内实现最大化的经济收益，导致遗产地景区人数短时间内暴涨，其蜂拥而至的人群对遗产地稻田造成了人为严重的破坏；张灿强等（2016）认为随着哈尼梯田遗产地景区民宿与餐饮的增多，导致遗产地旅游产业开发用水量暴涨，而其总量不变的情况下就会导致其梯田水流减少、田块旱化；张灿强等（2017）认为研究显示，旅游经营收入已成为哈尼梯田和甘肃迭部扎尕那两处遗产地的农民收入拓展的主要渠道；卫丽等（2018）以甘肃什川古梨园为例，随着遗产地旅游收入超过农业收入，果农无心管理梨园相关事务，造成梨树病虫害加剧，而此等情形延续且不加以改善，其梨园种植与栽培的古法技艺也会失传；刘镜茹等（2020）认为农业文化遗产所在的社区参与在旅游开发必不可少，可以实现其遗产旅游的教育功能。

而时少华（2016）认为以云南红河哈尼梯田为例，遗产地区在旅游开发时过于追求经济利益，为了达到“短平快”的高收益而忽视了当地社区的参与，一律采用普通景点式的开发模式使社区被边缘化，并出现游客体验效果不佳等问题；王英等（2020）认为某些遗产地的旅游开发不受抑制，如农家乐的数量增长不可控，造成游客数量急剧增长，超过了遗产地的生态承受范围。

3.关于农业文化遗产地开发模式的研究

农业文化遗产地的休闲旅游开发问题本质是该地区旅游产业以及其他社会经济相关产业的可持续发展。目前来看，可供参考的农业文化遗产休闲旅游开发模式并不是很多，也没有经过实践检验的完整开发形态可以借鉴，这也意味着该产业开发还处于初级阶段。本章在研究大量文献的同时，参考了其他遗产地开发模式，总结了两个与之相关的基本开发模式。

一种模式为遗产地生态博物馆模式。学界对于该模式的研究相对较少，但是在保护实践过程中，该模式出现较多，如“广西民族博物馆群落建设”。从2003年开始，广西陆续筛选出一些自然和文化遗产丰富且偏远的民族村寨作为博物馆群落建设点，先后完成10座各具特色的民族生态博物馆的兴建，同时将这些民族生态博物馆与广西民族博物馆联结，构建集交流、合作、共享于一体的“广西民族生态博物馆‘1＋10’工程”联合体。在广西民族博物馆群的构筑过程中，部分学者还提出该博物馆群的建设要根据遗产地的生态实际情况，因地制宜着重体现少数民族的传统农耕文化。

另一种模式为以社区参与为主的休闲旅游开发模式。这种模式是众多学者主要研究的范围之一，例如，闵庆文等（2019）认为当地政府在农业文化遗产的开发与保护中常常不重视与当地社区居民的相关利益。这种模式的构筑应该建立在农业文化遗产地生态建设和社区建设统一与双赢的基础上。通常，某一地区推进生态建设是为了社区的生态环境保护和遗产地社区可持续发展而进行的，而社区参与生态保护又是为了充分发挥社区原住居民的积极性，进而满足乡村原住居民在物质层和精神层面的需求，以提高遗产地原住居民的生活水平，促进乡村社会均衡和协调发展。

(二)国外相关研究概况

从农业遗产的产生和沿革的角度来说，中华农耕文明的产生、传承与发展要早于其他国家，而国外关于农业文化遗产的研究范围比较集中，主要是运用现代的数据和信息手段对遗产系统所在地生物多样性、可持续发展价值和意义等方面进行研究。例如，Nora J(2015)通过对比研究遗产景观与遗产价值，区分两者的不同点，并详细分析了其价值分类体系及景观特点；Park H C(2017)认为，韩国青山岛传统板石灌溉水稻梯田系统的生物多样性具有很高的研究价值，由于当地从事农业的年轻人的减少及城市化的加剧，该系统的保护刻不容缓；Liu M C等(2018)围绕元阳梯田有机稻米从种植到市场定价的过程中如何可持续发展进行了研究。

(三)相关文献评析

从本书对前人研究成果的层次和内容的梳理与分析来看，当前国内外关于农业文化遗产旅游方面的研究，无论是概念、内容、价值，还是应用范围和深度上都在不断演进，逐步走向多学科交叉和研究理论的成熟阶段。不足的是，相当数量的研究还是集中在概念辨析、系统功能开发及遗产活化的保护上，而结合农业文化遗产系统的实际情况来进行乡村休闲旅游开发以及将遗产与乡村振兴、城乡融合战略有机结合等方面开展的应用研究还较为缺乏。因此，中国农耕文化系统遗产地在乡村休闲旅游开发、乡村振兴、城乡融合发展等领域具有大量的可探讨之处。

二、遗产地休闲旅游开发的理论探索

随着全球农业文化遗产类型的不断增加，理论和实践均不断加深对该类型遗产的内涵认识，使农业文化遗产休闲旅游资源在边界上有了进一步拓展。学界对农业文化遗产休闲旅游资源的研究从一般的分类、评价向资源价值转化和实现的路径等方面逐渐推进，而前期相关研究和理论探索在一定程度上指导了一些农业文化遗产地休闲旅游开发实践。若想正确高效地实现农业文化遗产地休闲旅游开发，我们至少还应该厘清以下两种理论之间的关系。

(一)农业文化遗产旅游资源和农业文化遗产地旅游资源

农业文化遗产旅游资源是指以农业文化遗产系统要素为核心，能够吸引游客并且产生一定的社会、经济、生态和文化价值的旅游资源。虽然农业文化遗产作为旅游资源的范围比较广，但其核心还是农业生产系统，而农业文化遗产地旅游资源是指将农业文化遗产地作为旅游目的地，内容涉及在其范围内的所有旅游资源。就涵盖范围来看，后者所涵盖的范围和所涉及的资源数量与种类要远高于前者。

例如，在农业农村部2020年公布《第五批中国重要农业文化遗产》中，天津津南小站稻种植系统具有2 000多年的种稻历史，以种植优质粳米为特色的稻作文化系统是典型的农业文化遗产。

天津津南小站稻种植系统具有独特的排灌水种植技术，对改造盐渍土有很好的效果。小站稻在津南地区大面积种植，区域内的河道沟渠纵横交错，水系发达，除水稻种植外，还可以进行鱼虾养殖，且有江南水乡的韵味；另外，津南区内保留着许多民间传统习俗和节庆活动，且大多与小站稻的传统农业有关，例如，挠秧号子、小站稻田民俗节庆活动等，而且“葛沽宝辇会”在2014 年 11 月经国务院批准被列入《第四批国家级非物质文化遗产代表性项目名录》。天津津南小站稻种植系统本身就是典型的农业文化遗产旅游资源，它的核心是传统的且目前还在被当地居民使用的农业生产系统。这种系统能够有效吸引目标游客并且产生一定社会、经济、生态环境和文化价值，而存在于津南周边地区的历史文化博物馆、民间传统习俗展示、节庆活动和自然风光等共同构成了该地区的农业文化旅游资源。

“农业文化遗产旅游资源”与“农业文化遗产地旅游资源”的另一个重要区别是现有生态资源是否由居住在农业文化遗产地的本土居民在长期生产和生活过程中创造的。农业文化遗产旅游资源的核心是农业生产系统，而农业生产系统不是生来就有的，是长期居住在遗产地的原住居民创造的，他们在与自然协同进化的生产生活中形成了整体的系统，但是农业文化遗产地旅游资源中的天然景观（如极地、高山、大荒漠、大沼泽等）并不是由当地居民创造的。

如果只是单纯从农业文化遗产地休闲旅游资源开发来考虑旅游发展模式和利益分配模式，显然存在较大的不足。从过去的实践经验来看，很多农业文化遗产地所设计的旅游产品都无法体现农业文化遗产的真正内涵。没有鲜明的遗产特色导致了遗产地的休闲旅游产品同质化现象严重，甚至相当数量的遗产地将农业文化遗产休闲旅游与普通乡村旅游混为一谈，这样人们既对核心的遗产自身价值认识和认同不到位，又造成了自身对农业文化遗产休闲旅游资源分类模糊，最终简单地把农业文化遗产旅游资源直接按照农业文化遗产地（乡村环境）旅游资源进行开发，并没有因地制宜和区别对待。

（二）农业文化遗产旅游资源与相关旅游资源

由于农业文化遗产休闲旅游开发还属于较新的领域，人们对它的界定、属性、构成等相关因素的研究还在不断发展演进，这也就决定了其概念容易发生混淆与重合。例如，学者在进行资源分析时难以说明某一项旅游资源到底是非物质文化遗产、传统村落、文物保护单位还是农业文化遗产，某些概念之间的关系不是很明确，这些问题从理论和实践两个方面给人们带来了极大的困惑。如果仅仅从资源类型上来区分，问题就不复杂，不同管理者对同一个遗产资源可以有不同的称谓。例如，中国云南省红河州元阳县的哈尼梯田已经具备多类型的价值认定（目前被认定为世界文化遗产、全球重要农业文化遗产、国家级湿地公园、全国重点文物保护单位等）。而不同部门对同一农业文化遗产资源的称谓与资源本身并没有太大关系，因为在资源分类中，这些并不构成分类依据。当这些拥有世界级、国家级和地方级名头的农业文化遗产成为乡村休闲旅游资源的组成部分时，就需要结合农业文化遗产旅游资源的特点进行重新划分，例如，从生态、文化的角度进行分类；从物质、非物质类型进行梳理等。之所以这样做，是为了能更加清晰地了解农业文化遗产的资源构成，并为休闲旅游产品开发提供理论保证。事实上，作为一个系统，中国农业文化遗产的物质组成要素和非物质组成要素本来就会涉及各种不同类型资源（比如，自然、生态、文化、社会等），这也充分体现了农业文化遗产作为乡村休闲旅游资源的系统性、复合性的特点。

三、农业文化遗产休闲旅游的开发原则

前文已对农业文化遗产保护进行了分析，并提出中国农业文化遗产的保护策略和路径，即“在发掘中保护、在利用中传承”的原则。同样，如果在遗产保护基础上进行乡村休闲旅游开发，其开发原则就应注重以下三个方面。

（一）保持特色性，把握遗产独特气质

中国的农业文化遗产内涵十分丰富，农作物资源、传统农业技术、特色民俗文化和“天人合一”的生态理念等都是农业文化遗产的组成部分。事实上，与其他历史遗产相比，农业文化遗产最显著特征在于它是“活化”“有生命”的，也是持续动态发展变化的。与考古遗址、出土文物、古书典籍等不同之处在于农业文化遗产虽然诞生在过去的历史长河中，但具有相当的使用价值，仍然是遗产所在地原住居民沿用的生产方式和主要的经济收益来源。除此之外，农业文化遗产的另一特点表现在综合性方面，兼具农业经济发展、自然生态保护和传统文化传承等多重功能，还具有“自然遗产、物质文化遗产、非物质文化遗产”等多重属性。

例如，农业农村部公布的《第六批中国重要农业文化遗产名单》中的广东海珠高畦深沟传统农业系统重点保护海珠湿地范围内的高畦深沟农业景观以及湿地周边龙潭村等不可移动文物、非物质文化遗产项目。该农业系统是自 2 000 年以来，海珠先民在紧邻广州城、商品农业发达的社会经济背景下，充分利用高温多雨、地处珠江口北缘、水网密布的自然条件，创造和发展的一类极具珠江三角洲地域特色的农业生产系统。高畦深沟传统农业系统（图 4-1）土地利用方式的多样造就了遗产地丰富的农业生物多样性。该遗产地现有维管束植物 835 种、昆虫 535 种、鱼类 60 种和鸟类 183 种，成功发现了中国叶甲科昆虫的新物种——海珠斯萤叶甲，为世界首次报道的新物种。

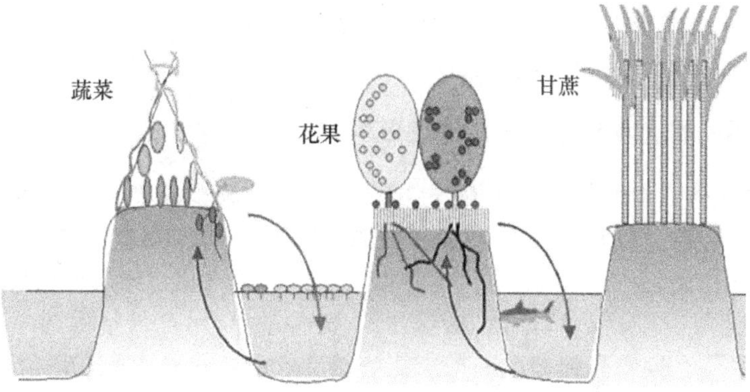

图 4-1 高畦深沟农业系统结构

（骆世明 绘制）

高畦深沟农业系统遗产地居民通过顺涌建围、设置闸桓、挖沟抬畦、沟（涌）泥上田，提高土壤层高度和深沟蓄水、调水，以抵抗潮汐涨潮、台风、干旱等广东常见极端天气，以发展旱作为主、兼顾养殖，巧妙构建了极富智慧且旱涝保收的“基围＋水桓＋高畦深沟＋园艺作物＋禽鱼养殖”生产模式及“水—果（菜、花卉）—草—鱼—鸟”完整生态链，实现人与自然和谐共生的美

好愿景，这个遗产系统表现出很强的“特色性”和“综合性”。

结合农业文化遗产的特色性，因地制宜地开展休闲旅游开发工作，已成为中国农业文化遗产保护与开发的共识。此外，乡村农业文化遗产的保护与旅游开发绝对不能追求“万年不变”的“冷冻式保存”，而是要根据遗产所在地的自然条件和社会经济条件变化来动态地进行调整。

（二）注重文化性，将遗产与现代乡村有效融合

中国的乡村振兴和城乡融合战略推进过程中应该发挥文化的带动作用，特别是加强传统农耕文化在开发中的传承和推广以及对优秀的非物质文化遗产和重要农业文化遗产的保护与传播。实际上，发展是对遗产最好的保护途径，当乡村地区不再单纯、单一地片面追求农业产量，而是通过绿色环保的文旅融合产业、休闲旅游项目来拓展传统农业生产功能的时候，农业文化遗产在自然生态、社会经济、文化内涵等方面的一系列综合效益都会有效地呈现。因此，需要充分发掘农业文化遗产的文化内涵和休闲旅游价值，通过提升遗产地旅游产品等级和质量，进一步挖掘农业文化遗产在乡村休闲旅游方面的潜力，把遗产的文化资源变成经济发展要素和赋能乡村振兴的支撑点。同时，还可以加大中国农业文化遗产相关知识的普及与宣传力度，在遗产所在地设立观摩实践基地，使城市游客，特别是城市青少年能了解和珍重农业文化遗产保护与开发事业，从而增强遗产所在地居民的文化自信和民族自豪感。

例如，陕西汉阴凤堰稻作梯田系统位于陕西汉阴县漩涡镇，属于灌区型水利风景区，连片1.2万余亩，距今逾250年，景区面积为38.78平方千米，是秦巴山区考古发现的面积最大和保存最完整的清代梯田。该系统将遗产资源中的“山、水、田、屋、寨、村、庙、农”等元素融为一体，将山谷与梯田结合得“含蓄生动”，同时通过人与自然的深度融合、传统与现代的有机结合，深刻体现出遗产地传统文化的内涵，外来游客置身其中犹如进入人间仙境。

该系统拥有得天独厚的地形地貌，表现的农耕文化是战胜自然、改造自然、与自然和谐发展的结晶，也是汉阴县农耕文化传承与发展的成果。当地居民在维护梯田原始风貌和传承农业文化的基础上与现代乡村发展相融合，最终形成了独具一格的山地文化体系，而这正是“文化性”与现代乡村发展有效结合的表现。

（三）塑造品牌，扩大乡村休闲旅游开发影响力

中国农业文化遗产地的休闲旅游开发应该秉承“农业文化遗产既是重要的传统农业产业系统，又是重要的特色文化和休闲旅游景观资源”的理念，从传统农业技术传承、文化教育普及、乡村和谐社会构建、乡村经济结构优化等方面深入研究农业文化遗产的特色文化内涵，从而建立一套集农业文化遗产品牌标识、指标评价、宣传展览、示范传播等为一体的产品品牌支撑体系。实践证明，有效的品牌塑造和推广能够推动农业文化遗产所在地的可持续发展，进而在活化利用农业文化遗产的同时，有效解决乡村文化振兴、乡村振兴和城乡融合发展等方面不平衡、不充分的问题。

第三节　农业文化遗产休闲旅游的开发路径

农业文化遗产休闲旅游开发不仅能够促进乡村常住居民就业增收，还可以带动城乡之间各类型产业的融合发展，进而促进乡村农业产业转型升级以及整体发展方式的转变。中国农业文化遗产休闲旅游开发可以利用传统农业生产形式、遗产所在地原住居民的生活形态和乡

村自然生态等资源优势，为市场中的目标游客提供休闲、观光、研学、参与、乡土生活体验等服务。需要说明的是，中国农业文化遗产休闲旅游开发应该包含在乡村旅游开发范畴中，乡村休闲旅游开发本身就属于乡村旅游的一部分。

一、农业文化遗产休闲旅游形象构建

如果中国农业文化遗产能够从世代相传的传统农业生产方式转化为遗产旅游核心吸引物，遗产所在地就会焕发生机。因此，建构并宣传推广特色鲜明的遗产地旅游形象是农业文化遗产休闲旅游开发的关键环节之一，有助于更好地保护和利用珍贵的农业文化遗产，同时树立乡村文化自信和推动乡村振兴。

（一）农业文化遗产休闲旅游形象研判

某个国家或地区的旅游形象是旅游者依据自身感受对某个旅游目的地的总体认识和评价，是旅游目的地内外部公众（包含旅游目的地内的常住居民、旅游从业者、景区周边群体、内外部游客等）对旅游资源外在景观特征和内在历史文化底蕴体验形成的总体认识与评价。中国农业文化遗产休闲旅游开发包括旅游形象的构建，而农业文化遗产休闲旅游形象是旅游目的地休闲旅游开发的灵魂所在，其在很大程度上影响着城市游客的旅游决策动机。因为普通大众对农业文化遗产这一新鲜事物知之甚少，对农业文化遗产休闲旅游开发的认知几乎是一片空白，所以关于中国农业文化遗产休闲旅游形象的认识依然停留在距离消费心理较远以及直观印象较为模糊的层面。

1. 人们缺乏对“农业文化遗产旅游形象”属性的认知

通常来看，在某一旅游目的地形象塑造中，当其属性认知能符合外部游客利益诉求并满足其价值取向时，该游客的旅游动机将会更加充分。其中属性认知包括资源类别、设施设备、服务权限、行业管理和社区参与等。当前中国对于农业文化遗产休闲旅游形象属性认知的构建严重不足，大多数游客没有形成与农业文化遗产休闲旅游内容和形象相关的感知（甚至普通游客还会出现旅游资源类型混淆的情况），大多数游客无法确认农业文化遗产休闲旅游是否能满足其个人价值需求，因此很难激发他们的出游动机。其原因是多方面的，归纳起来有两点：一是由于农业文化遗产所在地的生态系统研学价值、历史文化演示价值、乡村社区体验价值等多方面的旅游价值尚未被游客深入理解，甚至部分游客认为农业文化遗产代表了原始落后的农业生产方式，其外在表现就应该是刀耕火种、日出而作日落而息、栖息山洞，珍贵的农业文化遗产休闲旅游资源的价值属性就无法被发掘；二是对于游客来说，目前中国的农业文化遗产的内涵和外延并不十分明确，大多数游客甚至觉得农业文化遗产根本就不是一个可以作为旅游吸引物的品牌，让其参与农业文化遗产休闲旅游活动更是无从谈起。

2. 中国农业文化遗产休闲旅游形象塑造的系统化构建能力较低

通常，农业文化遗产包括一般意义上的传统农业生产知识和技术、历史悠久的传统农业产业景观、依附于遗产的传统农业文化以及地区民俗文化遗产等，而这些都是人类历史和文化财富以及社会经济生产方式的一种集合体，它们体现了系统要素中人与自然的和谐关系。以上种种要素叠加共同构建了中国农业文化遗产地的生产、生活、生态。因此，“我国目前的农业文化遗产休闲旅游形象建构中，文化遗产关联性和系统性严重不足，割裂了自然环境与社区生活的共生性，也割裂了游客感知与村民互动的联动性，忽略了单体农业文化遗产与区域生态系统的共生性”①。

在现实的农业文化遗产休闲旅游活动中，城市目标游客在游览农业文化遗产地时只是看看田间地头、拍拍风景照片、做一些网络化的调侃，其游览效果几乎与大众乡村旅游没有太大区别，游客缺少对“回归乡愁”的深度体验和融入，最终无法激发城市游客的情感共鸣。

（二）农业文化遗产旅游形象建构路径

中国农业文化遗产休闲旅游形象的塑造必须充分了解客源地的市场旅游需求和游客偏好，从农业文化遗产中寻找那些能够与游客心理需求产生共鸣的元素，进而有策略、有重点地将其放大为旅游目的地整体形象。同时，根据城市客源市场中目标游客的心理需求和消费预期需求，突出放大那些能够引导目标游客完成满意消费的产品内涵，并结合农业文化遗产地各个价值体系的特点，促成它们之间的相互交融与渗透，最终形成了自然与文化共生的有机整体。这一系统性价值就是农业文化遗产休闲旅游形象塑造的基础。

第一，建立农业文化遗产休闲旅游目的地与游客的情感连接。这是目前最有效的一种树立农业文化遗产休闲旅游形象的方式，也是对应旅游投射形象的游客心理感知重点。农业文化遗产具有多功能特点，除农业生产的基础功能外，还有游览观光、农事体验、科普教育等综合功能，这些功能形象是农业文化遗产休闲旅游形象投射的主要内容。农业文化遗产承载着内涵丰富的生物种类多样性和历史文化多样性，其传导给游客的整体心理印象是古老历史、自然生态、传统风俗、健康休闲、特色美食和乡村地方化的标签，而这些整体心理形象的共同构建就是农业文化遗产休闲旅游区别于其他遗产旅游产品和乡村旅游产品的地方。而“学习、了解和尊重传统的农业生产和生活是旅游者所追求的核心体验”②。

鉴于以上内容，首先，农业文化遗产休闲旅游开发行为迎合了城市游客“到乡村去”的心理需求，遗产管理者应该充分抓住这一市场需求特点，努力迎合与全力构建农业文化遗产休闲旅游的形象。其次，在中国旅游开始复苏的新形势下，城市近郊的休闲旅游、身心健康、公共安全、医疗保障成为旅游消费市场的关键词，在迎合游客新出游需求的基础上，有效建立情感联结，将是提升休闲游客忠诚度的有效方式。最后，发掘农业文化遗产地背后的农业历史和文化内涵，完美呈现遗产地常住居民之间的乡土温度与社区情感，也是打开遗产地与外部游客情感联结的金钥匙。另外，遗产地常住居民用智慧在土地上耕耘，用亲情在传统社群中建立秩序，在与自然长期协同发展中创造独特的农业生产生态系统，也创造了人与人、人与自然和谐共生的文化生态系统。农业文化遗产休闲旅游开发需要深度发掘那些文化遗产背后的“故事”，通过遗产所在地常住居民传导给游客，以建立情感共鸣，这种情绪唤醒的共情和沉浸才是提高休闲旅游产品内涵与游客忠诚度的关键。

第二，把农业文化遗产地总体形象与属性形象的统一，作为本地休闲旅游形象传播与扩散的基础。总体形象是游客对农业文化遗产在认知和情感上的一种总体感觉；属性形象是游客对农业文化遗产地农业生态系统、地理条件等个体属性的印象感知。中国农业文化遗产历久弥新，仍然发挥着积极的生产和生态功能，人与自然和谐共生的智慧密码和地域文化基因蕴藏在整个系统的运行过程中，这就是中国农业文化遗产的总体形象。例如，内蒙古伊金霍洛农牧生产系统、吉林柳河山葡萄栽培系统、江苏无锡阳山水蜜桃栽培系统和安徽黄山太平猴魁茶文

---

① 刘孝蓉．冯凌．从传承到传播：农业文化遗产旅游形象建构与推广[J]．旅游学刊．2022，37(6)：5-6．

② 孙业红，闵庆文，成升魁，等．农业文化遗产的旅游资源特征研究[J]．旅游学刊，2010，25(10)：57-62．

化系统等。另外，由于中国农业文化遗产作为一种历史文化保护系统，其个体属性差异化非常明显，这就使该类型遗产的休闲旅游形象并非千篇一律，而是一种构成弹性适度、项目可塑性强和构建内容动态性等相统一的状态。

总之，中国农业文化遗产休闲旅游形象的构建既应该在全球市场环境下对中国农业文化遗产休闲旅游形象进行精准定位，又需要结合特有的自然地理气候、地区文化特点等，对不同地区的农业文化遗产完成差异化的市场定位，以确保其总体形象和属性形象能够表现既统一协调又个性鲜明的一面。

第三，将文化传播与形象推广的义务细分给乡村居民与遗产地管理者。遗产地原住居民对农业文化遗产的自我认知是构成农业文化遗产整体知识系统的内涵与基础。遗产地原住居民既是农业文化遗产持续传承、扩散的主要力量，又是农业文化遗产旅游形象建构与推广的传播媒介。尤其是在当前中国热度较高的自媒体传播背景下，每一个对农业文化遗产有深厚情感与认知的个体都有可能成为中国农业文化遗产休闲旅游的“意见主体”。农业文化遗产休闲旅游开发可以合理利用新媒体传播，同时利用大数据技术精准聚焦城乡旅游市场中的目标游客群体，将众所周知的形象推广与精准聚焦的客户定向营销无缝衔接，进而形成从农业文化遗产地常住居民到目标游客、从遗产地居民自发传承到市场主体自主传播、从产品创新到文化扩散的良性循环系统。

二、基于形象构建的农业文化遗产休闲旅游开发

农业文化遗产休闲旅游形象构建的最终目的是服务于所在地休闲旅游开发，而休闲旅游开发的最终目的又是实现乡村振兴与城乡融合。在遗产形象构建的基础上，农业文化遗产休闲旅游开发应该从以下几方面入手。

（一）通过特色形象开发，构建农业文化遗产休闲旅游核心吸引力

结合农业文化遗产特色开展形象构建和推广，打造休闲旅游核心吸引力。“人的存在赋予了农业文化遗产生命活力，文化的传承归根结底要依靠人”。文化传承和休闲旅游开发如果没有人的存在，无论景区景点多么漂亮壮观、规模宏大，都只是一种没有生命力的、“死掉的”空壳。农业文化遗产休闲旅游开发要坚持“因地制宜、特色开发、广泛推广”的原则，以科学合理规划为前提，将遗产地常住居民融入开发过程。这就需要深入发掘农业文化遗产自身的文化要素，进而展示农业文化遗产所在的乡村休闲旅游价值。通常，某个国家或地区休闲旅游形象的构建、宣传和推广是其吸引游客最直接和最有效的市场方式之一。以农业文化遗产为基础资源的乡村休闲旅游的核心吸引力是游客的舒适感与体验感。在对外宣传、推广过程中，我们应该考虑受众群体的层次和现实需求，进而针对目标游客的旅游消费心理，构建“以人为本、以游客需求为基础、以旅游市场为中心”的乡村休闲旅游形象，通过展现农业文化遗产及其所在乡村的各种“美丽、魅力”，让目标游客产生情感共鸣的同时陶醉其中。

（二）建立科学合理的共生机制，实现人与自然和谐相处

只有坚持科学、合理的开发方式以及人与自然和谐相处的发展理念，才能实现乡村农业文化遗产休闲旅游开发的形象构建与可持续发展，才能实现乡村社会、经济、生态价值的和谐统一。当前，中国乡村农业文化遗产休闲旅游开发仍然处于初级阶段，与之相关的政策体系、生态保护系统、产业运营管理体系等都不够健全和完善，而通过休闲旅游开发来带动遗产所在乡

村的社会发展、经济增长已是必然趋势，这就不可避免地会出现农业文化遗产及周边乡村社会、经济发展与资源保护之间的矛盾。因此，乡村农业文化遗产休闲旅游开发应该始终坚持可持续发展的理念，在完善与提升公共服务基础设施质量的同时，打造农业文化遗产地田园生活的人居环境、推进乡村地区传统民居风貌改造、做好遗产地农耕文化氛围塑造、丰富农业文化遗产休闲旅游产品的多样性等，更多的游客愿意驻足并感受乡村地区农业文化遗产的特色人文风情。

(三)依托遗产资源优势形成乡村文旅融合开发的整体业态

乡村文旅融合开发整体业态的核心要素是乡村农业文化遗产的特色资源优势、传统文化底蕴、宏观政策支持、现有产业基础等。中国乡村农业文化遗产休闲旅游开发可以建立“农业文化遗产休闲旅游＋旅行社”“农业文化遗产休闲旅游＋企业团建”“农业文化遗产休闲旅游＋游客”等多种旅游模式。乡村农业文化遗产休闲旅游开发可与周边城市的旅游协会、旅游相关企业、交通运输部门等深度合作，在扩大客源市场的同时，不断提升本地休闲旅游热度，将当地特色文化与旅游真正相结合形成新业态。此外，努力打造自身的精品旅游路线，与邻近大中城市和风景区合作，将自身拥有的特色休闲旅游景点进行有机的规划与整合，增强开发效果和游客感知的叠加效应，在实现农业文化遗产休闲旅游资源互补和客源分享的同时，拉动农业文化遗产所在地休闲旅游开发。

(四)发挥形象和资源优势提高本土居民在旅游开发中的参与度

中国的农业文化遗产代表的是农耕文化与农耕文明在长期发展中形成的生产科学技术、民俗民风传统、社会体制沿革的历史形态。在大多数情况下，农业文化遗产所在地的原住居民作为遗产真正的“主人”不但没有参与全面的遗产保护与休闲旅游开发，还被简单粗暴地“搬迁和剔除”，而且一度被现代城市文明边缘化，这不仅是乡村文旅融合发展和休闲旅游产业开发的悲剧，也是农业文化遗产传承延续的损失。如果跳出农业文化遗产的范畴，这一悲剧在中国很多著名的文化历史古迹所在地仍然在不断上演。

总之，中国农业文化遗产的休闲旅游开发应该通过调动乡村原住居民参与开发的积极性，激发农业文化遗产地的内在活力和提高农业文化遗产地休闲旅游的游客感知度，从而让游客对农业文化遗产地的田园生活、自然风光产生一种天然亲近感和归属感。

三、中国农业文化遗产休闲旅游产品设计

当前的中国农业文化遗产休闲旅游开发产品类型主要集中在初级的旅游观光层面，少部分农业文化遗产地逐渐开始尝试一些度假型、农业科普型的产品开发。农业文化遗产休闲旅游产品本质上应该是一种专项乡村旅游产品，因为农业文化遗产休闲旅游的初衷就是从中国农业文化遗产动态保护和农业文化遗产地文化传承角度出发的。因此，我国农业文化遗产地在休闲旅游产品设计上需要遵循以下原则。

(一)在将遗产地居民与文化传承作为核心的同时，区别于普通观光旅游产品

农业文化遗产资源本身具备鲜明的特点，以此为前提而设计的休闲旅游产品本身就应该把原住居民和文化传承作为核心。虽然农业文化遗产地休闲旅游资源除农业文化遗产核心资源外，还存在其他众多的资源来共同构成吸引力，但是其核心产品一定是与遗产地原住居民和

特色文化传承相关的，并不是简单的大众观光旅游的套用。当然一些农业文化遗产地在休闲旅游观光方面确实具有很大的资源优势，却并不能按照普通观光旅游的思路进行休闲旅游产品设计，否则会带来一系列后续问题。例如，一些以农业种植生产为主要特色的农业文化遗产资源到了秋天丰收时就变为很好的休闲旅游观光产品，众多游客慕名而来，拍照、观光。如果景区只有观光和一些纪念品售卖，除门票和一些交通、食宿收入外，没有其他形式，就会导致农业文化遗产资源与原住居民的生产生活严重脱离而缺少了“人”的参与，这是一种不可持续的“死亡模式”。一些原住居民甚至为了迎合城市游客普通的观光休闲需求将自有农田进行改造，使其失去了历史传承性，导致农业文化遗产没有得到很好的保护。即使农业文化遗产包含众多高质量休闲观光产品，也必须以原住居民生产生活和文化传承为核心来设计产品。例如，设计一些基于农户利益的餐饮和住宿项目、设计城市游客参与其中的农业生产旅游产品、设计科普形式研学活动产品、建立以遗产所在地社区为中心的产品系列等。

（二）在将体现农业文化遗产特色性作为首要任务的同时，有效传播农业文化遗产价值

在中国农业文化遗产资源进行休闲旅游开发时，其旅游产品设计还应该从农业文化遗产本身的特点出发，利用特色性承载农业文化遗产本身的历史文化内涵，并在此基础上有效发挥传播农业文化遗产价值，使游客完整了解农业文化遗产的各项功能。例如，在第三批中国重要农业文化遗产中，北京京西稻作文化系统、辽宁桓仁京租稻栽培系统、吉林延边苹果梨栽培系统等传统特色农业产品遗产地完全能够开发对游客具有很强吸引力的传统特色饮食产品。此外，大多数中国农业文化遗产都与传统农产品长期种植而衍生的美食文化紧密联系，美食文化旅游是农业文化遗产地应该首要考虑的一种休闲旅游产品。虽然很多农业文化遗产地也开发了类似的产品，但是产品种类需要继续丰富，当季食材使用以及营养的搭配需要继续完善，传统美食的传承与创新，休闲饮食产品与农民传统农业种植、养殖的结合还需要继续加强。

（三）在现有休闲旅游产品基础上，继续开发与设计其他特色型乡村休闲旅游产品

中国农业文化遗产地旅游产品包括休闲观光、休闲度假、休闲采摘和农业研学等，不同的旅游产品都可以成为农业文化遗产地特色休闲旅游产品的一部分。未来的中国农业文化遗产休闲旅游产品设计需要在原有基础上继续鼓励原住居民的参与，从产品设计的思路到产品的组成要素既能体现农业文化遗产所在地的特点，又能够满足城市游客的消费需求，最终实现基于保护目标的农业文化遗产休闲旅游开发。例如，近年来，研学旅游在中国逐渐成为一种重要的旅游形式。针对这一市场，农业文化遗产地可以利用自身具有的传统农业生产技术和农业生产生活的优势，设计相关的休闲旅游产品不仅能提高城市游客对农业文化遗产的认知，还能传播遗产地文化价值。可喜的是，一些农业文化遗产地（浙江青田、云南红河等）已经开始尝试构建不同类型的研学旅游活动。由于起步较晚，这些农业文化遗产地还存在活动内容相对简单且知识性和系统性深度不够等问题。实践证明，高质量研学旅游产品对于促进中国农业文化遗产保护、传统文化传承以及休闲旅游开发具有重要的推进作用。

总之，如果中国农业文化遗产休闲旅游产品设计只是为了迎合现有乡村旅游市场的需求，就必然会损害农业文化遗产的内核与外在形象的构建，最终无法起到对农业文化遗产的动态保护、文化传承、价值传播的作用。显然，既具有强大吸引力，又不过分迎合现有旅游市场消费需求的乡村休闲旅游产品的设计与开发才能够持续发展。这样既需要引入积极的创新思维，科学的构建和规划思路，又需要相关研究和实践的不断探索。

第五章　中国乡村休闲旅游产品开发

在当前世界经济形势下，依托乡村自然和人文条件，结合其环境特点、资源特色、文化内涵等着力推动乡村休闲旅游开发，已经成为乡村文旅融合与城乡融合发展的重要方向。在中国乡村文旅融合广度与深度不断拓展的背景之下，基于乡村文旅融合的休闲旅游产品开发，最先应该着力构建一个特色鲜明的综合旅游产品体系，而在乡村休闲产业与游客的互动、乡村文化与旅游融合的过程中，需要更多优秀的乡村休闲旅游产品持续涌现，以满足人们日益差异化、个性化、时尚化、高端化的旅游消费需求。

第一节　乡村休闲旅游产品

虽然“文化是旅游的灵魂，旅游是文化的载体”初听很有感觉，但实质上却略有瑕疵。因为文化属于社会公共事业，而旅游却属于经济产业，两种事物分属不同的价值层面容易使人们产生误解，所以可以这样表述：“文化是旅游的内核，主题是旅游的灵魂，产品是文化和旅游交融的外在表现。”对于中国乡村休闲旅游开发来说，乡村传统的、特色的文化是乡村休闲旅游开发的核心内容，以特色传统为基础的休闲主题是乡村休闲旅游开发的灵魂，这时的乡村特色传统文化才能具有依托性和附着性，既而升华、“活化”并延伸为特色鲜明的乡村休闲旅游产品。

一、乡村休闲旅游产品的界定

在探讨乡村休闲旅游产品前，需要了解旅游产品和休闲旅游产品，因为乡村休闲旅游产品的概念是在以上两个基础上发展而来的。虽然两者有相似之处和共同的范畴，但存在明显的差异。通常来说，旅游产品是指目标游客和旅游经营者、旅游管理者在市场上交换的主要用于满足自身旅游需求并在完成一次旅游活动中所消费的各种物质产品和服务的总和。旅游产品既不同于一般的物质产品，又不同于一般的服务产品，而应该是两者的交集。

(一)乡村休闲旅游产品的提出

19 世纪，西方发达国家就开始着手研究与实践乡村旅游开发，当时乡村旅游和乡村休闲旅游开发的主要目的是城市居民逃避由工业化带来的城市污染和快节奏、高压力的生活。时至今日，乡村旅游以及乡村休闲旅游开发在欧美发达国家已有百年以上历史，其具备了相当的产业规模和服务水平，从产品生产到销售服务，再到品牌构建等都已经走上了规范开发的轨道，而中国乡村旅游在 20 世纪 80 年代才初现雏形，经过几十年的迎头追赶初具规模。关于乡村旅游的概念，目前在世界范围并没有形成一个统一的定义，不同地区和不同机构仍然站在各自角度对乡村旅游提出五花八门、各式各样的名称和定义，例如，乡村旅游、农业旅游、农家乐、生态农业旅游和乡村风光旅游等。鉴于社会经济发展的需求，中国乡村休闲旅游是在旅游市场需求的推动下和城市近郊农业发展亟须调整产业结构，以寻找新经济增长点的情况下应运而生的，乡村休闲旅游产品也是在该背景下产生的，而乡村休闲旅游产品包含在乡村旅游产品范畴中，但从范围、形式、结构上来说，又有别于乡村旅游产品。应注意的是，以乡村休闲旅游产品为基础的休闲产业实质上是乡村传统农业生产和农业技术功能的拓展、乡村社会经济价值的发掘以及乡村业态类型的创新，而乡村休闲旅游产品还兼容乡村生产、生活和生态的发展。乡村休闲旅游产品及其构成的产品体系是融通工农城乡的综合性产业体系，其内容包括发掘休闲生态涵养，培育乡村休闲文化，打造乡村民宿、乡村游、乡村美食、乡购、乡娱等乡村休闲体验产品以及发展支撑产业。

（二）乡村休闲旅游产品的定义

现代旅游的特点是消费者更多地强调旅游体验、旅游经历与旅游活动的自我参与，因此乡村休闲旅游产品的诞生是社会经济发展到一定阶段的必然趋势。我国数量众多的游客以游览观光、水中垂钓、野餐聚会、采摘农家瓜果、栽种蔬菜等形式参与乡村生产生活，而乡村居民通过开设民宿、农家乐、采摘园等形式完成对城市游客的接待，这种乡村休闲生活需求与供给的对接促成了乡村休闲旅游产品的诞生。农业农村部于 2021 年 11 月印发的《农业农村部关于拓展农业多种功能 促进乡村产业高质量发展的指导意见》（农产发〔2021〕7 号）提出，打造乡村休闲体验产品。依托乡村资源，围绕多功能拓展、多业态聚集、多场景应用，开发乡宿、乡游、乡食、乡购、乡娱等综合体验项目。开发“看乡景”产品，建设采摘园、垂钓园、风情街、民俗村、农业主题公园等景点，发展景观农业、观光采摘、休闲垂钓、特色动植物观赏等业态，打造一批田园康养基地和田园式花园式乡景基地……发展民族风情游、民俗体验游、村落风光游等业态，创设村歌、村晚、旅游演艺、节庆展会等节目，开发传统工艺、民族服饰等民族民俗特色产品等活动，讲好乡村故事，吸引居民望山见水忆乡愁。由此可以看出，中国在未来相当长的时间内将会继续构建乡村休闲旅游产业体系、优化乡村休闲旅游产品结构，因而乡村休闲旅游产业及其产品将会作为联结城市与乡村的重要纽带而存在。

乡村休闲旅游产品可概括为为了满足城市目标游客愉悦自身的休闲体验需求，通常以城市以外的地区为旅游目的地，以乡村特有的自然景观和人文景观以及历史文化为吸引物而开发的在市场上进行交换的，包括食、住、行、游、购、娱等各种物质产品和服务的总和。需要说明的是，休闲旅游产品从地区类型上看可以分为城市休闲旅游产品和乡村休闲旅游产品。本书重点探讨的内容是乡村休闲旅游产品，对于城市休闲旅游产品涉及不多。

二、乡村休闲旅游产品构成

尽管某些乡村休闲旅游要素可以作为单项休闲旅游产品提供给城市游客，但从旅游市场交换要求来看，大多数乡村休闲旅游的需求和消费主要表现为对组合类型的休闲旅游产品，或者对休闲旅游目的地产品的需求和消费。中国乡村休闲旅游产品主要由乡村休闲旅游资源、乡村休闲旅游设施、乡村休闲旅游服务、乡村休闲旅游商品和乡村休闲旅游便捷性五个方面构成。

（一）乡村休闲旅游资源

乡村休闲旅游资源是指处于乡村范围，能够吸引目标游客参与休闲旅游活动并为地区旅游业所利用，能够产生社会和经济效益的一切事物。作为一种类型的旅游活动对象，乡村休闲旅游资源本质上与其他旅游资源是一样的，都具有吸引目标游客的功能和激发目标游客产生旅游动机，并促成旅游活动的形成。因此，乡村休闲旅游资源既是吸引目标游客的决定性因素，又是乡村能否发展旅游经济的前提条件。我们把乡村休闲旅游资源放在旅游资源范畴内可以分为自然旅游资源、人文旅游资源和社会旅游资源三大类。

1.自然旅游资源

自然旅游资源是指人们生产、生活环境中天然存在的可以用于游览观光，并能给人以美感享受的各种自然物象和生态环境，其内容包括各种实物景观、山水风光、生物景观和气象现象等。随着人们对自然环境的了解和认识，自然旅游资源的内容、范围和广度还在不断扩展。因此，凡是能够吸引人们并为乡村休闲旅游活动所利用的各种自然资源和生态环境，我们都可以视为旅游资源。

2.人文旅游资源

人文旅游资源是指社会环境中吸引人们进行旅游活动的各种人文景观，包括各种古迹和建筑、民俗风情、宗教园林和特色旅游商品等。人文旅游资源不仅本身具有较强的旅游吸引功能，而且对丰富旅游活动的文化内涵，提升特色旅游产品质量具有重要的作用。

3.社会旅游资源

社会旅游资源是指具有吸引目标游客并能够为旅游企业所利用的各种人类社会活动，例如，节庆活动、体育赛事和工农业活动等。人们对旅游资源认识的深化以及旅游活动内涵的不断扩大使各种各样的社会活动逐渐成为旅游资源的重要组成部分。

需要说明的是，对乡村休闲旅游资源进行分类目的是深入了解旅游资源的产生过程。但实际情况是众多的乡村休闲旅游资源很难将其界定属于哪一种类型的资源，因为某个乡村可能同时具有两种，甚至是三种资源属性。例如，“河南省栾川县重渡沟村”是中国4A级景区、国家级农业旅游示范区以及国家级生态示范区，还被中国地质、旅游和水利方面专家誉为“北国水乡”。该景区旅游开发特色主要表现在四个方面：一是水资源，包括瀑布、山泉、竹林水景等景观共同构成了该风景区错落有致、水系成群的自然特色，从而形成豫西地区独具特色的乡村休闲旅游品牌；二是竹林资源，景区内的野生竹林资源十分丰富，游客能够徜徉其中进行观光、休闲、游览活动，既能够观看赏心悦目的竹林景色，又可以居住在宽敞明亮的竹楼客栈中；三是村内常住居民利用竹林丰富的资源和传统手工技艺，开发了一系列以竹子为原材料的旅游产品和旅游纪念品，以供游客挑选购买；四是充满田园气息的农家村舍分布于万亩竹海之中，“天人合一”的气息浓厚。由此看出，一个小小的重渡沟村同时具备了自然、人文和社会三种资源属性。

（二）乡村休闲旅游设施

乡村休闲旅游设施是乡村实现休闲旅游活动必须具备的各种硬件设施、设备和与之相关的物质条件，也是构成乡村休闲旅游产品的必备要素和提供休闲旅游服务的重要载体。中国乡村休闲旅游设施大致可分为基础设施和专用设施两大类。

1. 乡村休闲旅游的基础设施

旅游基础设施是指某个国家或地区为了开展旅游活动以获取旅游收益而必不可少的各种公共和基本设施所具有的公共属性，其内容包括基础道路、桥梁、供电设备、供热设备、网络通信、自来水供应、排水排污、消防设施、环境保护和环境卫生以及城镇街区的美化景观、绿化地带、路标指示、交通工具、停车场等，这些都是旅游活动参与者以及旅游产业赖以生存的重要物质基础。尽管某些旅游基础设施不是专门为外来游客提供服务的，但是它们在乡村休闲旅游开发中是保证向旅游活动参与者(包括旅游经营者和管理者、旅游服务人员、设施维护人员和游客等)提供服务必不可少的基础条件，也是乡村旅游企业为外来游客提供游览、食宿和娱乐等专用设施的重要前提。

2. 乡村休闲旅游的专用设施

乡村休闲旅游专用设施是指乡村旅游经营者用于为外来游客提供直接旅游服务的各种接待设施。游客对于这些设施的体验和参与是最直接的，其内容大致包括专用的观光游览设施、餐饮设施、住宿设施和娱乐场所等。其中专用的观光游览设施是供外来游客观光、休憩的各种旅游景点以及配套的设施和设备；餐饮设施是为外来游客提供餐饮服务、品尝农家菜肴的场所和设施，包括各种餐馆、饮品店、咖啡馆和小吃店等；住宿设施是外来游客在乡村休闲旅游活动中暂时的“家”和“落脚点”，其范围包括宾馆、饭店、特色民宿和别墅等；娱乐场所是各种民族歌舞厅、音乐厅、休闲健身场所、游乐园、康体运动场所等。

虽然一个乡村旅游目的地拥有专用设施的规模、质量和水平能够反映乡村休闲旅游产品的供给数量、质量和水平，但是中国乡村休闲旅游开发还处于初级阶段，专用设施水平还在逐渐完善，不能一味地用旅游设施去评价中国正在成长中的乡村休闲旅游产业。

(三)乡村休闲旅游服务

旅游服务是乡村休闲旅游产品的核心，乡村休闲旅游经营者除向目标游客提供少量有形物质产品外，大量提供的是各种各样的休闲旅游服务。乡村休闲旅游产品的无形性也主要是由它的服务性质决定的。乡村休闲旅游服务构成内容包括服务观念、服务态度、服务项目和服务技术等。

服务观念是乡村旅游从业人员的主观意识和价值观，也是从事服务工作的前提。通常，旅游服务表现的是一种人与人的关系。只有正确的旅游服务意识和观念并且达到社会认知、自我认知与工作认知的协调一致，才会有积极主动的服务精神和服务态度，从而自觉地提高乡村休闲旅游服务的质量和水平。服务态度是乡村休闲旅游服务观念的具体化，也是服务质量的外在集中表现。其不仅表现出乡村旅游从业人员对目标游客的尊重和理解，而且表现出乡村旅游从业人员的气度修养和文明素质。服务项目是依托乡村休闲旅游服务设施向目标游客提供的各种服务。服务项目的多少和服务效率的高低不仅决定着是否能为游客提供方便、快捷和高效的服务，而且是提高乡村休闲旅游产品声誉与品牌以及提升乡村休闲旅游企业形象的保证。服务技术是做好乡村休闲旅游服务工作的基础，高超而娴熟的服务技术会成为一种艺术表演，目标游客能从中获得享受，满足游客的休闲旅游需求。

因此，服务技术水平的高低就成为评判乡村休闲旅游企业服务质量的标准之一，也是提升旅游产品质量的关键所在。大量实践表明，中国乡村休闲旅游设施已经逐步完善，但是特色旅游服务仍然滞后于硬件设施的建设，乡村休闲旅游服务正是中国乡村休闲旅游开发亟须改进和加以提高的。

(四)乡村休闲旅游商品

乡村休闲旅游商品是目标游客在乡村休闲旅游活动中所购买的对游客具有实用性、纪念性和赠予性的各种实物形态的产品。旅游商品能够反映乡村特色传统艺术和工艺技术水平，还能让目标游客更好地了解乡村休闲旅游目的地的文化传统和生产生活状况，并给外来游客留下美好的旅游记忆和视觉印象。乡村休闲旅游商品的种类包括地区特色工艺品、旅游纪念品、文物和古玩、金银玉器配饰、乡村土特产、书法绘画艺术品、各种餐饮和食材等。由于乡村休闲旅游商品的种类丰富多样、产品价格高且消费潜力巨大，乡村休闲旅游商品是乡村休闲旅游产品的重要组成内容，更是增加乡村旅游收入和促进乡村产业振兴的重要途径。

(五)乡村休闲旅游的便捷性

乡村休闲旅游的便捷性不仅是联结休闲旅游产品各组成部分的中心要素，而且是乡村休闲旅游产品能够组合的前提条件。其具体表现为目标游客进入乡村旅游目的地的难易程度和时效标准。乡村休闲旅游的便捷性的具体内容包括以下三个方面。

1. 交通通达

交通通达是实现目标游客空间转移的重要条件，也是进入乡村休闲旅游目的地的基本条件。因此，乡村休闲旅游的便捷性率先要求乡村休闲旅游目的地具有良好的交通通达条件。例如，便利的交通运输网络、多样化的客运方式和联系的方便程度等。

2. 通信方便

随着现代信息技术的发展，通信方便已成为人们生活中必不可少的重要条件。因此，通信的方便程度包括通信设施完备与否，其配套状况、规模、能力以及线路布置等是否方便快捷，这些因素都是旅游便捷性的重要内容。

3. 社会承受能力强

社会承受能力主要是指乡村休闲旅游目的地的原住居民对当地旅游业发展，旅游资源开发的认知、态度和行为，社会公众舆论，社会治安状况，社会管理水平，人口密度和交通管理状况等。这些因素决定着乡村休闲旅游目的地社会对接待的目标游客的理解和承受能力，也是影响旅游便捷性的重要因素之一。

三、乡村休闲旅游产品的分类

乡村地区和休闲旅游各自都具备深刻的内涵和广泛的外延，它们联结的结果决定了乡村休闲旅游产品不仅独具乡村特色的内容丰富，而且形式多种多样。我们从乡村休闲旅游市场的交换对象、乡村休闲旅游的产品性质、乡村休闲旅游的产品层次和乡村休闲旅游的市场需求四个分类标准来展开论述。

(一)按乡村休闲旅游市场的交换对象来分类

按照目标游客与旅游经营者、旅游管理者在市场中的交换情况进行分类，乡村休闲旅游产品被划分为单项休闲旅游产品、组合休闲旅游产品和休闲旅游目的地产品三种主要形式。

1. 单项休闲旅游产品

单项休闲旅游产品是指目标游客在选择的休闲旅游活动中购买和消费包括休闲住宿、特色餐饮、观光游览、放松娱乐等各种物质产品或休闲服务，既是相对独立的旅游产品，又是构成组合旅游产品和旅游目的地产品的基本单位。例如，游客单纯乘坐景区与所在城市之间的区间旅游大巴、订购一间民宿、享用一顿农家餐、游览一个历史文化景点等活动都属于购买单项休闲旅游产品。由于单项休闲旅游产品一般只具有单一的休闲旅游功能，也只能满足目标游客在某一方面的休闲旅游需求，单项休闲旅游产品通常是以家庭和亲友为单位的散客乡村休闲旅游或自助休闲旅游。如果目标游客参与一次近郊的乡村休闲旅游活动，同时购买和消费食、住、行、游、购、娱等多项物质产品或服务产品，其就属于购买组合休闲旅游产品。

2. 组合休闲旅游产品

在旅游市场中，组合休闲旅游产品一般是由旅游经营者根据目标游客的休闲旅游需求，把"旅游六要素(即食、住、行、游、购、娱)"通过联结、组合融入乡村休闲旅游产品，进而形成新的乡村休闲旅游产品。因为各种乡村休闲旅游要素的组合方式不同，所以其会形成不同的乡村休闲旅游线路、旅游产品以及形式多样的旅游服务。在现代化的乡村休闲旅游活动中，目标游客的需求和消费不仅包括食、住、行、游、购、娱等物质产品，而且包括邮电通信、医疗保健、安全保险、文化历史知识等各种其他服务。因此，大多数乡村组合休闲旅游产品是由乡村休闲旅游开发者和管理者根据目标游客的休闲旅游需求，按照休闲旅游活动规律和特点进行设计和开发的。其生产过程需要各种旅游要素或单项旅游产品有机组合而成，以更好地满足游客多方面的乡村休闲旅游需求。

3. 休闲旅游目的地产品

休闲旅游目的地产品是指在旅游活动中某个休闲旅游目的地能够提供给目标游客完成休闲旅游活动所消费的全部物质产品和旅游服务。它既包括大量的单项休闲旅游产品，又包括若干组合休闲旅游产品。另外，休闲旅游目的地产品是最能够满足游客预期的多样性的旅游需求的休闲旅游产品，也是一些乡村休闲旅游目的地及周边地区开发旅游经济的重要基础。

随着中国城乡融合发展的不断推进以及乡村休闲旅游多样性的发展。中国乡村休闲旅游产品开发早已从单项休闲旅游产品、组合休闲旅游产品的开发，进一步发展到休闲旅游目的地产品的开发，而这一转变也使休闲旅游目的地产品日益成为中国乡村休闲旅游产品的主体和重要内容。

(二)按乡村休闲旅游的产品性质来分类

按照休闲旅游的产品性质，乡村休闲旅游产品被划分为乡村观光游览旅游产品、乡村文化休闲旅游产品、乡村度假休闲旅游产品、乡村康体休闲旅游产品和研学休闲旅游产品等。

1. 乡村观光游览旅游产品

乡村观光游览旅游产品是指以满足目标游客对各种乡村自然景观、名胜古迹、传统民俗风貌等观赏游览需求的休闲旅游产品。乡村观光游览旅游产品的性质主要表现在符合人们旅游审美的要求，对各种自然景观、名胜古迹、传统文化以及历史景观美的感受和体验；乡村观光游览旅游产品开发的成本比较低，目标游客消费支出也比较低；乡村观光游览旅游产品既能满足一般乡村休闲旅游需求，又具有价格便宜的特点，具有广泛的休闲旅游需求和客源市场。

2.乡村文化休闲旅游产品

乡村文化休闲旅游产品包括以乡村特色文化体验、放松娱乐、深入了解乡村地区传统民俗文化等为目的的休闲旅游产品。乡村文化休闲旅游产品的性质主要表现为三点：旅游市场具有广泛性，各种层次和各种类型的人群都可以通过文化休闲旅游活动形式来进行跨文化的沟通与交流；乡村文化休闲旅游的知识性，只要能够满足人们自我充实和寻求知识的心理需求，一般都能成为乡村文化休闲旅游的内容；乡村文化休闲旅游活动的参与性，即吸引游客参与和体验，从而引起他们强烈的兴趣。

3.乡村度假休闲旅游产品

乡村度假休闲旅游产品是游客利用时间较为集中的公休假期或奖励性假期，进行温泉康体疗养、海滨休闲度假、森林观光旅游和野外休闲露营等各种乡村休闲旅游的统称。乡村度假休闲旅游产品的性质主要强调休闲和消遣，具体体现在三个方面：一是能够更好地满足人们的度假休闲需求，以消除由日常工作带来的疲劳，恢复体力和促进身心健康；二是度假休闲旅游对环境设施条件要求较高，而且有游客满意的住宿设施和条件、热情周到的服务、各种各样的消遣娱乐场所和方便快捷的交通条件等；三是度假休闲旅游的消费层次较高且客源市场相对稳定，能够吸引更多的目标游客定期前往度假休闲，因此具有较好的发展态势和潜力。

4.乡村康体休闲旅游产品

乡村康体休闲旅游产品是旅游市场逐渐兴起的一种新型休闲旅游产品。该产品可以使目标游客的身体素质、体能，甚至心理健康等都能得到不同程度的改善。其产品类型多样、内容丰富，从大众性的康体休闲娱乐到专业性的康体休闲旅游，凡是所处地区在乡村且有益于游客身心健康的体育运动、康复疗养和健身活动都可以视为乡村康体休闲旅游产品。由于乡村康体休闲旅游产品是一种时尚旅游产品，它通常需要一定的设施、器材和场地条件。许多国家或地区都积极开发各种大众体育旅游、高尔夫旅游、滑雪旅游、登山旅游、漂流旅游和保健旅游等项目，以此促进地区乡村康体休闲旅游的快速发展。

5.研学休闲旅游产品

研学休闲旅游产品是指目标游客在完成乡村休闲旅游的过程中把学习和探求知识、技能等作为旅游的主要目的，以使自身增长知识和开阔视野的乡村休闲旅游产品。研学休闲旅游产品主要有农耕技术研学旅游、务农旅游、农业学艺旅游、农业科技旅游和农业生态旅游等多种形式。大多数研学休闲旅游产品是满足目标游客某一方面或多方面的特殊需求，其内容多数是与科普密切联系的乡村休闲旅游活动，也是一种积极有益的乡村休闲旅游活动，在现代乡村休闲旅游中具有较好的开发态势和潜力。

（三）按乡村休闲旅游的产品层次来分类

按照乡村休闲旅游的产品层次，其一般可被划分为高级乡村休闲旅游产品、中等乡村休闲旅游产品和大众乡村休闲旅游产品三种类型。

1.高级乡村休闲旅游产品

高级乡村休闲旅游产品是指休闲旅游活动内容比较独特，同时对旅游配套设施及其消费环境要求很高的休闲旅游产品。例如，欧洲古堡休闲旅游、攀岩休闲旅游、高尔夫旅游和极限运动旅游等。高级乡村休闲旅游产品通常旅游时间较长，且旅游配套设施及消费环境维护成本高，旅游消费水平也比较高，而消费对象主要局限于城市中收入水平较高的阶层。

2. 中等乡村休闲旅游产品

中等乡村休闲旅游产品是指休闲旅游活动内容丰富、形式多样，对乡村休闲旅游设施依赖性较强，并对配套设施以及消费环境要求较高的乡村休闲旅游产品。例如，建在乡村地区的主题公园、旅游度假村、各类运动旅游地和传统民俗文化娱乐场所等。中等乡村休闲旅游产品具有较高的旅游设施和环境维护成本，而旅游消费时间较长、消费水平也较高，消费对象主要局限于城市中高端收入阶层。

3. 大众乡村休闲旅游产品

大众乡村休闲旅游产品是指对专门化旅游设施依赖性不强，同时对配套设施和消费环境没有过高要求的乡村休闲旅游产品。例如，乡村休闲观光游览、民俗文化娱乐（篝火晚会、跳蚤集市）、普通农家乐餐饮、普通徒步旅游等乡村休闲旅游产品。大众乡村休闲旅游产品由于对旅游设施和环境的维护成本相对较低，旅游时间相对较短、消费水平也较低，其消费对象比较适合于城市中低端收入阶层。

（四）按乡村休闲旅游的市场需求来分类

按中国乡村休闲旅游市场需求的不同，中国乡村休闲旅游产品大致能够划分为乡村休闲民宿旅游产品、农家乐旅游产品、农业园（场）旅游产品、乡村休闲营地旅游产品、乡村文博展馆旅游产品、文创工坊旅游产品和习俗活动旅游产品等七个类型。

1. 乡村休闲民宿旅游产品

利用乡村民居等闲置房舍资源，民宿主人，或者由其雇用的旅游服务人员进行接待以及提供相关服务，为外来游客提供体验当地自然景观、传统文化与农业生产生活的小规模特色住宿设施。目前中国具有代表性的民宿形式有乡村休闲客栈、青年旅舍、乡村度假型别墅和乡村酒店式公寓等。

2. 农家乐旅游产品

将农业生产、生态景观、传统历史、文化景观以及特色田园休闲景观与当地住宿业、餐饮业等设施相结合，从而为外来游客提供田园观光、农家饭品尝、农家休闲娱乐和农家生活体验等。中国大多数乡村通常把“吃农家饭、住农家院、干农家活”作为吸引目标游客的特色资源。其代表形式有乡村休闲农庄、景区周边的农家饭店、休闲度假山庄和乡村休闲俱乐部等。

3. 农业园（场）旅游产品

该类旅游产品的生产单位有农业相关生产单位、传统生产组织或基于农产品的生产企业等。其旅游产品形式包括农（牧、渔）业生产与观光游览、瓜果蔬菜采摘、放牧体验、渔猎体验以及与农（牧、渔）业科普学习等活动结合的乡村休闲特色产品。该类型产品的产业代表形式有租赁农（牧）场、农业产区承包、果蔬采摘园、渔场养殖、农艺园和葡萄酒庄园等。

4. 乡村休闲营地旅游产品

该旅游产品是指依托乡村原生态景观中的河流、溪谷、山地、森林和草原等自然资源周边较开阔的空间地域，将其开发为暂住营地或休憩区域，以满足目标游客释放压力和放松娱乐需求的户外休闲旅游产品。该产品典型的形式有乡村野外露营地、乡村拓展基（营）地和自驾车营地等。

5. 乡村文博展馆旅游产品

乡村文博馆旅游产品是指以收集、保存、保护、陈列和展示乡村历史传统、农耕文化、民族习俗、特色民俗以及重要农业文化遗产等资源为主的旅游产品。其典型代表有乡村农业历史博物馆、乡村民俗文化展览馆和传统农耕文化博物馆等。

6. 文创工坊旅游产品

该类旅游产品是指以乡村原住居民的民族文化、民俗文化、传统技艺等为特色资源，以乡村传统文化和技艺的保护与传承为目的的互动体验性旅游产品。其代表项目形式有民间传统工艺坊、休闲文创体验店和乡村工艺品体验店等。

7. 习俗活动旅游产品

习俗活动旅游产品是指以乡村地区的传统民俗、节庆和农（牧、渔）事等为主体而产生的一种休闲体验类旅游产品。其代表形式包括乡土特色美食品尝、岁时节庆的风俗展示、传统体育游艺比赛和农耕渔猎祭典等休闲体验活动。

第二节　中国乡村休闲旅游的产品属性及特征

与其他旅游产品不同，乡村休闲旅游产品是指以乡村自然风光游览、传统人文景观观赏、传统农业生产活动和民俗活动为对象，以休闲放松、休闲参与体验、休闲研学、休闲住宿等为目标的新兴旅游活动。从市场归属上来说，它属于乡村旅游的一个细分市场，而其产品是拓展中国乡村居民就业增收渠道、提高乡村居民素质、提升乡村经济活力的重要表现形态。

一、中国乡村休闲旅游的产品属性

所谓产品属性就是产品本身所固有的性质，也是某种产品在不同市场领域内差异性的集合。决定旅游产品属性的因素（游客的特点、旅游市场竞争力、社会公共属性和安全属性等）众多，而涉及的每个因素又会在各自领域分别对旅游产品进行不同性质的界定。因为旅游产品在每个属性领域内表现的性质、产品生产、销售环节中所起的作用不同，所以最终呈现在游客面前的产品形态是这些不同属性交叉互动的结果。产品属性可以分为特有属性和共有属性、本质属性和非本质属性等。

（一）中国乡村休闲旅游产品的经济属性

任何一种劳动产品想要成为商品就必须转变成能满足人们某种需求并且可以用于交换的形态，即商品是拥有使用价值和价值的产品。乡村休闲旅游产品之所以能成为参与市场交换的商品，是因为其具备一般商品所拥有的全部经济属性，即使用价值与价值的统一。我们可以通过对产品的使用价值、价值及其价值量的分析，来认识中国乡村休闲旅游产品的经济属性。

1. 乡村休闲旅游产品的使用价值

旅游产品的使用价值是在满足人们物质或精神方面需求所提供的效用①。乡村休闲旅游产品的使用价值除具备满足目标游客物质或精神方面需求的效用外，还具有一定的特殊性质。这种特殊性质表现为四点：一是多效用性，乡村休闲旅游产品能够同时满足目标游客在物质生活和精神生活等方面的多种需要；二是多层次性，乡村休闲旅游开发中的不同档次和规格的旅游产品的使用价值几乎都能满足相应层次游客的休闲旅游需求，并提供各种不同功能的休闲旅游服务；三是多样性，乡村休闲旅游产品使用价值的多样性包括的基本部分（食、住、行、游、娱、购等基本的旅游服务）和附属部分（医疗服务、通信服务、汇兑服务等）的服务，一旦目标游客需要，那就意味着旅游经营者要义不容辞地提供；四是重复性，一方面乡村休闲旅游产品的交易过程不涉及所有权转移，即旅游产品是面向旅游大众的，而不能被个人独占和享受，其使用价值可供许多目标游客同时使用，另一方面目标游客到乡村休闲旅游目的地只进行消费和享受，随着对旅游资源保护、开发和利用的加强以及乡村旅游从业人员素质的不断提高，乡村休闲旅游产品的使用价值不仅可以在较长时期内重复使用，而且其效用和功能还会不断完善和提高。

2. 乡村休闲旅游产品的价值

乡村休闲旅游产品的价值与一般种类的旅游产品价值没有区别，都是一种无差别的人类劳动，都是乡村休闲旅游产品凭借实物劳动产品而获得的转移价值与提供旅游服务所创造价值的总和。一般旅游产品的价值由三部分组成：一是转移价值（旅游产品价值包括过去劳动所创造的价值，即旅游经营者在向目标游客提供相关的旅游服务时，凭借现有的各种设施和设备所提取的费用，如提供餐饮食宿、娱乐等旅游活动耗费的各种原材料和辅助材料等，它们是旅游行业或其他行业劳动者所创造价值的转移，属于社会总产品中不变价值 c 的转移价值）；二是补偿价值（由旅游从业人员依托一定的物质条件，以一定的服务技能向游客提供服务所创造的新增价值的一部分，即用于补偿旅游经营者和旅游服务人员劳动支出的工资与福利，是用以维持劳动力再生产所消耗的物质资料的价值，其形成旅游产品价值中的变动部分 v，是社会总产品中的用于补偿劳动者提供的各种旅游服务的新增价值）；三是剩余价值（剩余价值是旅游从业人员超过社会必要劳动时间，为社会所创造的新增价值部分，其形成旅游产品价值中的剩余价值部分 m，是满足社会扩大再生产及其他公共消费需求，并以积累基金和消费基金等形式所表现的社会总产品中的公共必要产品）。

$$\begin{aligned}\text{休闲旅游产品价值} &= \text{转移价值} + \text{补偿价值} + \text{剩余价值} \\ &= c + v + m\end{aligned}$$

乡村休闲旅游产品的价值与一般旅游产品没有区别，其内容由转移价值、补偿价值和剩余价值三部分所组成（$c+v+m$）。其中补偿价值与剩余价值的叠加（$v+m$）是乡村休闲旅游产品的新增价值部分，这一部分不仅是乡村休闲旅游经济运行的有效成果，而且是乡村休闲旅游业对中国社会经济发展做出的贡献。

① 效用是指消费者从消费某种物质产品中所得到的需求满足程度，其既是存在于物质产品本身的一种物质属性，又是一种因人而异的心理现象。

3.旅游产品价值量确定

从价值决定和价格形成的角度来看，乡村休闲旅游产品价值量取决于生产旅游产品的社会必要劳动时间。乡村休闲旅游产品的特殊性和相对性还决定了其价值量的确定具有一些特定性质。一是以质量为标准，在乡村休闲旅游设施和服务条件相同的情况下，如果旅游产品表现出质量好或价值大的一面，就说明该旅游产品服务的水平较高，所以某一乡村休闲旅游服务质量的优劣将会直接影响其旅游产品价值量。只有不断提高旅游服务质量和水平，才能提升旅游产品价值量，且保证乡村休闲旅游产品价值的有效实现，而乡村休闲旅游服务质量的优劣往往与旅游从业人员的文化素质高低、专业技能熟练程度、职业道德水平等密切相关。二是具备一定的垄断性，通常某一地区旅游资源的种类和特色决定了其在旅游产品价值量的计算上会存在较大差异。中国一些地区的旅游资源普遍拥有无法替代的价值，而这种典型的价值量绝不能简单以消耗了多少劳动量去衡量，这种不可估量的属性在市场价格上表现为垄断性。还有一些自然旅游资源（如九寨沟、黄果树瀑布等）由于其特殊的价值和唯一性，其价值量也不能以劳动量消耗的多少来估量。因此，某些乡村休闲旅游产品的价值量具有一定的垄断性，由此形成价格垄断。三是随着旅游要素组合而变化，乡村休闲旅游开发中的某些要素（如田园景观设施、民宿设施、休闲娱乐设施等）与其他物质产品一样，其价值量都是由凝结在产品和服务中的社会必要劳动时间决定的。在旅游要素组合过程中，某一个或几个旅游要素的价值量会因为组合比例发生变化而产生新的附加价值，从而使旅游产品价值量随旅游要素配置和组合形式的变化而变化。例如，存在于某些垄断性的自然和历史文化景区周边的休闲旅游设施的价值量会由于景区景点的垄断性而有所提升。

（二）中国乡村休闲旅游产品的公共属性

中国乡村旅游产品的公共属性意味着在乡村休闲旅游产业和产品开发方面，各级主管部门需要承担较大的责任。学界最先对公共产品做出定义的是美国经济学家保罗·A.萨缪尔森，在《经济学》（第17版）中，他把公共产品定义为："将该商品的效用扩展于他人的成本为零，无法排除他人参与分享"。这一定义提出了公共产品的两个重要属性，即非竞争性①和非排他性②。公共产品真正的消费者和使用者是社会全体成员，该产品由社会公共部门生产和为社会免费提供（包括特定的物品和一定数量的劳务）或由某些私人生产，再由政府收购后向社会公众提供。

中国乡村休闲旅游产品的公共属性是指在乡村休闲旅游开发过程中，存在着一些不可或缺的具有公益性、整体性和普惠性特点的产品或服务。该类产品或服务为到访的外来游客、企业商户以及乡村原住居民共同享用，然而却难以通过市场的运行来实现该类型产品的有效供给。例如，清新的空气、优美的自然环境、必需的生活和交通设施以及良好社会秩序等。中国乡村休闲旅游产品的公共属性并不涉及全部的旅游产品，其主要有两类，如表5-1所列。

---

① "非竞争性"是指一部分人对某一产品的消费不会影响另一些人对该产品的消费，一些人从这一产品中受益不会影响其他人从这一产品中受益，受益对象之间不存在利益冲突.

② "非排他性"是指既有消费者无法排除其他消费者对该产品的享用，又无法将那些不付费的人排除在外.

表 5-1　乡村休闲旅游的公共产品分类

纯粹公共产品(按照效用的不可分割性和受益的非排他性标准)	1	基础设施类:游客中心、旅游厕所、步行道、运动场地、绿道、旅游公路、景区停车场、景区导视系统等
	2	生态环保类:生态绿化与保护、河渠疏浚与整治、村貌整治、村容美化等
	3	环境卫生类:环卫设施、垃圾处理场、日常清扫、消毒杀菌等
	4	医疗安保类:乡村医院、救援救护所、紧急避险场所、警务室、消防设施、监控系统、景区 WiFi 系统等
	5	乡村文化类:非遗技艺、乡村建筑、乡村文化、风俗习惯、村规民约等保护与传承
	6	教育培训类:素质教育、市民意识、服务意识、岗位培训、专项技能培训、经营管理培训等
	7	规划策划类:专项课题研究、市场调查、规划设计、乡村旅游资源整合与包装、内容与 IP 开发利用、咨询服务等
	8	品牌推广类:乡村旅游品牌与形象打造、节庆活动、统一营销推广、景区官网建设与维护、市场监管等
准公共产品(效用可部分分割、受益可有限排他的产品)	1	部分纳入乡村景观和用于观光、体验范围的取自于自然界的第一产业:种植、养殖、水产、林业和牧业,以及对初级产品再加工的农副产品加工业等
	2	基础设施类:供水、供电、供气、通信、网络等
	3	游客渠道类:旅行社、旅游公司、OTA 平台商、其他营销商等
	4	文旅平台类:智慧旅游平台,展示、互动、订购、支付平台,"两微一抖"直播带货运用等

除此之外,还有一些形式的公共属性也逐步被学界发掘,例如,农业文化遗产与生俱来的公共属性、非物质文化遗产在长期演化发展中形成的公共属性等。以中国非物质文化遗产为例,虽然具有文化的本位性和遗产性,但是与该类型遗产保护关系最为紧密的则是公共属性。通常,文化是具有公共性的,但是并不是所有的文化都能被视为公共文化,只有那些能为大众共享(因为占用的人越多,越会降低每个人的占有额)的文化,才能称为公共文化。显而易见,公共文化是一种随着享有个体的增加而越有价值,越受尊崇的典型文化。非物质文化遗产赋予人们的民族认同感、凝聚力和文化多样性等公共利益能够被全体成员共享,而这种外部性恰恰是非物质文化遗产基本价值的体现,也正是这一性质决定了非物质文化遗产是一种非排他性的文化实物,其文化权利属于公共人权。

从目前的中国乡村休闲旅游开发实践来看,需要政府主导的因素占比较大。即使在长远发展的时间线上,政府的主导地位也是无可替代的。仍然以中国非物质文化遗产为例,大多数非物质文化遗产的创立都属于个人行为,但非物质文化遗产在之后的演变和传承中只有得到了广泛的社会关注,才能发扬光大并最终得以传承(假如某个非物质文化的传承始终被个人所持有,就会演变成私人财产,这将会极大限制其公共属性的发挥)。非物质文化遗产的文化属性和民众的文化诉求共同作用决定了该类型遗产只有政府出资并采取公权保护方式,才能在兼顾文化效益和经济利益的基础上对其开展科学有效的保护、开发和利用。

在中国乡村休闲旅游产品的开发中,很多休闲旅游产品都具有公共属性,这就意味着各级政府在开发和经营环节中必须承担重要责任。例如，地方整体旅游形象构建、特色旅游产品促销、农业文化遗产休闲旅游的整体开发与产品规划等。如果政府对特色休闲旅游产品形象的宣传滞后，那么旅游相关企业就无法得到高效发展，游客和旅游从业者权益无法就得到合理保护等，这是由一些乡村休闲旅游产品的公共属性所决定的。

二、中国乡村休闲旅游产品的基本特征

（一）基于乡村旅游范畴的特征

中国乡村休闲旅游属于乡村旅游的范畴，是乡村旅游的一个细分市场，因此既拥有乡村旅游几乎全部特征，又包含一般旅游产品的基本特征。通常，旅游产品作为目标游客与旅游经营和管理者交换的商品既不同于一般工业化生产的实物产品，又不同于餐饮、住宿、美容等服务行业所提供的服务性产品，而是一种与这两类产品既有联系又有区别的特殊产品，具有综合性、同一性、时空性和风险性等典型特征。

1.旅游产品的综合性

旅游产品是一种包含了衣食住行、休闲消费等各种社会和经济要素在内的综合性产品。这种典型的综合性表现主要存在于三个方面：首先，旅游产品是物质产品与服务产品相结合的产品，因为目标游客在旅游活动中既要消耗物质产品（餐饮食品、服务用品、购物用品等），又要消耗各种各样的服务产品（住宿、交通、游览、娱乐服务产品等）；其次，旅游产品是多种旅游要素的结合体，具体体现为旅游资源、基础设施与各种接待设施等方面的结合；最后，旅游产品的形成必然会涉及众多的相关部门和行业，包括直接向目标游客提供物质产品和服务的住宿行业、餐饮行业、交通运输业和文化娱乐产业等，间接向目标游客提供物质产品的农业、轻纺工业、食品工业和建筑业等以及直接或间接向目标游客提供其他服务的商业、金融业、信息产业及海关、教育、科技、卫生等。

作为一种综合性产品，旅游产品对公共物品和其他产业具有较强的依存性。旅游产品的生产和供给离不开各种公共产品，例如，旅游产品中的自然景观（九寨沟、黄果树瀑布、喀纳斯湖等）和人文景观（故宫、秦始皇陵、黄帝陵等）。旅游吸引物大多属于公共产品，具有一定程度的消费非竞争性。同时，大多数旅游产品中的基础设施、接待设施是服务于社会各个行业的产品，旅游产品在组合过程中只是部分利用或暂时性利用这些产品，并不排斥其他行业或部门对这些产品的利用。尽管这些公共产品、基础设施、接待设施不完全是旅游产品，但离开了这些可供游客观赏的自然景观和人文景观，离开了良好的基础设施、接待设施等条件，旅游产品的生产和供给就难以顺利进行，因而旅游产品是一种具有较强依存性的综合性产品。

2.旅游产品的同一性

旅游产品同一性表现在只有当目标游客开始进行旅游活动时旅游产品的生产才开始，而旅游消费同时进行。某些原因导致目标游客一旦停止，或者已经完成既定的旅游活动，则旅游产品的生产与消费立即中止（相对于一次旅游活动而言）。旅游产品与实物产品在生产和消费上的最大区别在于实物形态的物质产品的生产过程独立于消费过程（即实物产品是先生产、再销售、最后消费，实物产品可以通过一定数量的产品储存来调节当前市场的供需），而旅游产品的生产过程与消费过程是同一时间完成的，不能事先生产和储存，从而导致旅游产品的供求矛

盾不同于实物产品，只能把旅游产品的生产过程和消费过程相统一，才能保证旅游产品的生产和销售顺利完成。

同一性的另一种表现是旅游服务类产品的无形性。通常，旅游产品的主体是旅游服务及其衍生服务内容，而旅游服务的使用价值必须是游客参与旅游活动；旅游服务产品的价值并不是凝结在具体的实物上的，而更多的是凝结在无形的旅游服务中。只有当游客消费各种旅游服务时，旅游产品的价值才真正得以实现。

3.旅游产品的时空性

旅游产品的生产和消费必须在一定的时间和空间条件下进行，离开了一定的时间和空间条件，就不能形成现实中的旅游活动，也就没有旅游产品的生产和消费。从目标游客方面来讲，其在进行旅游活动或消费旅游产品的过程中，除经济的支出外，更重要的一点是必须要有一定的时间，这是区别于物质产品消费的典型特征。从旅游经营者方面来讲，其在提供旅游产品或服务时往往以时间的消耗作为旅游产品的重要内容和特征之一，因此时间的消耗是旅游产品的典型特征。

旅游产品生产和消费的空间性是对旅游产品的生产和消费以一定的空间为依托的突出表现，既是以一定的空间为依托，又是相对固定不变的。

4.旅游产品的风险性

旅游活动的有效开展既离不开人们的主观愿望，又离不开稳定的经济形势、安全的社会治安条件和良好的自然文化环境，尤其是政治经济、法律制度及自然状况等各种因素的变化都会对旅游活动造成一定的冲击和影响，从而使旅游产品具有一定的风险性。其风险性主要表现在四个方面：一是旅游产品是一种派生的高层次需求，同时以一定的经济发展和收入水平为基础，一旦经济发展形势不稳定，人们的收入水平就会受到影响，人们对旅游产品的需求就会相应减少；二是旅游产品要求食、住、行、游、购、娱等旅游要素保持合理的比例关系，如果各旅游要素的比例关系失调就会直接影响旅游产品的质量和水平，进而影响旅游产品价值的实现；三是旅游产品在旅游服务贸易中各种贸易壁垒、汇率变动、国际市场竞争及客源地政治经济形势的变化都会直接或间接影响旅游客源数量和结构的变化，从而影响旅游产品的生产和消费；四是各种自然灾害，如地震、季节变化、疾病流行、环境污染、生态恶化等因素也会对旅游活动产生影响，从而直接影响旅游产品的生产和消费。

(二)基于乡村旅游自身的特征

乡村休闲旅游属于乡村旅游的范畴，且属于乡村旅游的一部分细分市场。其虽然具有旅游产品的所有特征，但作为细分市场也有其自身的一些典型特点。中国乡村休闲旅游产品除具有以上一般旅游产品特点外，其自身的典型特征主要包括三个方面。

1.乡村特色性

乡村特色主要是对于城市区域特征而言的，即通过城乡之间的全方位比较可以展现乡村独特的一面。乡村特色性是指城市常住居民在乡村能够感知和体验的与城市环境有着明显区别的所有自然和人文元素。乡村休闲旅游之所以能够蓬勃发展正是因为乡村休闲旅游产品具有的差异性和独特性，进而城市游客产生对乡村旅游的需求。城市与乡村的差异主要包括自然生态差异、建筑环境差异、历史文化差异和传统民俗差异等。城市与乡村两个地区长期存在一种相互吸引的能量，而这种能量的“交汇点和平衡点”就是乡村和城市各自具有的特色：一方面乡村原住居民渴望城市区域的现代化水平和便捷的生产、生活形态，渴望进入城市生活繁衍；另一方面，乡村特色又能吸引城市游客到乡村实现身心的休闲和放松，两个区域内的人口每时每刻都在被彼此吸引与进行互动。乡村休闲旅游产品特色性也决定了并非所有的乡村都能够实现休闲旅游开发，只有那些拥有突出和明显自然、人文等地域特点的乡村，才具有开发乡村休闲旅游产品的基本条件。

2.投资和消费低门槛进入性

从投资角度看，改革开放后，中国经济逐步进入快车道，其结果是人们收入水平和社会资本的不断增长，“乡村振兴、城乡融合发展”战略的鼓励和支持使社会闲余资本可以随时进入乡村休闲旅游市场，而社会资金的进入使乡村休闲旅游开发变得越来越便利和快捷。

从旅游消费的角度看，中国乡村休闲旅游以国内城市游客为主要客源(尤其以近距离城市常住居民为主)。实际上，中国乡村休闲旅游市场多为近程性旅游市场，其特点表现为旅游距离短、交通费用较低、景区景点不收门票或门票价格低、食宿费用低廉、旅游商品购物以乡村地区自产自销为主、消费价格中间环节少且比城市更加便宜。对于大多数城市居民来说，参与乡村休闲旅游人数众多且消费心理限度不高，较容易接受。当然，旅游市场也存在一定数量的高档乡村休闲旅游产品。为了满足高收入消费者的需要，一些高档消费者和极限的休闲旅游项目也在不断融入乡村休闲旅游。例如，葡萄酒庄、攀岩运动和高尔夫运动等。大量不同档位产品要求的存在客观上保证了我国乡村休闲旅游的持续性和经常性。

3.产品和项目的丰富性

中国乡村休闲旅游具备产品种类丰富、项目众多、产品线路差异性大等特点，其内容包括乡村休闲观光旅游、乡村休闲度假旅游、传统农业技艺体验旅游和休闲康体旅游等。这些产品和项目能够从不同角度、不同范围、不同需求来满足不同层次城市游客的旅游预期。例如，乡村农舍的住宿需求、民族村寨的文化需求、江南水乡的雅致需求、海边渔村的体验需求以及荷塘月色、果园果蔬、草原牧场、传统农业园区……可见，中国乡村休闲旅游产品线内涵和外延的博大、宽泛。

第三节　中国乡村休闲旅游产品的创新及发展趋势

中国乡村休闲旅游开发既要考虑乡村旅游及乡村休闲旅游开发的发展趋势，又要前瞻城市与乡村社会经济互动发展的格局。城乡属地应该对各自范围内的休闲旅游资源进行细致考量、梳理整合相关旅游要素，逐步形成中国乡村休闲旅游产业集约化发展的模式，以乡村休闲产业经济地带和乡村休闲旅游区块链为目标，构建乡村休闲旅游的综合体，从而形成乡村休闲旅游的整体竞争力。

一、乡村休闲旅游产品的创新思路

从乡村休闲旅游开发现状来看，中国乡村休闲旅游产品的创新至少应该考虑三个方面的因素：一是以独具特色的乡村传统文化为核心，提高乡村休闲旅游产品的文化内涵，增加其传播性；二是以乡村常住居民为旅游经营主体，体现住宿、饮食、农业技术、休闲娱乐等方面的农家特色；三是中国乡村休闲旅游目标市场主要定位为距离200千米范围内的城市游客群体，以满足城市居民享受田园风光与回归自然的需求。

从产业布局上看，位于城市周边的休闲农业开发、休闲生态开发以及乡村休闲旅游目的地构建并不是以单一或者独立项目形式而存在的，而是一种布局有序的区域创新综合体，是一个地区休闲旅游形象的有效推广和区域整体产业竞争力的提升。

(一)乡村休闲旅游产品的创新原则

任何形式旅游产品的设计都是以了解受众群体和消费者心理作为基础的，在此基础上打造符合受众需求的旅游产品设计。对于我国乡村休闲旅游开发来说，只有设计出符合消费者意愿、满足目标市场需求的旅游产品，目标游客才愿意去购买产品，旅游产品才能持续盈利。

1.把握消费者心理的创新特色产品

在坚持自身特色的基础上，根据城市目标群体的偏好来规划和创新合适的乡村休闲旅游产品。例如，在设计一些农业技术展示和普及的项目时，这个项目应该是城市居民喜欢和青睐的，是能够调动目标游客积极性的，此后城市家庭成员在体验这个乡村休闲旅游产品的过程中可以起到增进家庭成员感情的效果。乡村休闲旅游目的地开发和管理者在进行产品设计时需要谨记产品的特色、差异和趣味。

2.围绕乡村休闲主题创新满足消费需求的产品

中国乡村休闲旅游目的地“同质化”现象在旅游景点规划中尤为严重。从成本角度来说，虽然简单模仿的建设思路是最经济、见效最快的，但扰乱了市场的有序竞争和失去了旅游目的地持续发展的机会。例如，春季观花和播种产品、夏季游泳和戏水产品、秋季丰收和采摘产品等。这些休闲旅游产品都是某一主题旅游产品的衍生品，需要将休闲旅游目的地的悠久历史、传统文化、特色农业技术、区域差异化等贯穿在休闲旅游产品创新中，而不能仅仅采用生搬硬套的开发手段。

3.不断开发乡村特色休闲活动的产品

“十里不同音，千里不同俗”，中国的不同地区拥有不同的民俗和不同的传统文化。对于中国乡村休闲旅游开发来说，一些特色活动的开展可以有效地激发城市游客的消费欲望。因此，在坚持乡村特色的同时，整合本地区其他优质旅游资源，最终形成特色美食、休闲度假胜地、民居民宿产品等特色乡村休闲旅游产品。特色休闲活动的产品需要开发者依靠乡村的特色资源来设计，如风俗习惯、衣着服饰、气候特征等。

4.整合其他优质旅游资源形成差异化产品

充分利用乡村休闲旅游目的地范围内所有的能够提供的优质特色资源，将其整合，形成新的地区特色产品。例如，自然景区和历史文化景区周边的特色美食街、研学旅游景点、特色民宿产品；风景险峻的自然景区内的休闲运动项目；农业发达的乡村地区的以农博展览和农业技术休闲为主的研学体验等。

(二)乡村休闲旅游特色产品的创意设计

中国乡村休闲旅游产品设计可以依托地区资源(如风土人情、气候特点、景观资源等)围绕七个方面开展休闲旅游产品创新设计。

1.景观创意方面

(1)地理地貌打造　观赏春花、夏绿、秋黄、冬褐四季分明的山体景色,观赏乡村特色的田园风光、青山绿水等。

(2)时令游览观光　早晨的日出,傍晚的落霞;春天的山花烂漫,夏天的风雨彩虹,秋天的山村秋色,冬天的千里冰封、万里雪飘等。

(3)古迹文化传承　参观游览乡村的历史古迹,了解不同的风土人情、民俗和民风等。

(4)农作物田园景观展示　麦田、稻田、蔬菜种养、果园等景观展示。

(5)传统生态农业体验　参观珍稀动植物新品种、传统农业种植与养殖技术体验、种养结合的农业文化遗产观光游览。

2.游乐创意方面

根据目标游客的不同需求,创意具有乡村特色的休闲娱乐活动项目。例如,乡村休闲亲子活动、农业技术科普教育、瓜果生疏采摘、休闲康养和乡村休闲游乐等产品。

3.美食创意方面

结合城市消费习惯、乡村本地种养产品、本地农业资源条件,创新设计特色菜、养生菜、美食节、自助厨房和烧烤等产品。

4.住宿创意方面

民宿、别墅、小木屋、特色农家小院、房车和露营等乡村休闲产品。

5.农产品加工创意方面

粮油、时令蔬菜、水果、肉类等生鲜产品;经过特殊技术加工的熟制品;粗加工的农业产品;精深加工的农业产品;手工工艺品、伴手礼等。

6.体验活动创意方面

传统农事活动体验、体验农事采摘劳作;参与农业生产种植、收获等传统农事活动全过程;举办粮食、蔬菜、瓜果等生产竞赛活动;举办牲畜比赛及农产品交易活动;打造农业民俗节令盛会等。

7.文化产品创意方面

乡村民俗文化、传统农耕文化、传统农艺展示、传统民俗演示以及特色婚事活动。

(三)乡村休闲旅游产品形象构建与推广

中国乡村休闲旅游目的地可以从以下五个方面来完成产品形象的构建与推广。

1.构建特色品牌

乡村休闲旅游目的地需要完善园区标志、宣传口号、宣传片、讲解词、乡村科教视频、软文宣传文字、乡村休闲主题活动画面和户外广告等宣传材料的常规工作,以便更好地构建特色鲜明的乡村休闲旅游品牌。

2.强化宣传方式

建立和完善乡村休闲旅游目的地内的景区景点的官网、微网等宣传平台的硬软件设施,加强网络推广与相关媒体的展示。

3. 制作特色标牌

在乡村休闲旅游目的地，规划制作一套包括景区在内的主流特色导航系统，以提高对目标游客的定位指引，例如，交通交叉路口设置具有本地文化特色的标识、标牌等。

4. 扩大商业推广

乡村休闲旅游目的地需要根据游客年龄分布、职业特点、收入水平、出游习惯方式、信息接收能力等选择合理的产品推广方式和推广渠道。例如，针对选择家庭自驾的游客，可以在停车场周边、4S 店、加油站、汽车用品店等地方进行商业推广，推广效果可事半功倍；针对妇女游客群体，可以在美甲店、美容店、服装店等相关场所进行商业推广；也可以根据自身旅游产品具有的特征，实行精准的商业推广。例如，吸引中小学生团体到乡村参与农业技艺研学体验；针对同学会、战友会、车友会等细分团体而推出的以聚会为主的乡村休闲旅游产品。

5. 完善服务

乡村休闲旅游目的地内的商家除有现场收费服务外，还要与大型电商平台建立分销产品，完善线上购买、线下消费的完整体系，以此提高景区景点信息化和现代化的服务水平。

二、乡村休闲旅游产品的发展趋势

2010 年以后，随着大众旅游产品的创新和品质的提升，中国乡村休闲旅游开发成为旅游市场崛起的新兴力量。当时的乡村休闲旅游开发项目主要以休闲农业产业为主，包括农业生产观光、农家采摘和农产品购买等，近些年逐步向集考察、学习、参与、康体和度假等为一体的综合型方向发展。

从市场构成来看，目前游客的参与率和回游率较高的乡村休闲旅游项目主要分布在以“住农家院落、吃农家餐食、体验农家技艺、享受农家快乐”为内容的民俗风情休闲旅游以及以采摘、收获各种农牧产品为主，辅以民间传统节庆活动的两个领域。基于以上两个方面，中国乡村休闲旅游产品大致可分为休闲观光产品、文化休闲旅游产品、休闲度假旅游产品和休闲康养旅游产品等四类。本节仅以这四类典型产品为例来探讨中国乡村休闲旅游产品的发展趋势。

（一）休闲观光旅游产品的革故鼎新

1. 乡村休闲观光旅游产品内容更加丰富

乡村休闲观光旅游一直是中国旅游开发的重点领域。为了满足城市游客不断增长和变化的休闲需求，中国乡村休闲旅游景区景点持续扩容，旅游规模不断增大，旅游内容逐步丰富。除此之外，众多乡村休闲旅游景区针对目标游客对美好自然环境的喜爱和迫切回归自然的需求，不断加大对以自然景观和生态环境为特色的景观公园、野生动物园、海洋公园等观光旅游新产品的开发投入，使中国乡村休闲旅游产品内容更加丰富、特色更加明显，在吸引大批目标游客参与乡村休闲观光旅游的同时，形成了中国乡村休闲旅游开发的良性循环。从这一类型旅游产品的未来发展来看，城市近郊地带的乡村休闲观光旅游将是今后不断开发和持续发展的重点领域，其观光市场将不断扩大，乡村休闲观光旅游产品的内容还会更加丰富和多样，从而形成典型的“半城郊”型经济地带。

2. 乡村农业观光园的开发势头强劲

乡村农业观光园属于观光主题公园的一种类型，是围绕某一农业观光游览主题而规划和设计的景观，也是一种以城市目标游客需求为导向、以旅游创新思维为核心、以现代科技手段为表现的乡村农业产业景观。其突出特点是在生态开发的基础上将农业观光与乡村传统农业生态环境相结合，但并不完全破坏现有的环境去重新开发。这一类乡村休闲景区除为城市目标游客提供休闲观光游览、休闲娱乐等产品和服务外，还具有寓教于乐的重要功能。

主题公园诞生的时间较早，大概在20世纪50年代就已经形成规模(例如美国的迪士尼乐园等)，之后各种主题鲜明、规模宏大的未来公园、航天公园、影视城、文化公园相继出现。中国农业休闲观光园与这些主题公园并不完全相同。它虽然有着自身明确的农业主题特色，但并不是在乡村建立的一个新的旅游景区来供城市目标游客休闲观光游览，而是将其主题与传统农业技术、传统文化、民俗民风等紧密结合而产生的一种新形式的休闲主题公园。今后，中国乡村休闲旅游开发应该在观光旅游方面将农业主题公园开发作为重点，这样不仅为乡村休闲旅游产品开发拓展了新的途径，而且进一步提高了中国乡村休闲观光旅游产品的价值。

(二)文化休闲旅游产品吐故纳新

文化旅游是随着现代旅游活动而发展的，其具有广泛的旅游市场，特别是随着全球化进程的不断加速而逐步壮大发展，而乡村文化休闲旅游属于乡村文化旅游的一个细分市场。中国乡村文化休闲旅游的内容、范围和内涵也在不断变化，其主要发展趋势表现在以下三方面。

1. 乡村文化休闲旅游蓬勃发展

20世纪80年代以后，文化休闲旅游在旅游市场中崭露头角，许多国家或地区结合本地区的文化传统和民族文化特点，大量开发和建设种类多样的文化旅游区，在此基础上全世界逐渐热衷于进行跨文化交流和研究及对各类文化遗产进行保护。中国的学界对文化休闲旅游开发进行研究的时间较早，但开发实践起步较晚，直到近十年才开始进入旅游开发的实践阶段。虽然文化休闲旅游起步晚，但是发展脚步较快，如今的文化休闲旅游已成为中国旅游产业发展的重要途径，而乡村文化休闲旅游更成为中国乡村社会经济发展、城乡融合的一个重要推手。例如，云南省昆明市“云南民族村”、北京市“古北水镇”、山西省吕梁“贾家庄”等都是城市目标游客了解和认识乡村的社会历史、传统文化、建筑文化和民风民俗的重要窗口，也是游客通过乡村休闲旅游活动进行城乡文化交流、城乡文旅融合的重要渠道。今后中国乡村文化休闲旅游还将继续向纵深发展，实现乡村社会经济与文化的双赢。

2. 乡村遗产休闲旅游异军突起

乡村遗产休闲旅游是伴随乡村遗产休闲旅游开发而产生的。自20世纪90年代以来，随着国家对文化遗产保护的日益重视和广泛宣传，遗产休闲旅游，特别是农业文化遗产旅游开发呈现快速发展的态势。由旅游开发所带来的产品创新、产品链、产品内涵等方面更是呈现迅猛发展的新趋势。所谓遗产休闲旅游是目标游客通过对各种自然文化遗产的游览观光、科普学习、社会生产活动的参与等，从各种历史建筑物、艺术品、美丽的风景、社会生产生活技能中得到有关自然、文化、历史知识的启发和价值传承。存在于中国乡村的大量农业文化遗产在发挥其文化、社会、经济和旅游功能的同时，吸引了大量的城市目标游客前往参观和游览，带动了农业文化遗产所在地社会经济的发展。因此，在今后很长一段时期，乡村遗产休闲旅游会越来越受到重视，围绕各类文化遗产的开发和建设也会逐渐增加，以满足人们对乡村遗产休闲旅游的需求。

3. 乡村节庆休闲旅游方式多种多样

乡村节庆休闲旅游是中国乡村旅游开发的一项重要内容，也是乡村休闲旅游产品差异化发展的明显标志。随着城市居民物质生活和文化知识水平的不断提高，游客对旅游产品的文化内涵和参与性需求与日俱增，一些乡村从市场需求出发举办各种各样的文化旅游节庆活动，以吸引更多的城市目标游客和更好地满足国内外游客的消费需求。乡村节庆休闲旅游完美阐释了“文化搭台、旅游唱戏”的深刻含义，也带动了中国旅游经济的发展，同时满足了城市目标游客对不同文化了解和体验的需求，并有效促进了乡村振兴和城乡融合发展。

（三）休闲度假旅游产品焕然重生

休闲度假旅游诞生也很早，其快速发展是在 20 世纪 50 年代以后。中国乡村休闲度假旅游的起步时间相对较晚，这主要是由中国的社会经济发展水平决定的。随着国家经济水平的不断发展、人民收入水平的不断提高以及宏观政策的积极导向，这类型产品逐步被人们所接受。前期的一系列条件共同催生了人们对乡村休闲度假旅游需求的增长，进而呈现新的发展趋势，其主要表现在以下三方面。

1. 乡村休闲度假旅游转向全天候发展

中国传统休闲度假旅游时间主要分布在冬季和夏季，这两个时间段也是人们避暑和避寒需求最旺盛的时期。乡村休闲旅游活动早已成为人们休闲放松和节假日出游的重要形式。目前中国乡村休闲度假旅游不仅要满足城市目标游客多方面的度假需求，而且要满足城市目标游客对全年性和全天候休闲度假旅游的需求。因此，乡村休闲度假旅游从季节性发展转向了全年性发展。为了迎合城市目标游客全年性和全天候的休闲度假旅游需求，许多乡村不断开发了各类综合型休闲度假区和休闲度假中心，在开发的基础上规划和建设了适应不同季节、不同天气的乡村休闲度假旅游项目，以迎合城市目标游客全年性和全天候的休闲度假旅游需求。

2. 乡村休闲度假旅游转向综合性发展

休闲度假旅游的内容和形式都相对单一，旅游资源通常只承担某个单一市场项目。例如，温泉休闲度假、森林休闲度假和海滨休闲度假等，其主要目的是满足目标游客在某一方面的休闲旅游需求，但是现代乡村休闲度假旅游已经不能局限于某一范围。乡村休闲度假旅游需要从单一性向综合性提升，需要通过休闲度假区和休闲度假中心的构建，把存在于乡村的各种休闲度假旅游功能和住宿设施、文体设施、娱乐设施相联结，而这种综合性的最终表现是既为城市目标游客创造了多样化的消遣、娱乐和度假条件，又为乡村休闲旅游经营者带来更多的收入和更好的社会经济效益。

3. 乡村休闲度假旅游转向康体性发展

早期的休闲度假旅游主要是供目标游客进行休闲、休假、放松和娱乐。大多数乡村休闲度假旅游项目集中在自然环境优美、空气清新的景区周围，而现代乡村休闲度假旅游不仅要满足城市目标游客休闲和休假的需求，更要满足人们锻炼身体、养生益寿的需要。现代乡村休闲度假旅游除要向城市目标游客提供必要的住宿、餐饮、娱乐设施条件外，还需要提供一定数量的体育锻炼设施，由此诞生了众多的以休闲康体、户外运动为主的休闲度假旅游地。例如，滑雪休闲度假、高尔夫球休闲度假、攀岩运动休闲度假和休闲疗养度假等。

(四)休闲康养旅游产品逐渐崛起

休闲康养旅游是以健康养生为目的的休闲旅游活动,是游客在物质条件已经满足的条件下衍生的精神层面和心理层面的深度体验,这里我们将其归入休闲旅游类。从游客需求的角度来看,随着中国人口老龄化现象的发生和人均国民收入的提高,人们对于养老和健康的需求也随之变大;从项目所在地供给的角度来看,休闲康养旅游开发打造的“休闲康养+旅游”综合性康养项目是带动中国乡村社会经济发展的全新路径。

图 5-1 为 2015—2020 年中国休闲康养旅游市场发展规模。从图 5-1 可以看出:中国休闲康养旅游市场发展规模一直保持快速增长,市场规模不断扩大,复合增长率年均增长 1.7%。

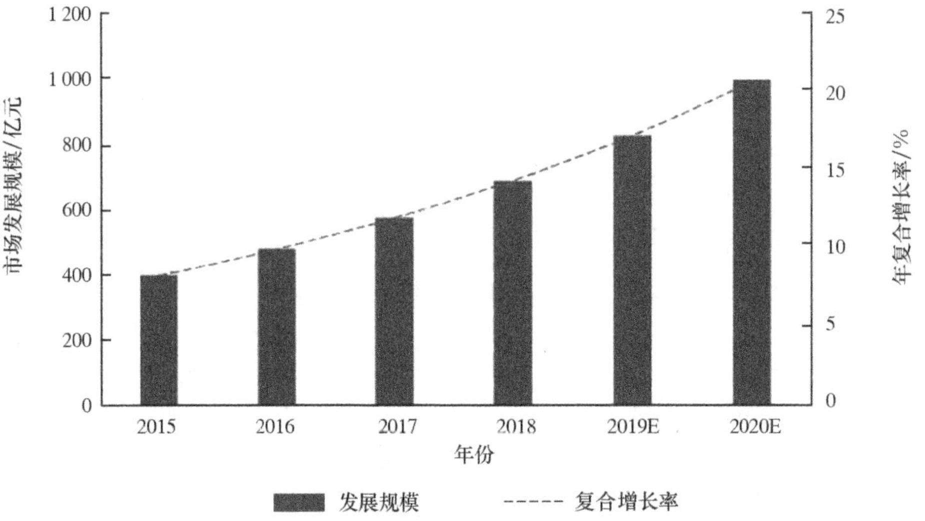

图 5-1　2015—2020 年中国休闲康养旅游市场发展规模

(数据来源:戴德梁行,前瞻产业研究院)

此外,我们还将乡村休闲旅游产品分为康养、康疗、康体三种类型。不同类型的康养旅游发展趋势如表 5-2 所列。

表 5-2　康养旅游项目产品分类

康养旅游产品类型	相关内容概况
休闲康养旅游	包括养心、养性、养眼、养老等狭义的康养活动,将康养环境、康养文化和生态旅游方式相结合,对自然环境要求较高。例如,森林、湖泊、文化、海滨等休闲康养旅游
休闲康疗旅游	依托适宜的乡村地区气候资源、现代中西医疗技术资源等优势,将优质的医疗康复咨询服务与乡村休闲旅游度假相结合,以中西医疗、心理咨询、康复护理等休闲内容作为核心,一般可以分为以“治”为主和以“疗”为主两大类。例如,中医药、食疗、民族医药、温泉疗养、疾病康复等旅游
休闲康体旅游	在环境优美、风景较好的地区,借助一定的运动装备、设施、场所,开发者引入健康管理,以强身健体、放松身心为主要目的,以运动、休闲、娱乐为主的休闲旅游活动。例如,运动健身旅游产品、武术强身旅游产品、民族传统体育旅游产品等

1. 乡村休闲康养旅游方兴未艾

随着现代经济社会发展，现代化的快节奏对城市居民的压力越来越大，使城镇居民在现代生活中的异化程度越来越高，于是城市居民对乡村环境的需求以及对休闲康养旅游的需求越来越强烈。乡村休闲康养旅游就是针对现代生活的新需求而产生的新兴旅游产品。从旅游产品的发展来看，乡村休闲康养旅游不仅具有较大的发展潜力，而且成为中国旅游市场中创新产品开发的主流。

首先，乡村休闲康养旅游市场的开发潜力巨大，休闲康养旅游正在全国兴起。作为新型旅游产品的内涵，它主张亲近自然和休养身心，且表现形式丰富多样，甚至能够与其他旅游产品有机结合，形成各种形式的旅游活动。其次，乡村休闲康养旅游的内涵不断丰富和扩大，乡村现有的各种与身心修养有关的资源都可以作为康养旅游资源来看待。最后，乡村休闲康养旅游为城市目标游客、乡村休闲旅游开发者、乡村休闲旅游经营者以及管理者都带来了不同的效益，从而使乡村休闲康养旅游具有更加广泛的市场需求（图 5-2）。

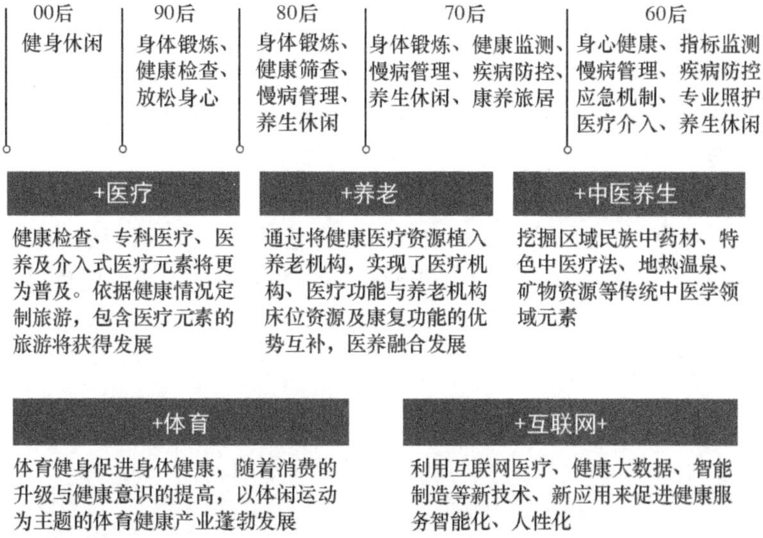

图 5-2　不同年代出生的人群对康养休闲需求的变化

随着城乡居民康养意识的不断增强，乡村休闲旅游开发者和管理者会更加注重休闲康养与乡村优质生态环境的结合，因地制宜地制定产品开发规划，建设配套的服务设施和公共安全措施，建立健全完善的法规和制度，以保证乡村休闲康养旅游合理而健康地开发。

2. 乡村休闲康体旅游多样化开发

乡村休闲康体旅游是一种将健康体育运动与乡村休闲旅游相结合的产物，其所提供服务项目包括大众运动、心理减压、健康疗养和极限类运动等，以达到调节人们身体机能以及疏解心理压力的目的，弥补以观景和饮食住宿为主的常规旅游项目的不足，包括中国在内的许多国家或地区都非常重视体育运动的发展，体育产业发展的背后是随之而来的体育旅游的开发，各种类型的体育旅游项目促进了乡村休闲康体旅游多样化的发展。

乡村休闲康体景区一般建在气候温和、风景秀丽、生活悠闲的乡村地区，如“中国西江温泉度假村”位于广东信宜市北界镇西江之滨的热水窝村，休闲旅游产品以温泉康养和休闲康体旅游为主，整个景区分为童趣区、情侣区、瀑布区。该景区建有各种规格的住宿、餐饮和篮球、网球、羽毛球、乒乓球、射箭等；又如，中国云南昆明市周边早已具备开发乡村休闲康体旅游的优越条件，但是市区周边乡村的设施布局、旅游品牌定位、休闲旅游服务等方面还有很大的提升空间。近年来，昆明市不断加大休闲康体旅游的开发力度，在环城市的城郊地区建设了不少让游客可以进行边逛风景边徒步游、自行车游，体验滑草、滑雪、瑜伽、太极拳和高尔夫等运动的城郊康体旅游带。昆明春城湖畔高尔夫休闲游项目已融合了沿湖徒步及高尔夫球练习运动，是一个典型的乡村休闲康体旅游开发案例，乡村休闲康体旅游是中国未来乡村休闲康体旅游的发展新趋势。

3. 乡村休闲康疗旅游发展迅速

相对于休闲康养旅游和休闲康体旅游，乡村休闲康疗旅游出现的时间更晚，这主要是因为乡村休闲康疗旅游对开发门槛和城市目标游客的经济水平的要求非常高。这种旅游类型在中国仍然属于小众旅游范畴，对于大多数目标游客来说，仅费用就无法企及，但是这并不代表未来不会有所发展。随着人们收入的逐渐提高以及公共危机事件的发生，国际旅游、洲际旅游逐渐转向国内旅游市场，这就为中国乡村休闲康疗旅游提供了开拓和发展的机会。目前中国一部分乡村已经开始依托自己所拥有的自然生态条件，不断开发各种医疗旅游、康复旅游和疗养旅游。中国一些乡村开发的温泉浴疗、海水按摩、海泥或鲜藻浴疗、中医浴疗、药膳旅游等也深受众多游客的欢迎。

总体而言，随着物质和精神生活水平的提高，人们对“健康、愉快、长寿”的需求会越来越强烈，而单一的休闲养生项目难以满足人们对高品质生活的渴求。休闲旅游与康疗旅游相互融合，进而形成新的休闲旅游，这将会为中国乡村休闲旅游迎来重大的发展机遇。

第六章　中国乡村休闲旅游市场与竞争

近年来，中国乡村旅游产品日趋精致化、高端化和细分化。据估计，未来十年中国乡村旅游将会持续扩容，2025 年中国旅游人次将达到近 30 亿次，这意味着中国“大乡村旅游时代”正在开启。鉴于国际、国内旅游市场的发展，中国未来旅游产业开发还应该继续向乡村推进，以乡村休闲旅游为推手，继续深化乡村旅游开发。中国乡村休闲旅游市场的持续壮大不仅能够促进乡村居民就业增收，而且可以推进乡村文化振兴和文旅融合。因此，对于中国乡村休闲旅游市场的探析，既可以丰富乡村旅游的理论，又能够促进乡村产业的转型升级、发展方式的转变。

第一节　乡村休闲旅游市场的特点及分类

乡村休闲旅游被认为是近年来中国乡村旅游消费中发展最快、潜力最大和受益面较广的市场领域。虽然乡村旅游资源占全国旅游资源总数的 70%，但是乡村休闲旅游的消费额还不到全国旅游消费总额的 20%。中国乡村休闲旅游市场的开发空间和增长潜力相当巨大。

一、乡村休闲旅游市场

旅游活动最早表现为一种纯粹的社会文化现象。随着生产力的发展和社会分工的细化，尤其是随着商品经济的迅速发展，旅游活动才逐渐变为商品并进入市场交换。随着旅游产品生产和交换的不断发展，旅游市场随之扩大并对旅游经济发挥着重要的作用。乡村休闲旅游最初起源于 19 世纪 80 年代的欧洲地区，而中国乡村休闲旅游出现于 20 世纪 80 年代初期，彼时的乡村休闲旅游伴随乡村旅游开发而现雏形。我们可以从狭义和广义的角度来认识和理解乡村休闲旅游市场。

(一)狭义的乡村休闲旅游市场

狭义的乡村休闲旅游市场是在一定时间和地区内，为有乡村休闲旅游产品需求和消费能力的游客群体提供旅游产品生产和销售的场所与交易环节。狭义的范畴包括参与乡村休闲旅游的游客、乡村休闲旅游产品的购买欲望、乡村休闲旅游产品的购买能力和乡村休闲旅游的旅游权利等。

游客是构成乡村休闲旅游市场的绝对主体。在乡村休闲旅游市场中，游客数量的多少将直接决定某个国家或地区旅游市场规模的大小。如果某个乡村休闲旅游目的地周边总人口多，可能产生的游客就多，旅游市场规模就大，游客对乡村休闲旅游产品需求的基数也大；反之，如果某个乡村休闲旅游目的地周边总人口少，可能产生的游客数量就少，旅游市场规模就小，游客对乡村休闲旅游产品需求的基数就小。当然，也不排除一些以远距离市场为客源地的休闲旅游目的地，但是这类型的旅游市场在我国旅游市场的占比相对较少。

旅游产品的购买欲望是指推动游客产生旅游产品购买行为的一种主观愿望或需要。旅游购买欲望是把目标游客潜在的购买力转化为现实购买力的前提条件。假如某一客源地市场的目标游客群体根本没有旅游购买欲望，即使他们有较高的收入和支付能力，也不可能形成现实的休闲旅游市场。只有当客源地市场中的目标游客群体既有旅游产品的购买能力又有购买欲望，并且旅游产品购买能力和旅游动机达到一定水平，才能形成现实的休闲出游需求，从而形成乡村休闲旅游市场。

旅游产品的购买能力是指人们在可自由支配的收入中可以购买旅游产品的能力。这种能力是把潜在游客的旅游产品购买欲望转化为现实休闲旅游需求的经济条件和物质基础。乡村休闲旅游产品购买能力是由目标市场游客①的收入水平和支付能力决定的，而休闲旅游对游客收入水平和支付能力的要求又高于一般的大众观光旅游。因此，如果没有较高的收入水平和足够的支付能力，目标游客群体就不可能形成现实的乡村休闲旅游需求，这样的旅游市场也只是一种潜在市场。

旅游权利是人们购买和消费旅游产品的保障，也是形成旅游市场的要素之一。在乡村休闲旅游市场中，由于某些旅游目的地政策的限制等，某一类人群即使具备出游要素，也无法获得旅游权利，从而就不能够形成现实的旅游需求和旅游市场。例如，中国一些民族地区是不允许外籍人员进入的。

（二）广义的乡村休闲旅游市场

广义的乡村休闲旅游市场是指一定数量的旅游产品在交换过程中反映的游客与旅游经营者、旅游管理者之间各种经济行为和经济关系的总和。广义的乡村休闲旅游市场需要具备以下三个方面。

1. 旅游市场主体

广义的乡村休闲旅游市场包括所有的旅游市场主体。从广义的角度来看，乡村休闲旅游市场不仅包括游客，还涵盖城乡旅游经营者以及提供旅游生产要素和提供间接服务的相关企业及人员。他们之间是相互依存、互为交易对象的关系，通过乡村休闲旅游市场的纽带紧密相连。

2. 旅游交换客体

广义的乡村休闲旅游市场包括所有的旅游交换客体。从广义旅游市场的角度看，乡村休闲旅游市场除旅游产品外，还包括其他间接为游客提供的物质产品、贸易行为以及为保证乡村休闲旅游产品生产和供给的各种生产要素，例如，资金、劳动力、信息、技术和管理等。

---

① 目标市场游客是指在旅游市场细分的基础上，旅游企业决定要进入的细分市场中的所有数量游客。旅游经营者根据自己的条件，从细分市场中选择出一个或几个子市场作为从事市场营销活动的对象，这一过程被称为目标市场的选择。

3. 旅游交换条件

广义的乡村休闲旅游市场包括所有的旅游交换条件。旅游交换条件是指有助于旅游产品交换的各种手段和媒介，如货币、广告、信息、媒体、场所等，也是旅游产品交换和旅游市场存在的首要条件。在现代乡村休闲旅游市场中，旅游价格、汇率变化、旅游信息充足程度、旅游中介机构的信誉、进行休闲旅游产品交易的手段和设施的现代化程度等都对乡村休闲旅游产品交换产生重要的影响。

综上所述，身处市场中的游客和旅游经营者是通过旅游市场的旅游产品交换活动连接的。于是，乡村休闲旅游市场的各种旅游产品交换行为就反映了乡村休闲旅游市场主体之间的经济行为和经济关系。随着中国乡村休闲旅游开发的逐步推进，旅游市场规模会不断扩大，游客和旅游经营者之间的交换行为和交换关系也会变得日益密切和复杂。

二、乡村休闲旅游市场的特征

乡村休闲旅游市场作为反映乡村旅游供求状况、进行旅游产品交易和旅游经济运行的基本场所，既具有旅游市场的多样性、季节性、波动性和竞争性等特征，又具有一些典型特征。

（一）乡村休闲旅游市场的普遍性特征

1. 多样性

乡村休闲旅游市场的多样性表现在：①现有乡村休闲旅游产品的种类多样。它是指游客和旅游经营者之间交换的旅游产品，既可以是单项旅游产品，也可以是旅游线路产品、旅游目的地产品等。②旅游产品交换形式多样，既有团体包价旅游、散客包价旅游，又有自助旅游以及包价旅游与自助旅游相结合等。③旅游购买方式多样，既有通过旅游企业直销、分销或代理，又有通过网上预售、提前购买等。

2. 季节性

在某一地区的旅游经济发展过程中，大多数游客的闲暇时间分布不均衡，或者旅游目的地与客源地之间的自然条件和气候条件差异明显，从而造成了旅游市场具有明显的季节性。例如，中国北方地区的最佳旅游季节是每年的 5 月至 11 月底，南方地区的最佳旅游季节是每年的 10 月至翌年的 5 月。以上的案例代表了一般性旅游活动，并不包括一些特殊的或者常住性质的旅游活动。

3. 波动性

乡村休闲旅游市场的波动性主要源自游客的需求因素是形式多样的。例如，物价、汇率、公共事件、通货膨胀以及游客自身心态和行为倾向的变化等，其中任何一个因素的变化都可能引起游客旅游需求的变化，进而影响乡村休闲旅游市场的波动。

4. 竞争性

竞争是市场的伴随产物。只要存在商品交换活动，就必然存在市场竞争。在乡村休闲旅游市场上的竞争通常表现为争夺目标游客和提高市场占有率等。随着旅游经济的恢复和发展，乡村休闲旅游市场竞争不仅表现为对现实目标游客的争夺，而且表现为对潜在目标游客的开发；不仅表现为旅游营销方式的竞争，而且表现为综合旅游竞争实力的较量。以上种种现象使旅游市场竞争更加激烈，竞争范围更加广泛，竞争手段更加多样。

（二）乡村休闲旅游市场的典型特征

乡村休闲旅游市场基本具备了旅游市场的所有基本特征，而鉴于乡村休闲旅游市场的差异性和特殊性，其典型性特征还表现在以下四个方面。

1.社会本质上的乡村性

乡村休闲旅游市场是由众多旅游产品共同组成的，其在社会本质上表现出乡村性，即传统农业属性、自然生态属性和乡村规模属性等（聚落空间相对狭小、区域人口规模小）。另外，乡村休闲旅游资源、乡村休闲旅游吸引物、乡村旅游开发载体、乡村社区规模、日常生活形态等在乡村休闲旅游开发中都表现出不同程度的乡村性特征。

2.休闲产品空间分布的独特性

前人的研究表明，乡村休闲旅游目的地的空间位置最好是路程在2个小时之内、距离在200千米内的城市近郊或道路条件良好的风景名胜区以及周边地带。目前中国旅游市场中的乡村休闲旅游供给空间大致包括城市周边地带与远离中心城市的地区两种类型：第一种类型拥有显著的社会经济区位优势并且具备良好的休闲旅游开发综合条件，也是城乡融合发展的主要地带；第二种类型虽然距离客源市场较远，但拥有典型的乡村性、传统文化特色和历史遗产保存较为完整的资源优势，该类型旅游目的地可以在充分地统筹协调交通要素的基础上，利用自身空间分布的独特性来有效推进乡村休闲旅游开发。

3.特色旅游产品供给的多样性

中国乡村各类旅游资源都非常丰富，如时令赏花、果蔬种植、种茶采茶、水边垂钓、户外狩猎、传统手工技艺、游牧风情和民族风情等应有尽有，如此多样的社会经济条件为满足大众游客的观光游览、购物娱乐、休闲度假等需求提供了广阔的发展空间。必须清楚的是，无论何种类型、何种形式、多大数量规模的特色旅游产品，其都是以典型的“乡村性”和“乡土文化内涵”作为前提的，这就要求乡村休闲旅游开发必须具有特色休闲资源空间的聚集性和一定的旅游数量等级的门槛。

4.乡村休闲活动的参与性与体验性

乡村休闲旅游之所以能够吸引外部游客的重要原因就在于所开展的各类休闲旅游活动往往是乡村传统历史或是乡村日常生活的一部分，而这些旅游内容都拥有很强的亲和力与参与性。例如，果园采摘、农作物种植、农业技术展示等都是大多数城市游客在乡村休闲旅游过程中感兴趣或渴望体验的。在乡村旅游市场中，参与休闲旅游活动的游客主要为两种：一种是对乡村原生态生活环境、传统农业生产形式完全陌生的城市常住居民，他们对乡村休闲旅游活动充满向往和好奇；另一种是有过乡村生活经历而如今已远离乡村的，即具有浓郁“乡愁”情结的游客，他们参与乡村休闲旅游的目的是试图重新体验乡村传统文化生活，以找回曾经失落的记忆。

三、乡村休闲旅游市场的分类

乡村休闲旅游市场的分类是指按照不同的划分标准将总体旅游市场分为不同的类型，为不同的旅游市场提供不同的旅游产品和服务，同时采取不同的政策措施、经营方法和竞争策略等。影响乡村休闲旅游市场开发的因素很多，对乡村休闲旅游市场进行分类的方法也很多。乡村休闲旅游市场是乡村旅游市场的一个细分市场，其市场分类基本遵循旅游市场的分类原则。基于乡村休闲旅游的特点，除原有的旅游市场类型外，近年来又不断涌现一些交叉性、综合性的新兴旅游市场。

(一)一般的乡村休闲旅游市场分类

从目前中国旅游市场的特点和开发现状来看，一般的乡村休闲旅游市场分类可以按照地域范围、旅游目的、旅游距离、消费水平、组织形式等因素来划分不同的市场类型。

1. 按地域范围划分的旅游市场

该种分类方法是指以整体旅游市场中现有的或潜在的旅游客源发生地、旅游目的地为基本出发点，依据地区范围对目标游客来源地或旅游目的地进行划分的归类方法。例如，中国乡村休闲旅游市场可以划分为东北旅游市场、华北旅游市场、西北旅游市场和西南旅游市场等。

2. 按旅游目的划分的旅游市场

传统旅游市场根据旅游目的不同大致可划分为观光旅游市场、文化旅游市场、商务旅游市场、度假旅游市场和宗教旅游市场等。20 世纪 60 年代后，在传统旅游市场外，又出现了一些新兴的旅游市场。例如，以满足游客健康需求为主的体育运动、康养保健和野外狩猎等旅游市场；以满足游客求知、自我提升需求为目标的研学、农业技术体验等旅游市场；以满足游客寻求刺激心理需求为主的探险、溯溪、攀岩、极限、秘境探索等旅游市场。

3. 按旅游距离划分的旅游市场

任何旅游活动都体现着从旅游客源地到旅游目的地的空间移动，因此按照旅游客源地到旅游目的地的远近，旅游市场还可划分为三种：①短线乡村休闲旅游市场。它是以城市周边的乡村旅游目的地为核心，能够满足城市居民一日出行的休闲旅游市场，其旅游市场的主体一般是以周末休闲旅游为主的旅游者。②中线乡村休闲旅游市场。它是以满足人们短期观光游览、休闲度假等旅游活动为主的旅游目的地市场，通常是距离旅游客源地市场不太远，一般能够在 2～4 天内往返的旅游目的地市场。③长线乡村休闲旅游市场。它是可以满足游客在较长时间内观光游览、休闲度假、放松娱乐的乡村旅游目的地市场，其位置一般距离旅游客源地市场较远，价格也比前两种高一些。当然，按旅游距离划分的旅游市场是相对的，在实践中还要综合考虑旅游通达条件、使用交通方式及旅游的便捷性等因素。需要说明的是，乡村休闲旅游市场按照距离来划分的短线市场、中线市场、长线市场，仅仅是一种分类方法。实际上，出于成本、竞争、价格等因素的考虑，中国大多数乡村休闲旅游开发更倾向于距离较短的客源地市场。

4. 按消费水平划分的旅游市场

按照游客消费水平的高低，乡村休闲旅游市场被划分为三种：①豪华休闲旅游市场，其市场主体所处的社会阶层较高或者较富有，这个阶层一般拥有丰厚的收入并且不太关注旅游价格的高低，而是希望通过旅游活动凸显他们的社会地位，并能更多地满足他们的身心休闲需求；②标准休闲旅游市场，其主体组成是大量的中等收入阶层，该类人群既注重旅游价格，又注重旅游活动的内容和质量，而中产阶层在休闲旅游市场中的数量占比相对较高；③经济休闲旅游市场，因其主体是那些收入水平较低的游客，这类群体更注重旅游价格的高低。虽然标准休闲旅游市场和经济休闲旅游市场的消费能力不及豪华休闲旅游市场，但这两个市场的增值潜力无论是数量，还是质量都是巨大的，甚至在某些条件成熟时，它们可以自然地进入高一级的消费阶层。

5.按组织形式划分的旅游市场

在目前的中国乡村休闲旅游市场中，团体旅游和散客旅游仍然是两种最基本的休闲旅游形式。根据旅游的组织形式，乡村休闲旅游市场可划分为团体旅游市场、散客旅游市场和自助旅游市场。

(1)团体旅游市场是指以团队游客(一般认为游客数量达到15人就能够组成旅游团队)为主体的休闲旅游市场。由于团体休闲旅游具有省心舒适、价格低廉、选择自由等优点，它也是目前中国乡村旅游市场的主体部分。

(2)散客旅游市场主要是指以个人、家庭或少数人自行结伴出游为组织形式的旅游市场。网络和信息的发展是散客旅游市场得以形成的重要因素。基于发达的电子信息产业，散客可以按照自己的意向自由安排旅游活动，因而散客休闲旅游比较灵活与方便。随着现代乡村休闲旅游的个性化发展，越来越多的游客开始选择散客出游的方式，从而使得散客旅游市场出现较快的增长。

(3)自助旅游是指游客通过海、陆、空等交通工具，向旅游饭店、旅游景区景点预订或购买单项旅游产品，按照个人或家庭需求及偏好开展的旅游活动。虽然自助旅游不通过旅行中间商，但其购买的是由自己组合的旅游线路产品，所以本质上仍然是一种旅游产品。现代信息技术和国际互联网的迅速普及为自助旅游提供了极为方便有利的条件。在中国乡村休闲旅游活动中，很多游客就是选择自助出游的方式来完成乡村休闲旅游活动的。

(二)乡村休闲旅游市场的典型分类

在通常情况下，乡村休闲旅游开发中的相关旅游企业不仅需要依据乡村实际情况、发展趋势、合适的乡村休闲旅游产品等进行开发活动，还需要对客源地的旅游市场进行分析，掌握旅游市场的现状和发展动向，依据旅游市场的需求调整乡村休闲旅游开发对策。目前中国典型乡村休闲旅游客源市场有以下四类。

1.亲子乡村休闲旅游市场

亲子乡村休闲旅游既能增进家庭成员之间的情感交流，又能使家庭成员参与各得其乐的休闲活动，日益成为众多中产家庭常态化的一种出游方式。

数据显示，中国旅游市场已经步入家庭休闲旅游强需求的时代。在中国的家庭成员出游中，76.1%的游客选择孩子作为出游同伴，而在休闲旅游活动中，超过一半的乡村休闲旅游客流来自城市白领家庭(以妇女和儿童为主)，母亲又是整个出游活动的主导者和消费决定者。

"截至2022年年末，亲子家庭每季度出游频率1～3次，每次出游时间在1～3天；出游人员为2大1小，4大1小，或者4大2小，每次人均客单消费超千元"。同时，调查显示，"年收入10万～100万元的家庭参与亲子游的比例较高；在年收入16万～30万元的家庭中，66.99%的家庭参与过亲子游活动；在年收入10万～15万元和31万～100万元的家庭中，超过58%的家庭参与过亲子游活动"。近年来，中国亲子旅游市场消费如图6-1所示。

在游客消费意向中，人均客单消费为1 000～2 000元的占24.67%，人均客单消费为500～1 000元的占22.80%，人均客单消费为500元以内的占7.20%，人均客单消费为2 000～3 000元的占24.40%，人均客单消费为3 000元以上的占20.93%。总体来说，相对于整体旅游市场而言，中国亲子游市场规模仍然非常小，特别是乡村休闲亲子旅游渗透率较低，2022年亲子游市场渗透率仅约为1%。

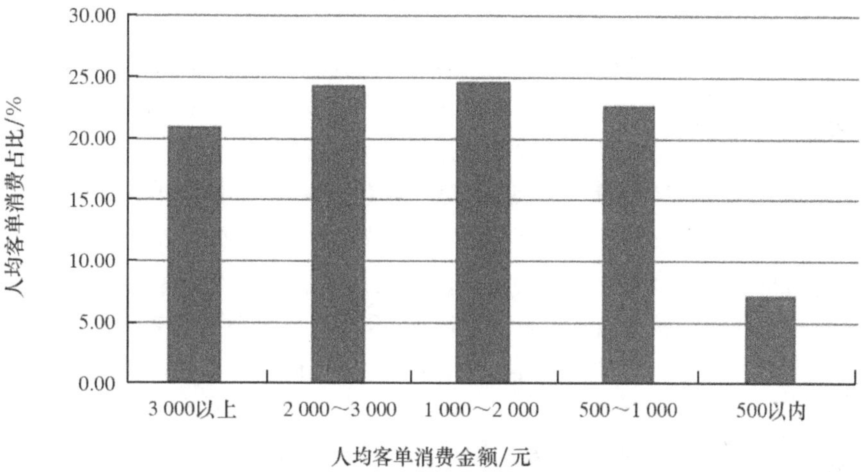

图6-1　中国亲子旅游市场家庭消费调查

在中国乡村休闲旅游中，亲子游的重点不是"游"，而是亲子互动。这种"互动"主要表现为更多关注孩子的性格特点、乡村休闲旅游目的地的环境和乡村休闲的旅游需求。同时，由于亲子乡村休闲旅游拥有低成本的盈利模式和高消费的目标客户群体，其发展潜力相当巨大。亲子乡村休闲旅游的特点也决定了其对乡村休闲旅游的安全性、研学性和趣味性有更高的要求。

2. 自驾乡村休闲旅游市场

随着城市客源地的私家交通工具、有旅游支付能力和有旅游时间的游客数量剧增以及交通基础设施的大力改善，加之倡导消费拉动经济的政策出台，中国自驾休闲旅游形成了巨大的市场规模，为乡村休闲旅游带来了明显的市场机遇。

自驾乡村休闲旅游是一种集观光、休闲、度假为一体的经济结合体，其旅游动机呈随机性，这也意味着自驾乡村休闲旅游具有旅游目的地不定、旅游线路不定、旅游时间随机等特征。从现有市场中的游客群体结构来看，中青年游客群体是目前中国自驾乡村休闲旅游的主力军，该群体大多以家庭为单位出游并且男性游客数量略多于女性；从游客的家庭收入和消费结构来看，自驾乡村休闲游客以中等收入群体为主，并且逐渐向部分高收入群体和低收入群体双向拓展。因此，自驾乡村休闲旅游目的地开发要考虑自驾游客的这些特征，既要重视适合自驾车旅游服务链的营造，又要加强沿线汽车服务体系的建设，还要完善乡村及自驾旅游沿线的治安、交通安全、食品安全和事故应急处置等。

3. 乡村休闲度假旅游市场

休闲度假属于休闲旅游发展的最高形式。事实上，休闲和度假的关系始终是紧密相连的，包括休闲海滨度假旅游（享受海水、阳光、沙滩等）、休闲森林度假旅游（享受森林浴、天然氧吧等）、休闲温泉度假旅游、休闲山地度假旅游（享受自然、健身等）等。休闲度假设施包括度假区、度假酒店和度假村等。

乡村休闲度假旅游的特点是重复出游率高和忠诚度也高。中国乡村休闲旅游市场应该抓住当前休闲旅游开发的上升趋势，产品创新不仅要多样化、细分化、层次化，而且要深化从旅游目的地到客源地的精准营销，加强品牌信息传递，提高休闲度假游客对旅游目的地的忠诚度。

4. 特色乡村休闲旅游市场

特色乡村休闲旅游的典型产品包括相当数量的极限运动，如登山、探险、越野赛、野营和水上运动等。其特点表现为专业休闲的旅游需求偏好较为突出、娱乐性和挑战性要求高、参与性和体验性强、圈子化现象明显、有一定的消费定式、单次消费水平较高等，因此特色乡村休闲旅游市场被看作是“专业玩家”的偏好市场。另外，特色乡村休闲旅游市场稳定集中、复游率较高、竞争性较强，当然这个市场对休闲旅游设施、旅游消费水平、参与人员都有很高的要求，其产业开发进入门槛很高和市场开发难度较大。特色乡村休闲旅游是休闲旅游的高级形态，旅游产品对区位性、垄断性、新奇性、安全性、保障性、和谐性和特殊性等有较高要求。只有那些特色资源优势突出的乡村，才能将特殊休闲旅游作为当地旅游产业的主流业态。

第二节　乡村休闲旅游市场的功能和机制

乡村休闲旅游市场功能是相关的旅游市场在旅游产品交换和休闲旅游开发中所具有的各种能动性的表现。乡村休闲旅游市场机制是指在相关的旅游市场中，参与旅游产品交换的各方在整体关系中形成的相互影响、相互制约的内在联系。作为乡村社会经济发展的产物，乡村休闲旅游市场的功能和机制不仅是乡村休闲旅游开发赖以生存和发展的条件，而且是旅游市场是否健全的表现，并对乡村休闲旅游开发起着重要的作用。在现代市场经济条件下，乡村休闲旅游市场体系的完善、乡村休闲旅游市场功能的发挥作用是通过旅游市场机制来实现的。

一、乡村休闲旅游市场体系

乡村休闲旅游市场体系是在市场经济条件下，构成乡村旅游市场的旅游需求、旅游供给、旅游产品和旅游要素在时间和空间上所形成的相互联系、相互制约的有机体。乡村休闲旅游市场体系是一个系统性、动态性和发展性的概念，它会随着乡村旅游开发进程而不断演进、变化和优化，我们必须正确把握乡村休闲旅游市场体系的构成和变化趋势。

（一）乡村休闲旅游需求市场

乡村休闲旅游需求市场是产生或输出目标游客的地区，这里主要是指中心城市和城市周边地区。随着社会经济发展和人们生活水平的不断提高，乡村休闲旅游需求市场也在不断发生变化，而旅游需求的增加又促进了乡村休闲旅游市场规模的持续扩大。其具体表现为：在游客出游目的方面，中国乡村休闲旅游需求正从单一的景区观光旅游逐步扩展到休闲度假旅游、休闲研学旅游、康体休闲旅游等综合性旅游；在市场消费水平方面，中国乡村休闲旅游消费正在从低端的大众型和经济型消费逐步向定制型和中高档型消费，甚至是豪华型消费转变；在出游组织形式方面，中国乡村休闲旅游需求正在从传统的团体观光和集中游览逐步向家庭散客和自助休闲旅游相结合的多样性旅游发展。中国乡村休闲旅游需求市场的不断扩大不仅促进了国家整体旅游市场的壮大，而且为城乡旅游市场体系的构建奠定了基础。

（二）乡村休闲旅游供给市场

乡村休闲旅游供给市场是指在一定地区范围内向目标游客提供休闲旅游产品的所有旅游企业的集合。它反映了某个乡村范围内提供旅游产品的综合规模和效益水平，并且直接影响某个乡村休闲旅游市场体系的运行与可持续发展。随着中国乡村旅游经济的持续发展，乡村休闲旅游供给市场不断丰富和完善，除传统旅游供应商、旅游住宿和旅游交通企业外，乡村休闲旅游景观企业、旅游餐饮企业、休闲娱乐企业和休闲旅游商品生产企业等也迅速诞生，不断壮大整体的乡村休闲旅游供给市场，促进了旅游供给结构的丰富和完善，更好地满足了城乡旅游市场日益扩大的休闲旅游需求。

（三）乡村休闲旅游产品市场

乡村休闲旅游产品市场是指有关乡村旅游市场上的各种休闲旅游产品类型和结构的总和。在现代乡村休闲旅游市场中，从传统观光旅游产品到现代休闲旅游产品和特殊旅游产品，不仅种类持续增加，而且每一类产品的内涵也不断扩大。例如，乡村休闲旅游观光从单调的自然风光观赏逐步扩展到包括自然生态景观、历史文物古迹、民族特色风情、民俗节庆等在内的休闲旅游观光。尤其是以乡村休闲农业旅游、休闲康体旅游、休闲自然生态旅游为主要内容的旅游产品不断推陈出新，不仅丰富了乡村休闲旅游体系的内容，而且进一步完善了乡村休闲旅游市场体系。

（四）乡村休闲旅游要素市场

乡村休闲旅游要素市场包括旅游要素和生产要素两部分。对于任何一个旅游市场来说，如果要不断生产和提供优质旅游产品，就必须具有较强吸引力的特色旅游资源、开发建设资金、有较强业务技能和较高业务水平的旅游经营管理人才以及现代科学技术。因此，乡村特色旅游资源、充裕的资金、现代科学技术和大量劳动力等构成了乡村休闲旅游市场的生产要素。除此之外，由于中国乡村休闲旅游市场上的旅游产品基本是由组合型旅游产品和旅游目的地旅游产品共同构成的，我们只有把食、住、行、游、购、娱等因素有机组合，才能满足目标游客的休闲旅游需求预期，进而形成乡村休闲旅游市场的旅游要素。最终，乡村休闲旅游市场中的生产要素和旅游要素的有机结合共同构成乡村休闲旅游要素市场，并为乡村休闲旅游产品市场的优质化开发，创造良好的条件和基础。

(五)乡村休闲旅游时空市场

从时空角度看,不同的时间和空间存在着不同的休闲旅游需求、休闲旅游产品和休闲旅游供给,它们在时间和空间上的有机结合就构成了乡村休闲旅游时空市场,而乡村休闲旅游时空市场又是乡村旅游市场体系的重要组成部分。乡村休闲旅游时空市场包括旅游时间市场和旅游的空间市场。乡村休闲旅游时间市场是基于大众旅游需求以及旅游消费活动的季节性而最终形成的分类休闲旅游产品市场。在乡村休闲旅游市场体系的构成中,其表现为由时间差异而形成的不同市场结构状态,如冬季旅游市场主要以热带休闲海滨度假、休闲冰雪旅游、休闲体育旅游为主,节假日旅游市场主要以休闲度假、休闲观光游览等为主。乡村休闲旅游空间市场是乡村休闲旅游产品和旅游要素在不同空间范围内的交换和消费,即由乡村不同空间分布和关联状况而形成的分类休闲旅游产品市场。

二、乡村休闲旅游市场功能

从中国旅游市场开发现状来看,乡村休闲旅游市场的功能主要表现为以下五个方面。

(一)乡村休闲旅游的产品交换功能

旅游市场是联结旅游产品供给者和需求者的纽带与场所,承担着实现旅游产品价值和使用价值、保证旅游正常运行的重要任务。乡村休闲旅游市场存在着许多不同的乡村休闲旅游产品供给者和需求者,这些旅游产品的供给者通过市场销售自己的休闲旅游产品,而乡村休闲旅游产品的需求者则通过市场选择来购买自己感兴趣的产品。因此,乡村休闲旅游市场通过旅游供求机制,乡村休闲旅游的供给与需求能有效衔接。这样不仅能更好地满足游客的休闲消费需求,而且可充分地利用旅游供给能力,提供物美价廉的休闲旅游产品,促进乡村休闲旅游开发的健康发展。

(二)乡村休闲旅游要素配置功能

在乡村休闲旅游开发过程中,资源配置扮演的角色非常重要,其主要功能是把广大乡村社会经济资源(人、财、物、信息等要素)进行有效分配,以充分利用特色资源生产更多和更好的乡村休闲旅游产品。因此,旅游市场的资源配置功能可以促进乡村休闲旅游开发过程中的资源、资金、技术和劳动力等生产要素达到最佳配置状态,促进食、住、行、游、购、娱等旅游要素按比例均衡地发展。通过市场机制,参与乡村休闲旅游开发的企业能按照市场供求状况,及时调整旅游产品结构、投资结构和供给结构,以适应游客的休闲需求和乡村休闲旅游市场的变化,从而不断提高旅游经济效益。

(三)乡村休闲旅游市场的信息反馈功能

在市场经济条件下,旅游供求的均衡离不开旅游信息的反馈。一方面,通过旅游市场,旅游产品的最新信息能及时传递给目标游客,以引导和调节目标游客的旅游需求;另一方面,根据市场反馈的供求信息,相关企业可以及时分析市场对旅游产品的感知状况,以便调整休闲旅游产品的生产和供给数量,使旅游产品开发和经营能及时适应和满足目标游客的消费需求。

因此，乡村休闲旅游市场能够通过旅游信息的传导和反馈功能，形成乡村休闲旅游开发的总体分析和认知，从而综合地反映乡村休闲旅游市场的供求变化和旅游开发的实际状况。

（四）乡村休闲旅游的质量评价功能

通常在旅游市场买卖各方的交易中，参与旅游活动的游客因为支付一定的旅游费用而成为享受旅游服务的一方，旅游经营者则因获得一定数量的旅游收入而变为旅游服务的生产者。两者之间的权利与义务、购买与出售的关系在乡村休闲旅游市场中是通过即时买卖的形式来实现的。因此，乡村休闲旅游产品价值与质量、服务水平优劣都必然会反映整体旅游市场，从而使旅游市场的交易和运行表现成为检验乡村休闲旅游服务质量和评价相关旅游企业经营管理的尺度和参考。目标游客在决定是否购买乡村休闲旅游产品之前，必然会通过所在旅游市场对旅游价格、住宿条件、交通状况和出游方式等做出评价和选择。

（五）乡村休闲旅游市场的经济调节功能

乡村休闲旅游市场是调节乡村旅游活动和旅游供求平衡的重要杠杆。在乡村休闲旅游市场上，旅游供求双方出现矛盾或不协调就会引起旅游竞争的加剧和旅游价格的波动，从而影响相应的旅游活动和旅游开发的顺利进行。只有通过旅游供求机制和价格机制的作用，调节乡村休闲旅游产品的生产、销售和消费，旅游供求才能不断趋于平衡。同时，通过乡村休闲旅游市场检验旅游企业的服务质量和管理水平，促进城乡之间的相关旅游企业及时向旅游市场提供游客易于接受和乐于接受的乡村休闲旅游产品，进而提高相关乡村休闲旅游企业以及整个旅游业的经济效益。

三、乡村休闲旅游的市场机制

乡村休闲旅游的市场机制是指各类型经营主体在乡村旅游市场上参与旅游经济活动，并与供求、价格、竞争、风险等要素有机结合、相互影响和相互制约的关系。其具体表现为乡村休闲旅游的供求机制、价格机制、竞争机制、风险防控机制的共同作用过程。

（一）乡村休闲旅游的供求机制

在通常情况下，旅游的供求机制是指旅游市场供给与需求之间通过竞争而形成内在联系和相互关系。乡村休闲旅游的供求机制不仅对乡村旅游市场供求平衡起着重要的调节作用，而且对目标市场游客的流量和流动有一定的导向作用。乡村休闲旅游供求机制的作用表现为三点：①能够及时敏锐地反映某个地区休闲旅游开发的内在矛盾，及时反映乡村旅游市场供求双方的变化以及市场运行态势，从而为参与乡村休闲旅游的各方主体提供预估信息，以便调节整体旅游市场的供求平衡；②乡村社会经济资源配置能够促进市场高效运行，从而调节旅游市场供求的总体平衡；③各级政府管理部门能够通过乡村休闲旅游的供求机制对城乡之间的旅游经济运行实施宏观调控，以便促进旅游市场的可持续发展。

（二）乡村休闲旅游的价格机制

旅游的价格机制是指通过旅游价格来反映某个国家或地区的旅游产品交换状况。因为旅游价格可以有效调节旅游市场供求变化的水平，所以旅游价格机制是旅游供求机制发挥作用的前提与保证。中国乡村休闲旅游价格机制主要表现在：①对于游客而言，乡村休闲旅游的价格机制是调节城乡之间旅游需求方向和需求规模的信号体现。在乡村旅游市场开发中，经营者通过旅游产品和服务价格的升降来反映乡村休闲旅游供求水平的变化，以此调节目标游客的需求规模和需求结构。②对于乡村休闲旅游项目的经营者而言，旅游价格机制是市场竞争和供给调节的重要工具，旅游开发者和经营者可以通过价格升降来扩大或者占领乡村休闲旅游市场。③对于政府部门而言，通过乡村休闲旅游的价格机制，为国家或地区制定相应的旅游政策，为调节乡村休闲旅游开发提供必需的信息。

(三)乡村休闲旅游的竞争机制

旅游的竞争机制是在整体旅游市场中，大众游客与旅游产品经营者之间为了各自利益而相互竞争的一种经济行为。乡村休闲旅游的竞争机制是乡村休闲旅游市场机制的基本要素之一。对于目标游客而言，其表现为对乡村休闲旅游产品和旅游价格等方面的竞争与选择，它们之间的竞争是为了更好地满足乡村休闲旅游的需求。对于旅游经营者而言，其核心内容是争夺目标市场的游客，因为争夺到的目标市场游客数量越多，表明相关旅游企业推出的产品越适销对路，休闲旅游产品的销售量也越能增长。在市场经济条件下，中国乡村休闲旅游竞争机制是客观存在的，也是与休闲旅游的供求机制和价格机制紧密结合，共同发挥作用的。

(四)乡村休闲旅游的风险防控机制

乡村休闲旅游的风险防控机制是指乡村旅游活动与旅游产业盈亏之间的相互联系和作用的动态关系。风险防控机制是乡村旅游市场机制的重要组成部分，其经济行为表现为一种无形的市场调控手段，这种调控能够促使城市与乡村的每个旅游经营者都承认市场竞争的权威，从而形成适应乡村休闲旅游市场竞争的自我调节能力。此外，乡村休闲旅游的风险防控机制还可以利用旅游市场盈利和破产的双重压力，促使每个乡村休闲旅游的开发者和经营者市场行为更加趋于理智化、合理化，从而按照整体旅游市场需求来创新、生产适销对路和物美价廉的休闲旅游产品。

综上所述，作为旅游市场体系和旅游市场功能发挥作用的重要机制，乡村休闲旅游的市场机制既有一般市场机制的基本特点，又具有乡村休闲旅游市场的特殊性。其特殊之处的具体表现为：一是乡村休闲旅游市场机制的客观性，在具备一定的社会经济条件下，该市场机制会自然而然地发挥作用，但是当基本条件无法具备时，该市场机制的作用也就无从谈起；二是乡村休闲旅游市场机制的互动性，中国乡村休闲旅游市场中的各种市场机制都具有内在的联系，其中任何一种旅游市场机制的作用及变化都会引起其他方面的反应，从而促使乡村休闲旅游市场机制之间相互协调和相互促进，以便发挥整体作用；三是乡村休闲旅游市场机制的时滞性，特别是在乡村旅游市场体系不够完善以及城乡信息系统不健全的情况下，会导致该市场机制的作用滞后；四是乡村休闲旅游市场机制的局限性，乡村休闲旅游市场机制的作用不是万能的，乡村休闲旅游的市场机制在发挥积极作用的同时，不可避免地会产生一定的消极作用，出现市场失灵的情况，进而对乡村休闲旅游开发造成不利影响。

第三节　乡村休闲旅游市场的竞争及其内容

与其他的市场竞争一样，乡村休闲旅游市场竞争是商品经济及旅游经济发展到一定阶段的必然现象，因而具有现实存在和客观必然性。无论在何种社会与何种制度下，只要某一地区存在旅游市场就会有市场竞争，而乡村休闲旅游市场的竞争力是乡村旅游资源与市场需求、旅游产业、市场主体、政府管理、发展机遇相互作用的结果。如果中国乡村休闲旅游开发想要在激烈的市场竞争中有所建树，就必须用科学、先进的旅游理论和实践经验作为指导，把先进的乡村休闲旅游开发理念引入中国乡村休闲旅游开发过程，促使乡村休闲旅游开发活动快速和健康地发展。

一、乡村休闲旅游市场竞争的客观性

旅游市场的竞争是无处不在的。作为乡村休闲旅游的各个主体单位，只有充分认识旅游市场竞争的客观性，才能合理利用乡村休闲旅游的市场机制，发挥旅游市场的功能。

（一）竞争是实现价值规律的客观要求

旅游产品的价值是由旅游从业者的社会必要劳动时间决定的，其价格围绕价值呈现上下波动的状态。因此，在市场经济条件下，经营乡村休闲旅游的企业能否以符合旅游产品价值的价格来销售产品或服务，只有通过旅游市场竞争的表现才能确定。对于不同的乡村休闲旅游企业来说，由于其生产、经营旅游产品的条件和影响因素存在一定的差别，他们生产和经营同种乡村休闲旅游产品所消耗的个别劳动时间是不相同的。例如，某些旅游企业虽然占据特色旅游资源且拥有一定的经营优势，但是所消耗的个别劳动时间高于社会平均劳动时间，导致生产的乡村休闲旅游产品价值因为旅游价格高而难以出售。于是，市场竞争的结果会迫使其必须提高劳动效率、加强经营管理和降低产品成本，努力使个别劳动时间低于或等于社会平均劳动时间，以确保乡村休闲旅游产品价值的实现。

（二）竞争是运行供求规律的必要条件

乡村休闲旅游产品的交换不仅受商品价格影响，而且受乡村旅游市场供求变化影响。事实上，乡村休闲旅游供求规律的作用必须以旅游市场竞争作为条件和基础，因为在整体旅游市场中，旅游产品或服务的供求平衡是暂时和相对的，而由资源稀缺所导致的供求不平衡才是经常性的和绝对的。

从市场供给角度看，当乡村地区休闲旅游市场旅游产品和服务供不应求时，市场状态表现为旅游需求大于旅游供给，于是游客之间就会出现为争夺现有旅游产品的竞争，这种竞争的结果必然会使旅游产品或服务的价格上涨，从而刺激供给量的增加和抑制游客旅游需求的增长，以达到旅游产品或服务的供求平衡；当乡村休闲旅游市场的旅游产品或服务供过于求时，市场状态表现为旅游产品或服务供给大于消费者的旅游需求，于是旅游经营者之间就会争夺目标游客，这种竞争结果必然会使旅游产品或服务价格下跌，进而刺激消费者旅游需求的增加，旅游供给减少。只有当市场中的供给量与需求量完全相等时，才能实现旅游市场的供求平衡，当然这只是一种理想的市场运行状态，见图 6-2。

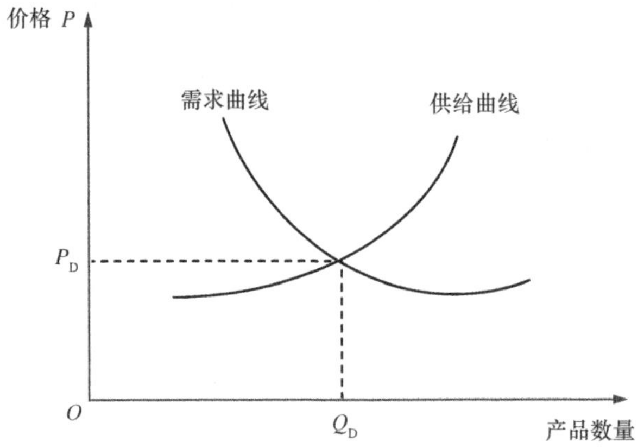

图 6-2　乡村休闲旅游市场供求关系

因此，对于中国乡村休闲旅游市场来说，虽然一些乡村休闲旅游目的地拥有一定的特色和稀缺资源，但是必须迎接残酷的市场竞争挑战。只有在市场竞争条件下，旅游供求规律才能发挥有效作用，并通过旅游市场竞争促进旅游供求的动态平衡

（三）竞争是应用科学技术的前提条件

现代科学技术的进步，尤其是各种高新技术的普及和推广不仅促进了地区旅游开发的快速发展，而且加剧了旅游市场的竞争。互联网的发展更使现代旅游市场成为统一的“全球化”旅游市场，简便快捷的互联促销、小程序订房、微信组团、网上购物等电子商务的发展使所有参与乡村休闲旅游开发的企业都无一例外地经受着“适者生存”法则的考验。所有参与乡村休闲旅游市场竞争的企业既要重视和充分运用现代科学技术，保证自身能够在激烈的乡村旅游市场竞争中占有一席之地，又必须加快运用现代科学技术的步伐，不断提高自身的科技水平和科技能力。

（四）竞争是旅游经济发展的客观规律

在现代乡村休闲旅游开发中，参与旅游市场竞争早已成为乡村休闲旅游开发的客观规律。旅游市场竞争是旅游普及化的必然趋势。尤其是自 20 世纪 50 年代以来，随着世界旅游经济的快速发展，旅游市场已由卖方市场转向买方市场，旅游市场竞争日趋激烈。各类型旅游市场的竞争更加集中地反映在对旅游客源的争夺上。许多地区纷纷调整旅游营销策略，采取更为积极的政策和更加灵活的促销方式来开拓旅游客源市场。

除此之外，旅游市场竞争有利于促进旅游企业进行旅游产品的升级改造，而这种情况对于乡村休闲旅游开发也不例外。众多参与乡村休闲旅游开发的企业通过不断丰富休闲旅游产品的内容，为游客提供优质的乡村休闲旅游产品，极大地促进了乡村休闲旅游目的地人才质量和数量的提升、服务意识的增强以及服务质量的提高。事实上，乡村休闲旅游市场的竞争更有利于推动相关旅游企业之间的优胜劣汰，促进了乡村休闲旅游的关联企业能不断改善经营管理方式。

二、乡村休闲旅游市场竞争的内容

在现实市场竞争环境下，由于一切旅游产品都必须通过旅游市场的运行来完成交换，它们必然会形成游客之间、旅游经营者之间、游客与旅游经营者之间和旅游目的地之间的竞争，并共同构成了旅游市场竞争的主要内容。乡村休闲旅游是基于一般旅游市场细分而来的，所以乡村休闲旅游市场的竞争内容基本与一般旅游市场相吻合，乡村休闲旅游市场的典型性使其在竞争内容上稍微有所侧重。

（一）乡村休闲游客之间的竞争

乡村休闲旅游活动是一种跨地区的社会经济活动，其涉及经济、政策、法律和文化等许多相关因素，因此游客之间的竞争主要表现为在各种因素影响下对乡村休闲旅游产品选择的竞争，具体包括乡村休闲旅游目的地出游，乡村休闲旅游方式以及乡村休闲旅游服务的内容、质量和价格等方面的竞争。

1.选择乡村休闲旅游目的地的竞争

乡村休闲旅游目的地是指具有休闲出游动机的游客实现自身旅游意愿并完成旅游活动的目标指向地，也是实现乡村休闲旅游活动的关键。由于参与休闲旅游活动的游客需求具有一定的偏好和从众性，乡村休闲旅游特色鲜明、服务质量好、环境优美的旅游目的地就常常成为目标游客竞相选择的出游地。在休闲旅游发达的乡村地区，目标游客群体通常在旅游旺季之前的几个月，甚至更早就开始进行旅游产品的预订和购买，以保证获得预期的乡村休闲旅游需求和消费。

2.选择乡村休闲旅游经营者的竞争

现代旅游活动由于涉及大量的食、住、行、游、购、娱等预订和购买服务，游客需要花费大量的时间、精力和经验来具体办理，而乡村休闲旅游方式以自助游和家庭游为主，需要游客在出游之前就投入精力去研究和考虑线路及日程安排。当然，一部分游客是通过购买旅游经营者提供的包价旅游产品，统一由旅游经营者来进行总体安排和提供服务的。无论何种形式，都需要乡村休闲旅游的相关经营者拥有较强的旅游经营实力。那些服务质量优、经营信誉好的乡村休闲旅游经营者往往成为目标游客选择的主要对象。由于这些旅游经营者能够有效满足目标游客的休闲旅游需求，选择休闲旅游经营者就成为游客之间的竞争内容之一。

3.选择乡村休闲旅游产品的竞争

通常游客选择休闲旅游目的地和旅游经营者的竞争的核心是选择旅游产品的竞争，即对市场上相关旅游产品的行程内容、服务质量和出售价格进行选择。例如，在乡村休闲旅游产品选择上，城市游客通常会选择具有浓郁乡村传统特色的休闲旅游目的地和乡村休闲旅游产品；在乡村休闲旅游服务内容上，城市游客通常会选择信誉有保证、服务质量高的旅游经营者；在乡村休闲旅游服务价格上，城市游客总是选择价格合理和有价格优势的休闲旅游产品。因此，选择乡村休闲旅游产品的竞争也成为游客之间的竞争内容。

（二）乡村休闲旅游经营者之间的竞争

一般来说，旅游经营者之间的竞争是旅游产品供应者之间的相互竞争，这种竞争的核心点都是围绕着扩大旅游产品销售、争取更多的游客以及提高市场占有率等展开的。因此,乡村休闲旅游经营者之间的竞争具体表现为争夺目标游客、争夺旅游中间商和提高市场占有率三个方面。

1. 争夺目标游客

通常,某个地区旅游市场能够吸引游客数量的多少以及参与旅游活动的游客所表现的消费能力决定着该地区旅游企业的收入和盈利状况,也决定着乡村休闲旅游产品销售的数量和乡村休闲旅游经营的成败。因此,争夺目标游客数量就成为乡村休闲旅游经营者之间竞争的实质内容:谁争夺到更多的游客数量,谁就获得了客源市场,就意味着争夺了实际的商业利益,争夺到的目标游客数量越多,相应获得的旅游收益就越多。

2. 争夺旅游中间商

旅游中间商是代理旅游目的地旅游产品销售的组织机构或个人,以旅行社为主,它们是旅游产品价值得以实现的重要渠道。在中国目前的乡村休闲旅游市场上,虽然经由旅游中间商销售的旅游产品占有一定的比例,但不是主导地位,这是由乡村休闲旅游市场所处的发展阶段以及现代互联网发展相互作用造成的结果。当然,对于乡村休闲旅游开发者和经营者来说,争夺旅游中间商的过程也是间接地争夺目标游客的过程,因为争夺到的中间商越多,且从中间商得到的支持越大,其产品在乡村休闲旅游市场中的份额就越大,而市场份额上升又会增加乡村休闲旅游产品的销量。除此之外,在乡村休闲旅游市场竞争中,争取较大的和有实力的旅游中间商不失为一种扩大乡村休闲旅游产品销售规模和数量的有效手段。

3. 提高市场占有率

乡村休闲旅游市场占有率是指参与乡村休闲旅游开发与经营的企业所接待的游客数量在同期所在范围的旅游市场上的游客总数量中所占的比例。它可以反映不同的旅游企业在乡村旅游市场中的地位,也是衡量乡村休闲旅游企业经营规模和水平的重要标志之一。其公式如下。

$$\text{乡村休闲旅游市场占有率}=\frac{\text{主体接待的游客数量}}{\text{旅游市场上的游客总数量}}\times 100\%。$$

通常乡村休闲旅游市场占有率可以分为绝对占有率与相对占有率。乡村休闲旅游市场绝对占有率是指参与乡村休闲旅游开发和经营活动的企业在一定时间内所接待的游客数量占某个地区接待的游客总数量的比例。其公式如下。

$$\text{乡村休闲旅游市场绝对占有率}=\frac{\text{主体在一定时间内接待游客的数量}}{\text{同一范围内接待的游客总数量}}\times 100\%。$$

乡村休闲旅游市场相对占有率是指在一定的时间和范围内,某个乡村休闲旅游开发者或经营者的旅游市场份额占相同时间和相同范围内市场占有率最高的乡村休闲旅游开发者或经营者的旅游市场份额的百分比。

$$\text{乡村休闲旅游市场相对占有率}=\frac{\text{一定时期、一定范围内某一市场主体的旅游市场份额}}{\text{同一时期、同一范围内较大市场主体旅游市场份额}}\times 100\%。$$

提高乡村休闲旅游市场占有率是乡村休闲旅游经营者之间争夺游客的另一种方式。乡村旅游市场占有率的高低决定着一个旅游企业的经营规模和水平。因此,维持和扩大乡村休闲旅游市场绝对占有率是乡村休闲旅游市场竞争的主要内容之一，而不断提高乡村休闲旅游市场相对占有率是提高乡村休闲旅游市场竞争力的重要内容。

(三)乡村休闲旅游的游客与经营者之间的竞争

旅游市场竞争不仅是游客之间或旅游经营者之间的竞争，而且是游客和旅游经营者之间的竞争。由于游客对旅游产品的需求与旅游经营者的供给总是存在一定的差距，乡村休闲旅游的游客与相关旅游经营者之间也存在一定的竞争，包括对乡村休闲旅游产品、乡村休闲旅游服务和乡村休闲旅游价格等方面的竞争。其竞争的最终结果是形成双方都能够接受的乡村休闲旅游产品，旅游服务的内容、方式、质量和价格以及乡村休闲旅游需求和供给的动态平衡发展。

1. 乡村休闲旅游产品的竞争

旅游产品不仅是游客和旅游经营者之间交换的主要内容，而且是构成旅游目的地和相关旅游企业的市场竞争优势的重要基础。因此，乡村休闲旅游产品竞争的实质就是开发乡村特色休闲旅游资源和培育休闲旅游品牌，以更好地满足人们休闲旅游需求和消费的竞争。在旅游产品开发过程中，旅游资源的特色、知名度、丰富度和吸引力等既是构成旅游产品的核心要素，又是利用和发挥旅游资源比较优势的重要前提。因此，乡村休闲旅游产品竞争的重点是根据目标游客的休闲旅游需求，开发富有特色的乡村休闲旅游产品，并且提供相对优质的休闲旅游服务。

2. 乡村休闲旅游服务的竞争

旅游服务是旅游产品的核心组成部分。随着旅游市场竞争的范围更广、内容更多和层次更高，旅游服务的竞争就成为一种综合性竞争。旅游服务的竞争结果不仅取决于一个地区所拥有的各类旅游吸引物、服务设施和接待能力，而且取决于该地区的社会经济条件、地理区位、整体环境和政策因素等。对于乡村休闲旅游开发来说，其旅游服务的竞争需要目的地和企业共同重视，以提升旅游服务质量，因为服务质量对满足目标游客休闲旅游需求和消费需求是至关重要的，还要提高相关旅游服务人员的综合素质。只有通过提高乡村休闲旅游服务人员的服务意识，并不断改进旅游服务的形式和内容，才能提高乡村休闲旅游目的地和旅游企业的整体形象和竞争力。

3. 乡村休闲旅游价格的竞争

旅游价格是旅游市场竞争中最敏感和最有效的竞争内容。随着旅游产品逐渐由生活的奢侈品变成生活的必需品，在同一旅游市场竞争环境中，不同的游客对同一旅游价格或相同的游客对不同旅游价格的反应表现出不同的情感差异。因此，乡村休闲旅游的价格竞争不仅是游客和旅游经营者之间竞争的重要手段，更是整体旅游市场竞争的“晴雨表”。

乡村休闲旅游经营者为了赢得市场往往采取不同的旅游价格策略。例如，低价策略、高价策略和同价策略等。低价策略是指乡村休闲旅游经营者以低于旅游市场平均水平的旅游价格，来吸引更多的目标游客并迅速占领旅游市场；高价策略则是指乡村休闲旅游经营者通过对新的休闲产品或特色休闲旅游服务制定高于旅游市场平均水平的旅游价格，来突出乡村休闲旅游产品和服务的特色，以利于在短时间内收回投资并增加乡村休闲旅游企业的利润；同价策略是指乡村休闲旅游经营者为巩固和维护乡村旅游市场的竞争地位采取与旅游市场中其他企业相同的旅游价格，来吸引和保持一定数量的游客市场份额。对于中国乡村休闲旅游开发来说，价格竞争是最常使用的一种市场竞争形式，但不能作为主要手段经常使用。长期使用价格竞争会降低旅游产品的总体质量和品牌形象价值，不同价格策略具有不同的市场竞争要求。

(四)乡村休闲旅游目的地之间的竞争

随着城市居民对乡村休闲旅游需求多样化发展以及休闲旅游消费心理的成熟，大多数游客早已经不再单纯追求旅游价格的低廉，而是更加注重旅游产品、服务的质量和内容。因此，乡村休闲旅游市场竞争又表现为乡村之间的竞争。例如，旅游目的地积极塑造自身形象、培育主打品牌、提供特色旅游产品和附加旅游服务等非旅游价格方面的竞争。

1.乡村休闲旅游形象的竞争

旅游形象是由旅游产品、服务和其他因素等综合形成的游客群体认知的总体印象。这种总体印象不仅是目标游客选择休闲旅游目的地和实施旅游决策的重要依据，而且是休闲旅游目的地充分发挥自身竞争优势，提升知名度、美誉度和影响力的重要手段。因此，许多国家或地区都非常注重自身旅游形象的设计和构建。例如，荷兰以“风车之国”著称、西班牙的代表是“斗牛士”、中国山西省推出的“晋善晋美”的宣传标语、新疆的“大美新疆”等。

2.乡村休闲旅游品牌的竞争

旅游品牌是旅游产品和服务在目标游客心目中的定位，既是旅游产品的总体标志，又是旅游目的地综合竞争力的重要表现。乡村休闲旅游品牌不仅体现了乡村在提供休闲旅游产品和服务过程中对目标游客做出的服务、价值和质量等方面的承诺，还是游客在参与旅游活动中寻求自身利益最大保证的重要依据。因此，乡村休闲旅游目的地需要不断培育，形成具有自身鲜明特色的休闲旅游品牌，并加强休闲旅游品牌的构建和经营。只有这样，才能提升中国乡村休闲旅游目的地的品牌的竞争力，快速获得区域旅游市场的竞争优势，进而提高该类旅游产品的市场占有率。

3.乡村休闲特色旅游产品的竞争

特色旅游产品随着游客需求的多样化而不断发展。乡村休闲旅游开发中的特色旅游产品或服务需要乡村休闲旅游目的地以满足城乡旅游市场需求为出发点，选择一个或几个休闲旅游客源市场作为乡村休闲旅游目的地的目标市场，同时提供与众不同的乡村休闲旅游产品或服务，以差异化的休闲旅游产品和服务来赢得目标游客的青睐，并以成本优势阻止其他竞争对手的进入。

4.乡村休闲旅游附加服务的竞争

一个旅游产品是由核心、形式和延伸三部分共同组成的。旅游产品的延伸部分是目标游客在购买旅游产品时能够获得的所有优惠条件和附加服务。这部分内容是游客参与旅游活动时所得到的各种附加利益的总和，也是游客对所购买的旅游产品或服务进行评价的重要促成因素。在乡村休闲旅游开发中，附加旅游服务主要得益于乡村特色资源的丰富性和乡村旅游开发成本的低价性。乡村休闲旅游开发的低价优势使其开发者和经营者能够加入更多的旅游产品附加服务，以获得目标游客的青睐。由于增加了游客附加利益，其能够形成乡村休闲旅游特色，取得城乡旅游市场竞争的优势。例如，在乡村休闲农业景观游览过程中附加的一部分采摘活动、在农业技术研学旅游中附带的美食品尝等都属于附加旅游服务的竞争，均在一定程度上增加了乡村休闲旅游项目的竞争力。

三、乡村休闲旅游市场竞争的决定因素

在乡村休闲旅游市场竞争中，影响竞争的因素有很多，大致包括基础因素、影响因素和决定因素等。其中基础因素主要包括乡村休闲旅游资源优劣、乡村劳动力数量、开发资本高低、现有技术和管理等生产要素资源；影响因素主要包括乡村休闲旅游需求、乡村休闲旅游供给、乡村休闲旅游产业和城乡宏观微观环境等；决定因素主要包括参与乡村休闲旅游活动的游客和参与乡村休闲旅游开发企业的数量、乡村休闲旅游产品的同质性、相关旅游信息的完全程度、进出乡村休闲旅游市场的条件以及乡村休闲旅游竞争对手状况等。

(一)参与乡村休闲旅游的游客和旅游经营者的数量

一般而言，决定和影响旅游市场竞争的第一个因素是在旅游市场中有多少游客和旅游经营者。在实际的乡村休闲旅游开发过程中，只有个别或少数游客以及少数旅游经营者的乡村休闲旅游市场几乎没有竞争，这样的地区可以被认为是未开发或者是开发初期的乡村休闲旅游目的地。对于大多数乡村休闲旅游市场来说，影响其市场竞争的关键因素是市场上游客和旅游经营者的数量。从旅游供给角度看，在乡村休闲旅游市场中，处于平等地位的旅游经营者越多，则其市场的竞争程度越激烈。如果旅游市场中只存在一个或少数几个旅游经营者处于支配地位，那么旅游市场竞争程度就会减弱，甚至形成局部垄断的旅游市场。

(二)乡村休闲旅游产品的同质性和差异性

决定和影响乡村休闲旅游市场竞争的第二个因素是旅游产品的同质性，即不同的乡村休闲旅游经营者销售的休闲旅游产品在质量上是相同的，以致目标游客无法辨别不同旅游经营者提供的休闲旅游产品的差别。在现实的乡村休闲旅游开发中，大多数乡村休闲旅游经营者提供的旅游产品不具备上述严格的条件。即使同一个地区的乡村休闲旅游经营者提供的旅游产品，也会因为时间、季节、服务人员等因素而存在一定的差异。因此，在乡村休闲旅游市场竞争中，目标游客就更喜欢选择某一旅游企业的旅游产品，这种状况促使乡村休闲旅游企业应保持旅游产品特色以及与其他旅游企业的差异性，以便提高自身的市场竞争力。中国乡村休闲旅游开发的实际情况是众多乡村拥有自然景观、历史传统、文化传承和各类遗产等特色旅游资源，这些资源使休闲旅游目的地具有较高的差异性。在乡村休闲旅游开发过程中，旅游开发者存在经济、技术、认知等方面的缺陷会导致乡村休闲旅游产品的同质化现象非常严重。

(三)与乡村休闲旅游相关的旅游信息的完整程度

游客和旅游经营者能否获得市场上的全部旅游信息是决定和影响乡村休闲旅游市场竞争的第三个因素。在乡村休闲旅游市场竞争中，获得充分完全的旅游信息有相当严格的条件：它要求目标游客和旅游经营者必须充分了解乡村休闲旅游市场、乡村休闲旅游产品交换的全部旅游信息。如果相关旅游信息不完全，目标游客就不可能在充分了解旅游产品的情况下做出正确合理的购买决策，而参与乡村休闲旅游开发的企业也不可能正确掌握城乡旅游市场的旅游供求状况，并根据旅游供求变化及时调整开发项目和完善旅游产品。因此，旅游信息的完全程度直接决定着乡村休闲旅游市场的竞争程度，影响着旅游竞争机制作用的正常发挥。

（四）进出乡村休闲旅游市场的条件

乡村休闲旅游经营者进出乡村旅游市场的自由度是决定和影响市场竞争的第四个因素。一般而言，如果旅游经营者进入或退出旅游市场十分容易，则旅游市场的竞争程度就会提高；如果旅游经营者进入或退出旅游市场受到阻碍和制约，则旅游市场的竞争程度就会减弱。如果乡村休闲旅游经营者在进入某一乡村地区的旅游市场时受到阻碍，就意味着该乡村休闲旅游市场存在进入障碍，或者该乡村休闲旅游市场的进入壁垒较高，而进入壁垒较高的旅游市场一般具有较高的市场垄断性。进入壁垒包含市场结构壁垒、行业技术壁垒、价格壁垒、品牌壁垒、供应链渠道壁垒、地方性保护壁垒和文化壁垒等。

人口和土地政策等因素致使中国乡村休闲旅游市场进入壁垒相对于城市旅游市场来说较高，甚至一定程度上存在局部垄断的情况，这也是中国乡村休闲旅游市场需要逐步打破的一个僵局，否则，乡村文化和社会经济的振兴会受到影响。

（五）乡村休闲旅游竞争对手状况

乡村休闲旅游竞争对手状况是决定和影响市场竞争的第五个因素。这种竞争既是旅游企业之间的竞争，又是旅游目的地之间整体实力的相互竞争。正确评估和确定旅游竞争优势和竞争力，就必须重视对旅游竞争对手的分析，培育具有超过旅游竞争对手并能实现自身价值最大化的竞争优势和竞争力。乡村休闲旅游竞争对手状况的分析包括两方面：一方面，要立足目标市场游客的需求和市场的供求情况，对同类型和同级别乡村休闲旅游竞争对手的整体情况做出分析，以正确把握竞争对手在市场中的优势和特点；另一方面，根据“效益与市场”原则来考察乡村休闲旅游开发者、经营者以及竞争对手的旅游产品和服务成本及效益，同时综合考察现有的乡村休闲旅游目的地和相关旅游企业在市场上的占有率，从而明确旅游开发者和经营者的竞争优势和竞争力，为日后制定合理的休闲旅游开发竞争战略提供科学依据。

第七章　中国乡村休闲旅游经济结构的优化

旅游经济结构的优化并不是一个抽象的概念，而是存在于某个国家或地区旅游市场的一种具体评价标准和准则。通常来说，某个国家或地区的旅游经济能够持续发展主要取决于整体旅游经济结构的优化和升级，而旅游经济结构的优化和升级不仅是旅游经济发展的战略目标组成部分，而且是某个国家或地区整体旅游经济实现良性循环和可持续发展的根本保证。乡村休闲旅游经济结构的优化与升级对中国整体旅游经济的可持续发展意义重大。乡村休闲旅游经济结构优化的目的是城乡旅游开发可以更加合理化和高度化，更好地发挥旅游产业在国民经济中的纽带作用，促进乡村社会经济发展和城乡融合。

第一节　乡村休闲旅游经济结构

所谓旅游经济结构的内容大致包括整体旅游市场结构、旅游消费结构、旅游产品结构、旅游业态结构、旅游区域空间结构和旅游投资结构等。以上因素相互叠加能够反映某个国家或地区内部的旅游主体、各要素之间在市场上的整体关系和组织角色，还能反映旅游经济系统内部及整体运行和变化的形势、规律和内在动力等。

一、旅游经济结构的概念

在探讨中国乡村休闲旅游经济结构之前，应该了解旅游经济结构的含义及其内容。目前学界公认的旅游经济的定义为：旅游经济是指由旅游活动引起的旅游者与旅游企业之间以及旅游企业与相关企业之间的经济联系①。旅游经济既是国家或地区经济体系的一个子系统，又是一个相对完善和完整的独立经济系统。乡村休闲旅游经济结构是指在整体旅游经济系统中，各个组成部分之间相互联系和相互作用的形态及其数量之间的比例关系。

本章内容所表述的旅游经济结构不仅代表生产力或生产关系的结构，更是把生产力和生产关系统一起来的社会经济结构。从市场整体环境来看，旅游经济结构主要表现在三个方面：一是旅游经济生产力结构，即旅游经济系统由哪些生产部门和要素构成以及它们之间是如何相互关联地组成一个有机整体的；二是旅游经济生产力关系，即旅游经济系统的内在结构、属性特征以及旅游经济运行的过程和状态；三是旅游经济生产关系，即旅游经济系统内部各种关系的相互作用、相互影响、变化规律及内在动力等。

由于旅游经济结构是在国家或地区社会经济的各种内外因素共同作用下形成的，旅游经济发展的过程实质上是旅游经济结构不断演进和完善的过程。实践研究表明，一个国家或地

① 李亚非．旅游经济[M]．北京：中国林业出版社．2001。

区的旅游经济结构是否合理将直接决定和影响其旅游经济的发展规模和水平。如果某一地区旅游经济结构通过合理优化能达到理想发展状态，就能有效把旅游资源特色优势转化为实际的经济优势，从而促进该地区旅游经济各部门和各要素之间的协调发展；如果旅游经济结构不合理或结构失衡，就会制约该地区旅游经济的增长速度与发展水平。因此，旅游经济结构状况是衡量一个国家或地区旅游经济发展水平的重要尺度。

二、乡村休闲旅游经济结构的特征

旅游经济结构既有一般经济结构所具备的普遍特征，又具备不同于其他经济结构的典型特征。乡村休闲旅游经济结构具备了旅游经济结构的全部内容，因此我们可以从整体性、层次性、功能性、动态性和关联性五个方面来讨论中国乡村休闲旅游经济结构的特征。

(一)乡村休闲旅游经济结构的整体性

旅游经济是一个相对完整的体系结构，其整个系统由旅游活动"六要素(食、住、行、游、购、娱)"共同组成且缺一不可，每个组成要素都体现了旅游经济结构的某个部分或某一方面。由于每个组成要素都具有不同的属性和特征，任何一个要素都不能直接替代其他要素。乡村休闲旅游经济结构的整体性绝对不是各个组成要素在数量上的简单叠加，而是要根据某个乡村旅游经济整体发展的特点，按照各个组成要素相互联系、相互作用、相互影响的规律，最终形成均衡的数量比例以及构成状态，从而发挥地区旅游经济结构的整体性功能。

(二)乡村休闲旅游经济结构的层次性

在旅游经济结构中，层次性基本表现为：有的要素之间层次比较分明，有的要素之间层次并不明显。例如，从旅游需求角度来看，有高级、中级、低级三个层次的旅游产品经济结构；从旅游市场需求来看，有国际市场、国内市场等不同的旅游市场经济结构；从旅游经济规模和经济地位角度来看，有大型企业、中型企业、小型企业三个层次的旅游规模经济结构。如果乡村休闲旅游经济结构按照区域角度来分，就应该是介于地区层面和地方层面之间；如果乡村休闲旅游经济结构按照市场需求来划分，就应该是属于国内旅游市场。

(三)乡村休闲旅游经济结构的功能性

通常不同的旅游经济结构必然会使整体旅游市场具有不同的旅游经济功能和产生不同的旅游经济效益。而判定中国乡村休闲旅游经济结构和功能的优劣，最直接的标准就是能否快速和有效地满足大多数目标游客不断变化的乡村休闲需求；在中国乡村范围内能否形成一种合理地自我协调、自我更新和充满活力的旅游经济机制，进而促进乡村休闲旅游目的地旅游经济的发展和社会生产力的不断提高。

(四)乡村休闲旅游经济结构的动态性

在整个旅游经济系统运行当中，系统内的各部门、各要素及其相互关系是不断变化和发展的，乡村休闲旅游经济结构也是不断变化和发展的，因此乡村休闲旅游经济结构不是静止不变，而是具有动态性。此外，乡村休闲旅游经济结构的变化不仅表现为量的变化，而且存在质的变化。量的变化主要是指某个乡村休闲旅游经济规模与市场中的其他旅游经济各要素之间的比例关系的变化;质的变化则主要是指某个乡村旅游经济效益和经济发展水平的变动。由于旅游经济结构变动的过程非常复杂,所以旅游经济主体在关注乡村休闲旅游目的地旅游经济结构变化时必须时刻注意分析那些影响其变动的某些因素,并及时地进行综合调整和优化。只有这样,才能够提高中国乡村休闲旅游经济结构的动态性。

(五)乡村休闲旅游经济结构的关联性

乡村休闲旅游经济结构与其他经济结构最大的区别就在于它的关联性非常强,即其经济结构中的任何一种要素都需要与其他要素相互配合、共进共退。例如,从构成乡村休闲旅游业主体的旅游六大要素(食、住、行、游、购、娱)来看,其中任何一个要素自身作用的发生和供给都离不开另外五个相关要素的积极配合与支持;从构成旅游业核心部门的旅行社、旅游饭店、旅游交通和旅游景点等来看,任何一个行业的开发和可持续发展都必须以其他行业的发展为条件,都离不开其他行业的密切配合。乡村休闲旅游经济结构的关联性使组成乡村旅游经济结构的各要素、各行业之间的协调发展成为中国乡村休闲旅游经济结构协调的重要内容。系统机构中任何一方面的薄弱或不协调都会影响乡村休闲旅游经济系统整体开发和可持续发展的规模、效益和发展水平。

三、乡村休闲旅游经济结构的影响因素

影响乡村休闲经济结构的因素众多且形式多样。最主要的影响因素是社会对最终旅游产品的需求,而科学技术进步对乡村休闲旅游经济结构的变化也产生了重要影响。决定和影响中国乡村休闲旅游经济结构的因素主要有生产要素、旅游市场、科技进步、社会经济、政策法律等五个方面。

(一)生产要素

在乡村休闲旅游经济结构中,生产要素不仅包括旅游资源,还包括资金、劳动力、信息和创新能力等。生产要素是旅游业开发和生存的基础,其所具有的数量和质量不仅决定着某一国家或地区旅游经济发展规模和水平,而且决定着该地区旅游经济结构的功能和属性。因此,积极正确认识和分析乡村休闲旅游生产要素的状况、特点和规模是中国构建优质乡村休闲旅游经济结构的首要途径。分析生产要素对乡村休闲旅游经济结构的决定和影响作用应重点从以下三个方面考虑。

1.休闲旅游资源的状况

通常旅游资源是旅游持续经济发展的基础,一个国家或地区拥有的旅游资源的规模大小和品质高低决定着其旅游经济持续发展的优势和水平。乡村拥有休闲旅游资源的规模和品质也决定了其旅游经济发展水平,因为有些资源要素禀赋并不是由后天塑造的。在乡村文旅融合与休闲旅游开发中,建立合理的乡村休闲旅游经济结构必须根据现有的休闲旅游资源规模、特点及品质,按照城乡旅游市场需求来开发具有特色和优势的乡村休闲旅游资源,同时带动其他相关旅游要素的发展。只有这样,才能形成较为合理协调的比例关系,有效地促进中国乡村休闲旅游经济的增长。

2.乡村地区的资金和劳动力状况

旅游业是一个高投入和高产出的经济产业,如果想获得较大的经济规模和更高的效益,就

必须投入大量的资金进行旅游产品的开发和推广。旅游业是一个以提供服务为主的劳动密集型行业，劳动者素质的高低将直接决定着服务水平的高低。因此，研究中国乡村休闲旅游经济结构的影响因素不仅需要充分考虑乡村能够投入资金和劳动力的数量、对乡村休闲旅游经济结构形态的影响，而且要兼顾资金投入运行和劳动力质量对乡村休闲旅游经济结构影响。只有不断提高对乡村休闲旅游开发资金和劳动力要素的投入，才能展现实际的效果。

3. 旅游开发信息和创新能力

乡村休闲旅游开发信息和创新能力是决定休闲旅游经济结构是否合理的重要因素。在瞬息万变的旅游行业竞争中，能否及时掌握相关市场信息不仅对乡村休闲旅游经济结构产生影响，而且对城乡旅游经济增长与可持续发展都具有重要的意义。在乡村休闲旅游开发中，及时进行信息沟通，以提高应用信息资源的能力和创新能力。旅游开发者不仅能广泛地利用信息资源来促进乡村休闲旅游产品的开发，加强特色休闲旅游配套设施建设，还能创造新的乡村休闲旅游资源。

（二）旅游市场

中国乡村休闲旅游经济应该是以旅游市场为导向的“外向型”经济形态，因而乡村休闲旅游的经济运行和结构优化都必须围绕国内外市场来推进，在遵循市场一般规律的同时，遵守市场规则。

1. 乡村休闲旅游需求

旅游需求是决定和影响旅游经济结构的关键因素，旅游客源地人口数量、经济发展水平、旅游动机以及出游人数等共同决定着旅游目的地的旅游经济结构以及旅游经济的增长速度和可持续发展规模。而中国乡村休闲旅游经济的开发效果和发展水平主要表现在其对旅游客源的拥有程度以及市场占有率上。因此，在分析中国乡村休闲旅游经济结构时，需要重点考虑中国众多乡村休闲旅游目的地在各自不同发展阶段的旅游客源对象、客源范围以及旅游客源需求的变化趋势，同时充分考虑乡村休闲旅游项目对旅游市场的占有状况和目标游客重复购买率，从而为乡村休闲旅游目的地旅游经济结构的调整和优化提供重要依据。

2. 乡村休闲旅游供给

中国乡村休闲旅游市场规模的大小还取决于各个旅游目的地旅游产品供给能力和旅游服务水平的高低。以上两个因素不仅影响着中国乡村休闲旅游市场接待规模的大小，还决定了市场开发程度的高低以及地区旅游经济整体效益的提高。一般来说，决定和影响旅游供给规模和水平的因素是旅游投资结构、旅游产品开发和旅游产业与区域结构，因此中国乡村休闲旅游开发必须确定合理的旅游投资结构，同时对乡村拥有的休闲旅游资源进行科学合理的规划与开发，从而形成优质的乡村休闲旅游产品供给规模、旅游产业结构与旅游区域结构。

（三）科技进步

马克思指出，生产力中也包括科学；固定资本的发展表明，一般社会知识已经在多么大的程度上变成了直接的生产力①。邓小平提出，科学技术是第一生产力。由此可见，科学技术不

① 黄焕，周业昌. 知识经济与社会科学[J]. 广西师范大学学报（哲学社会科学版），2000(1)：6-10。

仅是中国城乡文旅融合开发与旅游经济发展的重要推动力，而且是影响国家或地区旅游经济结构的重要因素之一。科技进步对中国乡村休闲旅游经济结构的影响主要表现在以下三方面。

1. 影响旅游需求结构

科技进步能促进人们生活水平的提高和生产资料的发展。在中国乡村休闲旅游经济结构中，现代科学技术的表现尤为突出。乡村大规模现代科学技术的应用缩小了城乡差距，拉近了城市与乡村的实际距离，城市与乡村的社会经济的不断相互渗透与融合。因此，必须充分有效地利用现代科学技术，并不断改善和提高城乡旅游需求结构的水平，以满足游客不断变化的休闲旅游消费需求。

2. 影响旅游供给结构

事实证明，科技进步能够直接决定和影响旅游供给结构的变动和发展。例如，各景区积极采用数字化信息技术。科技技术进步带动了交通工具的发展，也为城乡旅游活动的有效开展提供了先进的工具和手段。中国乡村加快了旅游基础设施建设以及丰富了休闲旅游活动的内容，旅游服务质量得以改善。因此，科技进步对乡村休闲旅游经济结构产生了正态的影响，提高了中国乡村旅游产出的经济效益。

3. 影响旅游业经营和管理水平

科技进步对中国乡村休闲旅游经济结构的影响还表现在组织与管理方面，即科技进步能促进乡村旅游业经营和管理等“软”技术的改善和提高，提升管理效率和经济效益。随着中国乡村社会和经济体制改革的不断深入以及各种休闲旅游产品开发技术的逐渐完善，科技水平对中国乡村休闲旅游经济结构中的经营水平和管理水平的影响会越来越明显，而地区旅游产业的经营和组织能力在旅游经济结构优化中水平也将发挥越来越重要的作用。

(四)社会经济

中国乡村社会经济发展水平以及为旅游业开发所提供的有利条件或限制因素会直接影响乡村休闲旅游经济结构的优化和整体旅游经济的发展。中国乡村休闲旅游经济结构是否合理，除考虑旅游资源、旅游市场及科技进步等因素外，也要充分重视不同地区的社会经济发展水平，并根据不同地区、不同发展阶段的社会经济状况合理进行乡村休闲旅游产品开发与产业布局，通过乡村休闲旅游经济的发展带动周边地区的社会经济发展，促进城乡旅游经济与社会经济的有效联结，推进国家城乡融合以及文旅融合战略的发展。

(五)政策法律

通常经济政策与法律法规是国家和政府部门实现社会经济宏观调控的重要手段之一。高效合理地运用经济政策和法律法规不仅能加快城乡地区优质旅游资源的开发和经济资源的优化配置，而且有利于促进乡村旅游经济结构的合理化和优质化，缩小城乡社会经济差异，实现总体效率与空间平等的统一。在考量中国乡村休闲旅游经济结构合理化时，应该充分考虑政策、法律和体制三方面的因素。按照中国乡村社会经济发展与经济结构演进规律，制定有利于乡村休闲旅游经济发展的政策措施，以推进中国乡村休闲旅游经济结构的优化；按照中国市场经济和旅游经济发展的需要，制定有利于乡村休闲旅游经济结构优化的法律法规，合理地进行乡村休闲旅游产业结构调整和区域旅游布局;按照中国市场经济和国际惯例的要求,加快乡村休闲旅游经济体制改革,借鉴国外的经营方式和管理模式,促进中国乡村休闲旅游经济结构的优化。

第二节　中国乡村休闲旅游经济结构的内容

中国乡村经济结构是一个由许多系统构成的多层次和多因素的复合体形态。整体经济结构越合理就越能充分发挥乡村经济优势,越有利于国民经济各部门之间的统筹协调发展,而经济结构的相关内容及其发展状况是衡量中国乡村经济发展水平的重要尺度。探讨乡村休闲旅游经济结构有助于中国乡村休闲旅游开发以及乡村旅游经济健康可持续发展。

一、乡村休闲旅游市场与产品结构

市场与产品是一种休戚与共的关系,此处我们将这两种关系的结构放在一起进行讨论。

(一)中国乡村休闲旅游市场结构

乡村休闲旅游市场结构可以反映乡村休闲旅游目的地提供的休闲产品在旅游市场中供给和需求之间的规模和比例关系。因此,中国乡村休闲旅游市场结构的研究重点是分析乡村休闲旅游的需求结构、旅游供给结构和旅游供求适应结构。

1. 乡村休闲旅游需求结构

乡村休闲旅游需求反映了目标游客对乡村休闲旅游产品的需求状况,是具有支付能力且可能购买旅游产品的目标游客数量的总和。目标游客在收入、闲暇时间、爱好、职业、年龄、文化等方面的较大差别会造成不同身份游客的市场需求各不相同。乡村休闲旅游需求结构应率先从乡村休闲旅游需求结构进行分析,为乡村休闲旅游经营者提供多种类型的旅游产品,以满足城市游客多样化的需求。

2. 乡村休闲旅游供给结构

乡村休闲旅游供给反映了乡村休闲旅游经营者提供城乡旅游市场所需旅游产品的能力。它被认为是一种综合性的产品和服务。中国乡村休闲旅游供给结构的构建与完善需要注意几个方面的问题:明确乡村休闲旅游资源的不同类型和特殊属性,以利于项目开发者打造不同类型和各具特色的乡村休闲旅游景观和景区;合理统筹和规划乡村各种休闲旅游设施的规模、水平和比例关系,以利于旅游目的地形成有效的综合接待能力;提升与丰富乡村休闲旅游各种服务质量和内容;不断提高服务水平,从而更好地满足游客的需求。

3. 乡村休闲旅游供求适应结构

中国乡村休闲旅游供给与需求都存在一定的时空变化属性。城乡旅游市场中的供给和需求一旦在数量、规模、比例关系上达到适应和均衡状态,就实现了乡村休闲旅游市场供需结构的协调发展。为了提高乡村整体旅游经济效益,避免造成优质旅游资源的浪费或供给不足,旅游项目开发者需要根据中国乡村实际情况,对在乡村休闲旅游市场结构中出现的不协调现象进行适当调控,以满足乡村休闲旅游经济发展对旅游市场结构的要求。

(二)中国乡村休闲旅游产品结构

乡村不同休闲旅游产品及要素之间的组合关系共同构成了乡村休闲旅游产品结构,中国乡村休闲旅游产品结构应该从不同方面来看待和分析。

1. 乡村休闲旅游消费结构

乡村休闲旅游消费结构是指游客在参与乡村休闲旅游活动过程中消费各类旅游产品和相关消费资料的比例关系以及不同游客消费层次与消费水平的比例关系等。例如,不同的乡村休闲旅游产品消费包括食、住、行、游、购、娱等方面;不同消费层次则主要包括高档旅游消费、中档旅游消费、低档旅游消费或经济型消费等。对中国乡村休闲旅游消费结构的分析和研究,能有的放矢地对乡村休闲旅游产品结构进行调整,尽可能开发适销对路的乡村休闲旅游产品。

2. 乡村休闲旅游要素结构

乡村休闲旅游产品是由多种要素共同构成的一种综合性旅游产品。从旅游要素的结构入手,研究中国乡村休闲旅游景观景区、民俗建筑、基础设施、旅游服务以及旅游购物等要素的规模、数量以及结构状况,进而把握各种旅游要素的特点、属性和供给能力。例如,乡村各种休闲旅游设施的规模、特点和水平以及其与旅游服务的组合状况等。

3. 乡村休闲旅游产品组合结构

乡村休闲旅游产品组合是指按照一定的旅游市场需求和市场供给条件,把某个乡村各种旅游要素或单项旅游产品有机地组合,形成一定的乡村休闲旅游产品结构。中国乡村休闲旅游产品组合结构应该最先从旅游组合结构入手,主要研究乡村各种旅游要素的组合情况和分配比例,同时对各种休闲旅游线路设计、休闲旅游产品组合等展开探讨与分析。例如,开发者把乡村各种观光、游览、研学、体验旅游产品与传统文化旅游产品有机结合,形成在旅游市场中具有一定吸引力的组合类休闲旅游产品,以更好地满足城市游客的旅游需求。

二、乡村休闲旅游产业结构与区域结构

乡村休闲旅游产业结构与区域结构是指将旅游“六要素”作为核心而形成的旅游市场经济结构的内部比例关系。旅游经济具有的综合性特点决定了乡村休闲旅游产业结构和区域结构的多元化属性。

(一)中国乡村休闲旅游产业结构

按照乡村旅游各行业在区域旅游经济中的地位和功能作用,中国乡村休闲旅游产业结构可以分为核心产业、辅助产业和相关产业三个部分。

1. 乡村休闲旅游核心产业

乡村休闲旅游核心产业主要是指乡村直接面向市场中的游客来提供与旅游相关的产品或服务以及那些在乡村旅游经济中具有重要地位和功能的行业形态。其类型主要包括旅游饭店与住宿行业、旅游产品生产与批发行业、旅游交通运输行业、旅游景区景观业等。中国乡村休闲旅游开发同样需要一定数量和规模的旅行社、旅游饭店、旅游交通和旅游景观作为旅游开发的核心产业,其表现形式可能与一般旅游活动或其他类型的旅游活动不太相同。

旅行社业既承担着旅游产品的设计与包装、组合协调与市场营销等,又直接为游客提供相

关的旅游产品或服务，其在大众型旅游活动与旅游经济运行中发挥着极为重要的市场调节作用。在乡村休闲旅游市场中，旅行社能够发挥的作用并没有其在大众型旅游活动中那么明显，因为乡村休闲旅游的主要客源是乡村休闲旅游目的地外延200千米内的目标游客，一般以自助家庭出游为主。

旅游饭店是为游客提供食宿的基地，其总体规模大小、服务质量好坏、管理水平高低也反映了乡村旅游经济的综合素质和水平。应该注意的是，乡村休闲旅游中的旅游饭店与一般旅游活动稍有区别。例如，旅游饭店最终表现为民宿或者农家院住宿等，它们的经营以乡村原住居民参与居多。

旅游交通是实现游客空间移动的重要方式和条件，也是旅游产业的重要组成部分。随着各部门对乡村的大力扶植，作为基础设施的交通行业正在逐步完善和便捷。

旅游景观作为旅游吸引物，既是满足游客消费需求的核心部分，又是获得旅游收入的重要来源之一。中国乡村休闲旅游景观应该遵循生态保护、文旅相融、持续发展的原则。

2. 乡村休闲旅游辅助产业

乡村休闲旅游辅助产业是指利用部分功能向游客提供产品或服务的一种产业形态，其类型包括旅游餐饮业、休闲娱乐业、旅游商品销售业和旅游景观景区研究和设计规划部门等。虽然这些产业只是某一部分向游客提供旅游产品和相关服务，或者间接为乡村休闲旅游活动提供一定的条件支持，但其在城乡旅游经济发展中同样发挥着极其重要的作用。如果乡村休闲旅游开发没有这些辅助产业，就很难健康、有序、持续地发展。例如，中国乡村休闲旅游餐饮起步较早，开发形式也较为成熟，因为旅游餐饮业的进入门槛和技术含量比其他产业更低。乡村休闲旅游娱乐业通过为目标游客提供各种休闲、娱乐服务来增强旅游目的地的吸引力和提高旅游收入。迫于资金、技术、观念等原因，中国乡村在休闲旅游娱乐产业方面的建设投入力度不够；旅游商品业通过生产，与销售各种工艺品、纪念品、文物复制品及地方土特产品等来完成旅游服务。

中国乡村旅游产业在旅游商品方面与国外成熟的旅游开发项目有较大差距，即旅游商品种类单一且同质化现象非常严重。旅游研究和设计规划可以促进旅游目的地产品的开发与建设，这一方面在中国乡村休闲旅游产业中应足够重视，需要不断改善和提高。

3. 乡村休闲旅游相关产业

乡村休闲旅游相关产业是指众多与乡村旅游相关的行业和部门，包括地区建设、医疗卫生、安全救援、金融保险、邮电通信等部门以及为乡村旅游业发展提供产品或服务的农业、轻工业、建筑业和其他服务业等。中国乡村休闲旅游相关产业结构需要从“全域旅游”的角度来认识和考量，很多旅游目的地在安全救援、医疗卫生、保险金融等方面与城市差距较为明显，这是需要不断完善和构建的地方。当然，除由乡村地区自身完善建设外，还可以利用“半城郊型”的经济发展角色，即乡村休闲旅游目的地通过与邻近城市关联和共享的产业来降低开发成本和完善相关设施，这不失为一种合理有效的产业结构。

(二)中国乡村休闲旅游地区结构

中国乡村经济发展及产业布局离不开一定的地区空间。只有对区域内的不同产业和各类企业在地区空间上进行合理配置与有效布局，才能实现地区生产力的可持续发展。所谓乡村休闲旅游地区结构是指在乡村范围内各种旅游要素与旅游产品在空间上进行组合的一种关系。乡村休闲旅游地区结构类型是指在乡村地域空间内按照旅游要素、旅游产品和旅游市场而划分的旅游经济区类型。中国乡村休闲旅游地区结构大致分为要素地区结构、经济地区结构和市场地区结构等。

1. 乡村休闲旅游要素地区结构

乡村休闲旅游要素地区结构是指乡村中的某些旅游要素相对集中的某一特定区域，形成具有鲜明特征的旅游要素。其反映了乡村休闲旅游要素的空间分布、功能分区以及各旅游要素的空间联系状态等。中国乡村休闲旅游要素地区结构主要有几种形式：一是以乡村休闲旅游资源为主的要素地区结构，它是围绕乡村核心休闲旅游资源而形成的旅游资源集聚地、旅游景区景点、旅游商品销售机构等旅游要素空间分布状况；二是以乡村休闲旅游服务为主的要素地区结构，它是围绕提供旅游服务而形成的旅行社、旅游饭店、旅游娱乐等旅游要素和相关服务的空间分布状况；三是以旅游交通为主的要素区域结构，其依托交通枢纽而形成的旅游要素的空间分布状况，特别是商业中心的旅游交通运力、旅行社、旅游饭店，旅游娱乐的结构、规模及水平等。第一种形式在中国乡村休闲旅游要素地区结构中的数量众多且表现形式明显，第二种形式和第三种形式相对较少，这主要与中国乡村社会经济发展水平有一定关系。

2. 乡村休闲旅游经济地区结构

乡村休闲旅游经济地区结构是指建立在特定区域范围内的以旅游区、旅游圈、旅游带为主的一种结构系统，是构成某个旅游目的地的重要内容。例如，“川滇藏生态旅游区”“长三角旅游圈”等。经济地区结构应该注意三个方面：第一个方面，在经济地区结构中，旅游区是指在一定地域范围内围绕不同主体旅游资源或旅游产品形成的具有一定主题特色的旅游区域；第二个方面，旅游圈是指在较大地域范围内由若干不同旅游区相互联系、相互作用而形成的旅游区域；第三个方面，旅游带是指在更大地域范围内由若干不同旅游圈和旅游区共同形成的旅游区域。中国乡村休闲旅游目的地应该尽可能通过一系列要素配置和资源共享将自身有效融入旅游圈和旅游区。

3. 乡村休闲旅游市场地区结构

乡村休闲旅游市场地区结构是指由旅游客源和旅游投资等形成的乡村旅游地区结构。乡村休闲旅游的客源能够反映游客的地理分布及其需求偏好变化的特征，其会对乡村休闲旅游供给因素产生很大的引导作用。例如，旅行社营业点、餐饮店位置、旅游交通分布、民宿布局等。对于乡村休闲旅游投资来说，其在不同旅游区域的流动和分布将会影响乡村休闲旅游供给的结构和变化。

三、乡村休闲旅游投资与管理结构

乡村休闲旅游投资结构与管理结构的联系相对紧密，此处将两种因素放在一起进行探讨。

（一）中国乡村休闲旅游投资结构

乡村休闲旅游投资结构是指乡村旅游市场中的资金投入在不同乡村休闲旅游建设项目以及不同乡村休闲旅游目的地之间的比例关系。该比例关系对乡村整体旅游产品组成结构、旅游产业构成、旅游区域结构等都会产生不同程度的影响。

1. 乡村休闲旅游投资结构类型

乡村休闲旅游投资结构类型按照乡村休闲旅游投资项目的建设属性、建设内容、建设规模和资金来源等可以划分为不同的类型。乡村休闲旅游投资结构具体划分为:按乡村休闲旅游投资项目的建设属性,其可分为新建项目、改建项目、续建项目和扩建项目等;按乡村休闲旅游投资项目的建设内容,其可分为基础设施项目、旅游景区景点项目、餐饮项目、景区内外的交通项目和旅游购物开发项目等;按乡村休闲旅游项目的建设规模,其可分为大型旅游项目、中型旅游项目、小型旅游项目和微型旅游项目等;按乡村休闲旅游投资项目的资金来源,其可分为国家投资旅游项目、地方政府投资旅游项目和企业投资旅游项目等三类。

2. 乡村休闲旅游投资来源结构

在实际乡村休闲旅游经济运行中,由于休闲旅游投资的目的、方式和途径各不相同,旅游投资结构也不尽相同。从投资来源情况看,中国乡村休闲旅游投资基本来源于政府投资、利用外资、商业银行贷款和旅游企业自筹四个方面。政府投资一般是指纳入各级政府每年财政预算的旅游基础投资,其主要用于旅游目的地基础设施和公共设施建设;利用外资是指旅游开发者借用外国企业、外资银行、国际金融机构、国际基金组织等的资金进行的旅游投资,该类资金既可用于旅游目的地基础设施建设,又可用于旅游经营性投资;商业银行贷款是指旅游开发企业有偿向商业银行借用的资金,大多数是指用于旅游项目的流动资金,部分也可以用于旅游目的地的基础设施建设等;旅游企业自筹资金主要是指由参与旅游开发和经营的企业自行筹集的不属于以上范围的旅游投资,该类资金的使用一般比较灵活。

在中国乡村休闲旅游市场中,以上四种投资来源并不存在优劣之分。事实上,在乡村休闲旅游开发的实践活动中,开发者应该根据乡村休闲旅游目的地的自身情况选择合适的投资来源,以便对特色旅游资源进行高效开发和保护。

(二)中国乡村休闲旅游管理结构

乡村休闲旅游管理结构是指从生产关系角度来研究乡村旅游经济的所有制结构、企业规模结构和管理体制结构等。

1. 乡村休闲旅游的所有制结构

乡村休闲旅游的所有制结构反映了乡村旅游业所有制关系的构成、比例在市场经济中的客观要求,也是中国市场经济发展的必然趋势。分析乡村休闲旅游所有制结构特点、运行状况及发展趋势,有利于促进中国乡村非公有制经济发展,增强乡村旅游经济内在活力和外在动力。

2. 乡村休闲旅游的企业规模结构

乡村休闲旅游的企业规模结构反映了乡村存在的大、中、小旅游企业结构、比例和旅游企业集团化的发展状况。从中国旅游经济发展现状来看,乡村休闲旅游的企业规模结构由客观的市场条件决定,这种相对稳定的规模结构是在旅游市场竞争中由优胜劣汰逐步形成的;该结构基本遵循了规模旅游经济和产业集聚的要求,并逐步形成一种紧密型与松散型相结合的企业集团形态。例如,某个休闲旅游景区的运营管理公司、景区旅游餐饮集团公司等。这种企业结构形式有利于增强旅游企业竞争力和提高旅游经济效益。

3. 乡村休闲旅游的管理体制结构

乡村休闲旅游的管理体制结构是指从宏观角度来表现的与乡村休闲旅游行业相关的政策保障体系、行业管理机制的运行状况。随着城市与乡村旅游经济的快速融合发展，旅游产业正在逐步演变为以行业管理为主，集宏观旅游政策保障体系、旅游法律法规体系为一体的市场管理体制结构。这一体制深刻影响着中国乡村休闲旅游经济结构的发展规模和服务水平。目前，中国乡村休闲旅游开发仍然表现出很强的政府主导型的旅游开发管理模式特征。

第三节 中国乡村休闲旅游结构的优化

国家为实现乡村振兴和城乡融合战略推出了一系列宏观政策和相关规定，从战略角度给予乡村社会经济高度的重视。乡村旅游产业的升级、乡村经济结构的优化是中国振兴乡村经济的根本保证，而乡村休闲旅游开发是乡村经济振兴和乡村文旅融合的重要途径。通过优化乡村休闲旅游经济结构来有效提高乡村旅游经济发展水平，乡村旅游经济发展水平的提升又带动了乡村文旅融合、乡村产业振兴和城乡融合，这是一个双向互动、高效双赢的过程。

一、乡村休闲旅游经济结构优化

乡村休闲旅游经济结构优化是指在乡村旅游经济运行和发展过程中，根据城乡目标游客旅游需求的发展趋势和乡村旅游市场供求变化，通过对乡村休闲旅游经济结构的动态调整，推动城乡旅游经济结构的合理化与高度化，最终实现社会经济发展的目标。

（一）乡村休闲旅游经济结构优化的重要性

旅游经济结构优化既是提高整体旅游生产力的客观要求，又是促进整体旅游经济协调发展与提高经济效益的有效手段。因此，作为中国乡村旅游经济的一个重要组成部分，乡村休闲旅游经济结构优化的重要性包括四个方面。

1. 促进乡村旅游经济整体发展

实践证明，中国乡村休闲旅游经济总量的增长和速度的提高并不能完全反映乡村旅游生产力的水平，单纯追求数量扩张的旅游经济并不能提高经济效益，反而会导致恶性增长和整体发展结构的失衡。旅游经济结构能够明显反映乡村旅游生产力水平和旅游经济效益的好坏。因此，中国乡村需要把旅游经济结构优化作为整体战略目标，通过乡村休闲旅游经济结构的优化来提速增效，促进乡村旅游经济的持续发展。

2. 提升乡村旅游生产力的客观要求

通常以为旅游产业是一个综合性的经济产业。如果旅游经济中的各部门和各要素的发展规模、发展速度和发展水平不能相互适应、相互协调，就无法形成旅游生产力体系。乡村休闲旅游经济结构优化可以推动乡村旅游经济结构合理化和高度化的发展。

3. 保障乡村旅游经济协调发展的条件

旅游经济协调发展要求旅游市场中的各部门、各要素必须按一定比例的协调发展。如果结构比例不协调，旅游经济的增长就会大起大落。虽然中国乡村休闲旅游经济总体呈现高速增长的态势，但存在起伏，最根本的表现是乡村休闲旅游经济结构不合理。因此，要想实现乡村旅游经济协调发展，就需要从旅游经济结构优化入手，通过不断推进乡村休闲旅游经济结构调整和优化，促进中国乡村旅游经济进入持续协调发展的良性轨道。

4. 提高乡村旅游经济效益的手段

旅游经济结构优化的目标是推进旅游经济结构合理化和高度化的发展。乡村休闲旅游产品结构、休闲旅游市场结构、休闲旅游产业结构和休闲旅游区域结构优化等在整个乡村旅游经济结构的优化中占有十分重要的地位。

（二）乡村休闲旅游经济结构优化的特性

作为乡村旅游活动中的客观经济活动的实体，中国乡村休闲旅游经济结构有着重要的特性，包括以下五个方面。

1. 休闲旅游资源配置的有效性

合理的乡村休闲旅游经济结构能充分有效地利用人、财、物等生产要素，同时能较好地利用社会分工条件来发挥自身比较优势，实现乡村休闲旅游资源和生产要素的最佳配置。另外，其有效性还表现在能够促进对乡村休闲旅游资源的保护和适度开发，有效保持乡村传统文化、特色旅游资源的合理利用。

2. 休闲旅游产业结构的协调性

协调的乡村休闲旅游经济结构不仅能够使乡村旅游业内部的各要素和各部门之间保持合理的比例关系，还能够推进各部门与各要素之间的相互促进、协调发展。一个高效、协调的休闲旅游产业结构能够促进乡村休闲旅游目的地的产品生产、物资流通、收入分配和市场消费等各环节的顺利进行，还能不断调整乡村休闲旅游产品的供给和需求，使其处于统筹规划、协调开发的状态，最终推进城乡旅游经济的动态发展。

3. 休闲旅游空间布局的合理性

合理的乡村休闲旅游经济结构应该遵循旅游经济发展的客观规律和要求，形成高效、合理、节能的休闲旅游空间布局。只有这样，才能提高乡村旅游经济的营销形象和综合供给能力，同时提高乡村休闲旅游产业的整体经济效益。

4. 休闲旅游经济发展的持续性

持续的乡村休闲旅游经济结构能促进城乡旅游经济持续稳定的发展，促进乡村社会经济效益的不断提高、文旅融合和社会经济提升等。

5. 休闲旅游与生态环境的融合性

融合的乡村休闲旅游经济结构能够有效促进乡村自然、生态环境保护。融合的乡村休闲旅游经济结构不仅能够保护旅游目的地的自然资源、人文历史、民风民俗、历史遗迹等免受破坏，还可以进一步美化和改善城乡的社会环境与生态环境，使城乡的休闲旅游开发与生态环境保护有机融为一体，最终实现社会、经济、资源与环境的良性互动。

总体而言，中国乡村休闲旅游经济结构优化需要从各个地区的实际情况出发，着力构建一套既符合各地区实际，又具有一定竞争力的健康发展结构。

(三)乡村休闲旅游经济的合理化和高度化

合理化①与高度化②是中国乡村休闲旅游市场中的两个相辅相成的重要内容和实践目标。两者的关系在中国乡村休闲旅游开发过程中表现为以下三个方面。

1.合理化是高度化发展的基础

乡村休闲旅游经济结构的合理化是指在乡村休闲旅游经济活动中,各种因素或结构在总体数量、发展规模等方面能形成一种动态协调的状态。一般来说,中国乡村休闲旅游经济结构的合理化是高度化的前提和基础。如果没有经济结构的合理化,乡村休闲旅游经济结构的高度化就失去了市场依存的条件,甚至会因为地区旅游经济结构失衡而制约整个地区的社会经济发展。只有当某个乡村的休闲旅游经济结构实现了合理化发展,并且其结构效益积累到一定水平,才有可能推动乡村休闲旅游经济结构向高度化发展。

2.高度化是合理化发展的目标

乡村休闲旅游经济结构合理化的发展方向和目标就是最终实现高度化发展,这就需要乡村休闲旅游经济结构不断做出动态调整,以适应社会经济发展的需要。人们的休闲旅游需求会随着物质文化生活水平的提高而不断变化。如果乡村休闲旅游经济结构不以高度化作为发展方向和目标,就难以满足人们日益变化的旅游消费需求,乡村休闲旅游经济结构也无法实现更高层次上的合理化,所以中国乡村休闲旅游经济结构合理化是一个以高度合理化为目标的动态发展过程。

3.合理化和高度化的相互促进

因为乡村休闲旅游经济在不同发展阶段的规模、目标、结构组成都是不一样的,所以在不同阶段和市场状态下其结构的合理化与高度化发展的目标也不一样。例如,如果某个国家或地区的乡村休闲旅游经济增长缓慢、结构性矛盾突出,就必须对自身的经济结构进行合理化调整,以缓解结构性矛盾,保证整体旅游经济的平稳增长与发展;如果某个国家或地区的休闲旅游需求结构变动较大,就需要积极推进乡村休闲旅游经济结构的高度化发展,以增强乡村休闲旅游经济结构的转换能力。

总而言之,中国乡村休闲旅游经济结构的合理化和高度化的区分是相对的。在城乡旅游经济发展过程中,它们是相互渗透、相互联系并共同发挥作用的。

二、中国乡村休闲旅游产品结构优化

中国乡村休闲旅游产品结构优化是指存在于乡村的全部休闲旅游产品,从规模、数量、类型、层次等方面构建的合理的比例关系与产品组合关系。其优化内容包括旅游产品之间要保持合理的数量比例关系、同一种休闲旅游产品在不同层次的消费者之间要保持合理的比例关系等。若要实现中国乡村休闲旅游产品结构的优化,至少应该采取以下四项措施。

---

① 合理化是指在现有经济技术基础上,乡村休闲旅游经济内部的各种结构保持较强的互补性和协调性,具有符合中国乡村旅游经济发展要求的比例关系,最终实现城乡旅游经济的持续发展。

② 高度化是指在乡村休闲旅游经济合理化的基础上,充分应用现代科学技术成果来提高乡村休闲旅游生产要素的综合利用率,以此促进中国乡村旅游的产出向高附加值方向发展,进而不断提高城乡旅游的经济效益。

(一)加强乡村休闲旅游产品开发

通常中国旅游市场上的旅游产品主要由单项旅游产品组成。任何一个旅游目的地的单项旅游产品产量低、供给不足或生产过剩等都会对该地区旅游产品结构的优化产生一定的影响。尤其是一些特色单项旅游产品(如休闲旅游景区景点、休闲住宿、休闲餐饮建设)就成为中国乡村休闲旅游产品结构中不可缺少的重要内容。若对其开发不足,就势必会降低乡村休闲旅游产品的整体吸引力。因此,在中国乡村休闲旅游经济运行中,开发者必须对各种休闲旅游单项产品的开发给予高度重视,既不能因某些特色单项旅游产品投资回报少、效益不高,就忽视了对它们的开发,又不能因某些特色单项旅游产品目前的收益大、效益高,就一哄而上地过度消费。中国乡村休闲旅游开发只有加快各类单项旅游产品的创新和加强特色旅游线路产品的设计,才能不断完善与优化乡村休闲旅游产品的总体结构。

(二)优化区域内现有休闲旅游产品结构

任何一种产品结构都不是静止的,而是不断变化的。游客需求层次的提高和多样化发展会对中国乡村休闲旅游产品的层次和类型提出新的要求。例如,某些游客由过去的休闲观光旅游逐渐转变为休闲度假旅游。这就要求乡村旅游开发者时刻关注游客的需求变化,对乡村休闲旅游的需求结构和消费结构做出及时准确的预判。另外,为了更好地满足旅游需求与消费预期,乡村旅游开发者必须不断地对现有的休闲旅游产品结构进行动态调整与优化更新。例如,通过延长产品链来增加现有的休闲旅游产品的生命周期;对乡村休闲旅游产品进行深层次的开发或更新换代等。

(三)创新和培育特色品牌产品

中国乡村休闲旅游产品的市场开发既需要加强对吸引力强与文化内涵丰富的休闲旅游产品的开发,打造特色鲜明的休闲旅游品牌产品,又要增加休闲旅游产品的类型和数量,为创新和培育特色品牌产品奠定基础。对于中国乡村休闲旅游产品结构优化而言,首先,通过创新和培育品牌旅游产品来吸引游客;其次,带动一般旅游产品的开发,扩大旅游供给规模,以增加游客数量;最后,通过创新和培育特色品牌产品来优化乡村休闲旅游产品的开发结构。

(四)加强乡村休闲旅游产品体系建设

人们的旅游需求和旅游消费呈现多样化的发展趋势,这就要求乡村休闲旅游目的地必须以自身特色旅游资源为依托,以城乡休闲旅游消费需求为导向,有效整合区域内的各种单项休闲旅游产品,来促进地区旅游产品体系建设。同时,休闲旅游产品体系的完善与构建在一定程度上提高了乡村休闲旅游目的地的旅游供给能力,在满足游客日益增长的休闲消费需求的同时,进一步提升了乡村休闲旅游目的地的总体经济水平。

三、中国乡村休闲旅游产业结构优化

乡村休闲旅游产业结构优化是指乡村旅游经济内部的各行业之间形成协调的比例关系和组合关系。其主要包括乡村休闲旅游产业在类型、结构、规模、发展水平等各方面的合理化。为了实现中国乡村休闲旅游产业结构的优化,我们应该采取以下三个方面的措施。

(一)宏观调控与市场调节相结合

在中国乡村休闲旅游产业结构优化的过程中,宏观调控与市场调节各有特点且互为补充,它们分别具有不同的优势。只有充分发挥两者的作用,并协调两者关系,才能有效促进中国乡村休闲旅游产业结构的优化。从整体来看,各级政府可以通过行政管理、财政预算、投资比例和税收政策等宏观调控措施,对某些乡村休闲旅游经济结构中的不合理现状进行及时调整,避免整体旅游市场失效,或者市场调节的滞后。从微观方面来看,乡村休闲旅游市场的复杂性、市场运行的规律性等决定了市场调节具有重要的作用和实际效果。因为无论哪个地区的旅游行业,其产品供给结构都会不同程度地受市场需求的影响,所以充分发挥旅游市场的调节功能十分必要。

(二)主导行业与关联行业相适应

在中国乡村休闲旅游产业结构优化的过程中,旅行社仍然表现出核心的主导作用,它是城乡旅游产业内有效联系各行业的一条纽带。在结构调整过程中,要充分发挥旅行社的"龙头"带动作用,与其他行业形成合理的比例关系。另外,深入研究乡村休闲旅游市场的发展趋势,根据市场需求变化来分析和研究不同旅游行业的发展潜力,及时调整相关行业的供给和运行状态,保持整个乡村休闲旅游产业结构的合理性,才能适应现代乡村旅游开发的节奏。

(三)旅游企业集团化发展

旅游企业集团化是中国旅游经济发展的客观趋势和内在要求,加快中国乡村休闲旅游企业集团化发展需要根据各地区旅游市场的竞争态势,结合旅游企业的实际情况因地制宜地采取不同措施。应该注意四点:一是组建以地区为依托的大型休闲旅游企业集团,进而形成休闲旅游开发、旅游项目经营和景区景点日常管理一体化的企业开发模式;二是通过宏观政策和手段促进休闲旅游企业所有制结构的调整与完善,促使中国乡村休闲旅游产业所有制结构更加合理化和优质化;三是培育和加强现有城乡旅游企业集团的科学管理理念,通过推行科学管理来提高城乡之间的旅游经济效益;四是鼓励乡村休闲旅游目的地积极开展对外合作,加强中国各乡村之间的旅游经济联结。

四、中国乡村休闲旅游区域结构优化

乡村休闲旅游区域结构优化主要是从中国乡村区域旅游经济不平衡发展的现状以及不同乡村旅游资源和社会经济发展的差异性出发,在遵循乡村旅游经济发展的原则和基础上,通过促进区域旅游分工与合作来实现乡村休闲旅游区域结构优化。在中国乡村休闲旅游区域结构优化的推进过程中,我们应该注意以下几个方面。

(一)突出旅游重点区域的发展

中国乡村休闲旅游区域结构优化需要遵循突出旅游重点区域发展的原则,加强对乡村重点休闲旅游区和旅游线路的建设与开发。例如,加快对重点休闲旅游景点和休闲旅游小城镇建设,提高其综合接待能力,增强对周边地区的旅游辐射功能;积极开发和建设各种类型的乡村休闲旅游小城镇，丰富乡村休闲旅游产品内容。除此之外，加强重点乡村旅游配套设施建设，尽力开发和建设一些发展潜力大、经济效益好的乡村休闲旅游线路。

（二）遵循点面结合的开发规律

中国乡村休闲旅游区域结构优化需要将较发达的旅游地区作为依托，形成休闲旅游经济增长点，“以点带面，点面结合”，进而发挥整体集聚功能和辐射扩散作用。政府相关管理部门可以采取以下措施：重点培育乡村休闲旅游经济“增长点”，集中一定的人、财、物力，加强重点乡村休闲旅游区域建设；通过“以点带面”的辐射，不断向周围乡村扩散，以形成区域旅游网络地带；“点面结合”地在各重点地区旅游经济迅速发展的基础上，形成更大范围内的乡村休闲旅游经济圈和旅游经济带，促进城乡旅游经济的整体发展。

（三）推进乡村区域旅游合理分工

中国乡村休闲旅游经济的区域布局应该基本遵循产业分工合理、区域特色突出、相互补充、相互协同的原则。各级政府管理部门根据各地区旅游经济整体发展水平以及区位状况，利用宏观调控手段构建和完善区域旅游产业的分工与布局，从而形成相互补充的区域旅游开发格局。其大致可以从三个方面入手：一是各乡村根据周边旅游市场的供求状况，结合特色旅游资源优势和区位条件，开发与乡村休闲旅游市场需求相适应的旅游产品，从而形成具有品牌特色的旅游产品；二是乡村在休闲旅游资源和产品开发中要与相关地区的旅游发展合理分工和布局，避免同质化竞争和重复建设；三是乡村可以在突出各自产业特色的前提下，充分发挥互补互济、协调联动的管理理念，形成地区的优势资源互补、消费市场互补、产品生产互补的休闲旅游市场结构，以此促进乡村生产要素的合理流动与高效利用。

（四）鼓励各乡村进行对外旅游合作

对于中国乡村休闲旅游的开发者来说，封闭是绝对不能实现旅游经济发展的。只有积极对外开放和大力发展地区之间的旅游交流与合作，才能促进乡村旅游经济的整体发展，旅游经济发展需要互动和双赢。乡村休闲旅游开发对外合作的途径：按照乡村休闲旅游经济的内在联系，打破区域壁垒，加强中国各个乡村地区之间的社会经济的联合协作，逐步构建具有一定规模和水平的区域休闲旅游协作体系；鼓励旅游目的地积极参与城乡旅游市场竞争，特别是要顺应社会经济区域一体化的趋势，让旅游目的地努力寻求更大范围的城乡区域旅游合作。

第四节　中国乡村休闲旅游经济的集聚

在乡村休闲旅游开发产业集聚的影响下，乡村休闲旅游开发将会成为中国乡村旅游开发的主导趋势。乡村休闲旅游产业的快速发展会不断扩大城乡旅游产业发展规模。而在激烈的旅游市场竞争中，乡村休闲旅游产业要想具备有自身特色的竞争优势，就必须不断地适应市场需求和时代发展，及时创新企业发展模式与提高企业服务水平。然而，单个旅游企业却存在产业可持续发展空间小、投入资金有限、研发技术落后等弊端。如果在乡村实现休闲旅游产业集聚，这些问题可能会被巧妙解决。因此，乡村休闲旅游产业集聚是中国乡村休闲旅游开发的有效途径，也是提升乡村休闲旅游竞争力的客观要求。

经济集聚是指在市场经济条件下，现代社会工业化发展到一定阶段的必然产物，集中代表了某一类产业的竞争力。中国乡村休闲旅游经济集聚是广大乡村休闲旅游产业高级化、外延化的产物，这一形态融合了整体旅游经济发展以及产业集聚理念。中国乡村休闲旅游经济集聚充满了鲜明的产业集聚优势和辐射带动效应。中国乡村休闲旅游经济集聚包含两个方面，即区域集聚与产业集聚。

一、中国乡村休闲旅游的区域集聚

旅游的区域集聚是指与旅游活动联系密切的大量行业、企业、相关技术支撑机构，根据社会资源优势在特定区域内的集中分布状态构成一定的旅游企业群落，并通过衍生、扩张、拓展，形成更大范围和更具影响力的区域旅游格局。中国乡村休闲旅游的区域集聚反映了乡村旅游开发建设的空间格局，也是形成乡村休闲旅游经济核心竞争力和比较优势的基础。区域集聚的评价条件和方式有很多种，本节内容主要从以下四个方面来评价中国乡村休闲旅游的区域集聚。

（一）乡村休闲旅游经济实力

乡村休闲旅游经济实力是在一定的地域范围内，由众多参与乡村休闲旅游的企业及相关行业有机整合而形成的市场竞争力和经济效益获取能力。如果乡村休闲旅游产业规模越大，旅游空间结构越合理，则旅游经济实力和区域旅游竞争力就越强，就必然会促进乡村旅游经济持续快速发展；反之，如果某地区休闲旅游产业规模越小或旅游空间结构越不合理，则旅游经济实力和区域旅游竞争力就越弱。中国乡村休闲旅游经济实力较强地区一直分布在中心城市周边和旅游产业发达地区，这主要得益于中心城市和发达地区的社会经济辐射作用，随着中国乡村振兴战略不断向纵深推进，乡村休闲旅游开发将逐步向更广泛和更加偏远的乡村推进，以提高乡村旅游整体水平和竞争力。

（二）乡村休闲旅游品牌效应

乡村休闲旅游品牌效应是指在一定的区域范围，基于特色旅游产品的吸引力或旅游目的地可进入性等条件而形成的号召力和影响力。前者形成乡村休闲旅游目的地的品牌效应；后者形成参与乡村休闲旅游开发企业的品牌效应。对于中国乡村休闲旅游经济来说，无论是乡村休闲旅游目的地，还是参与乡村旅游开发的企业，旅游品牌价值越高，则在旅游市场上的号召力和影响力就越强，所接待的目标游客人数就越多，其具备的旅游区域集聚能力就越强。以安徽省黄山市的西递村为例，2000 年，西递村以“典型皖南古村落”被联合国教科文组织列入世界文化遗产名录；2012 年，该村被中华人民共和国住房和城乡建设部、文化部、财政部等部委联合列为“第一批中国传统村落”；2020 年 8 月，西递村入选第二批中国乡村旅游重点村名单；2021 年 12 月，西递村入选联合国首批“最佳旅游乡村”的大名单。将著名的黄山综合旅游景区作为依托的西递村，以传统文化和自然农业文化为特色，形成了鲜明的乡村休闲旅游品牌。

（三）乡村休闲旅游企业间联系

中国乡村休闲旅游区域集聚既离不开参与乡村旅游开发的企业，又离不开这些旅游企业的配合与协调。在一定的地域范围内,乡村休闲旅游企业联系的紧密程度、组合状况以及与相关企业之间配合的好坏状况等都会直接决定和影响中国乡村休闲旅游的区域集聚状况和产业开发水平。目前,在中国乡村休闲旅游开发的过程中,那些成熟的乡村休闲旅游目的地的旅游企业以及相关企业之间的联系越紧密,配合就越协调;那些不够成熟的乡村休闲旅游目的地的旅游企业和相关企业之间基本处于一种各自为战、闭门造车的窘境。

(四)政府相关部门之间的协作

从宏观调控角度看,中国乡村休闲旅游的区域集聚是提升乡村旅游内聚力、带动乡村旅游业与相关产业开发、推动城乡旅游业和谐发展的重要战略。乡村政府各部门之间的配合与地区政府之间的协作对乡村休闲旅游的区域集聚的形成和优化都具有十分重要的作用。虽然政府已经推出乡村振兴和城乡文旅融合等大战略,但是广大乡村社会经济的巨大差异导致乡村休闲旅游开发面临行政效率低下,出现了政府相关部门相互推诿等现实问题,这在一定程度上也影响了乡村休闲旅游经济的区域集聚效果。对于乡村各级政府部门来说,行政部门之间只有相互配合,才能为乡村休闲旅游的区域集聚创造良好的宏观环境。地区政府的密切协作能有效发挥乡村休闲旅游的区域集聚功能和辐射扩散作用。

二、中国乡村休闲旅游的产业集聚

旅游的产业集聚是指旅游行业及相关行业的聚集过程与优化联系,也是中国乡村旅游经济集聚、内涵深化的表现。

(一)乡村休闲旅游产业集聚的特点

任何国家或地区的旅游业在产业发展上都会表现出内部行业众多,涉及相关产业和部门较广泛的特点,因此旅游产业集聚比其他任何产业集聚都更具有典型性与代表性。中国乡村休闲旅游产业集聚的典型性主要表现在以下四个方面。

1.产业部门的数量及种类众多

在目前中国乡村休闲旅游市场中,众多行业和部门围绕休闲旅游活动不断集聚,逐渐形成一些产业集聚的模式和特点。其主要表现为四种形态:一是数量众多的直接提供乡村休闲旅游产品或服务的旅游企业,包括相互竞争的休闲旅游景区与景点、参与休闲旅游经营的饭店、附属的休闲餐饮店、旅游交通运输部门、休闲旅游购物等;二是直接面向游客而开发的休闲旅游产品以及休闲文化产品销售或服务的下游企业,包括在乡村从事休闲旅游产品批发、零售、代理的中间商,从事旅游信息咨询和服务的旅游宣传、中介机构等;三是间接面向游客的一些产业部门,包括为参与乡村休闲旅游开发的企业提供服务和技术支持的一些服务性机构(大学、科研所、职业培训机构、专业媒体、贸易联盟及商会);四是部分面向目标游客提供相关服务的企业或机构等,包括提供保险服务的金融企业,提供医疗救护、安全保障的部门以及提供消费者权益保护、法律援助的机构等。

2.行业专业分工较为明确

乡村休闲旅游产业是指为游客提供休闲观赏、游览、文化、节庆表演等旅游产品或服务的综合性产业。在目标市场的游客参与乡村休闲旅游活动的过程中，不同企业、行业或部门有比较明确的专业化分工使每个企业、行业或部门能够将主要精力集中在满足目标游客的某一方面或几个方面的需求。对于中国乡村文旅融合来说，虽然这种专业化分工在一定程度上限制了向目标游客提供综合性服务的能力，但是明确的专业化分工使整体旅游服务质量和水平有所提高，经营成本和费用有所降低，同时吸收了大量的乡村剩余劳动力，进一步提高了乡村劳动生产率。在产业分工明确的基础上，通过旅游的产业集聚就能够形成结构完整的旅游产业结构，这是中国乡村休闲旅游和乡村文化旅游产业融合的发展方向。

3. 经济动力活跃且前景广阔

中国乡村休闲旅游的产业集聚的动力主要源自由乡村休闲旅游的相关产业集聚带来的规模经济、区域经济和外部经济等。乡村休闲旅游的产业集聚的经济效益又会进一步刺激更多的社会企业向乡村旅游产业集聚，从而成为推动乡村整体旅游产业集聚的强大动力。例如，吉林省长春市农安县辽金时代观光园把旅游“六要素”有效融入休闲旅游活动，同时全面还原辽金时期的民俗特色。该类型的乡村休闲旅游的产业集聚不仅强化了休闲项目的市场认知度，激发了目标游客对于乡村历史民俗、传统文化、休闲娱乐产品的需求，而且为乡村休闲旅游产业带来了大量的游客和收入。

4. 中国的开发环境较为优越

由旅游的产业集聚形成的一系列产业链不仅能够降低购买专业性或辅助性服务的交易成本，而且可以吸引大量服务供应商和旅游专业人才的涌入。旅游专业人才的流动和知识外溢效应又必然会促进相关旅游企业与旅游产业的创新与升级，进而带动运输行业、电信行业、教育行业、卫生事业等相关行业的转型发展。政府对乡村振兴和乡村文旅融合开发一直给予高度的重视，不断颁布和推出鼓励乡村文旅融合、乡村休闲旅游开发的政策，从金融、税收、社会管理等方面积极支持乡村休闲旅游产业的创新与升级。就目前的开发环境来说，在文旅融合背景下，乡村旅游开发以及乡村休闲旅游的产业集聚面对的环境要优于其他行业。乡村休闲旅游的产业集聚使旅游产品的旅游要素和产业链比较集中，可以迅速形成乡村特色旅游品牌，提升乡村休闲旅游目的地产品的市场竞争力，为乡村社会经济发展创造良好的外部大环境。

（二）乡村休闲旅游产业集聚的影响因素

影响中国乡村休闲旅游产业集聚的因素有很多。在产业发展的不同阶段，这些影响因素发挥的作用各不相同。在乡村休闲旅游产业集聚迅速完善，特别是在交通趋于便利、休闲产品市场的吸引力不断增强以及规模经济效应提高的情况下，乡村休闲旅游企业便开始活跃在乡村旅游的产业集聚上。影响中国乡村休闲旅游产业集聚的主要因素大致有以下三个方面。

1. 乡村休闲资源禀赋与区位因素

从首次出现的旅游产业集聚现象来看，旅游目的地合理利用自身旅游资源优势是形成旅游产业集聚的原始动因。由于中国大多数乡村休闲旅游资源是位置固定且无法移动的，而乡村休闲旅游资源禀赋的差异性又会造成旅游目的地吸引力的千差万别。那些吸引半径较大的乡村休闲核心资源就会吸引更多的社会企业参与开发和建设，从而形成自发的乡村休闲旅游产业集聚现象。除此之外，中国乡村休闲旅游资源也决定了旅游产业集聚的区位，因为乡村休闲旅游资源和产品的位置相对固定并且无法迁移，所以只有游客抵达休闲旅游目的地，同时完成一系列旅游消费，才能够实现乡村休闲文化和旅游产品的全部价值。因此，中国乡村休闲旅游目的地的区位条件与可进入性就成为影响乡村休闲旅游产业集聚的又一个重要因素。例如，随着家用轿车的普及，休闲自驾旅游逐渐兴起，那些距离客源市场较近、各类型道路通畅的乡村休闲旅游景区景点就迅速变为旅游产业集聚地。在旅游经济集聚的带动下，客源市场与这些乡村休闲旅游景区之间的交通沿线会集聚一大批相关的旅游服务产业。相比较而言，那些区位条件差且可进入性差的地区即使拥有丰富的休闲旅游资源，也无法表现出较高的市场竞争力。

2. 乡村休闲旅游市场发展变化

中国乡村旅游市场因素是推动乡村休闲旅游产业集聚的根本动力。虽然人们的休闲旅游需求不断增长，但是中国旅游需求的空间分布却并没有表现出均衡发展的形态，高需求与高消费的旅游市场主要集中在经济发达、人口众多、生产力水平高的地区。由于中国乡村休闲旅游产品和相关企业大多数集中在城乡接合地带，一部分景区景点源自良好的自然景观、历史遗迹、人文景观等，而中心城市有大量的旅游客源，发掘农业文化、民风民俗文化以及兴建休闲娱乐场所、农家乐等不仅能够满足城市居民的休闲游憩需求，而且接待大量的城市目标游客能够获得更多的旅游经济收益。

3. 外部法规制度与旅游环境

法规制度、旅游环境是影响中国乡村休闲旅游产业集聚的重要因素，因为顺利的旅游活动和高效的旅游经济运行都离不开完善的法规制度和优质的旅游环境。表 7-1 是中国各级政府部门于 2015—2022 年发布的关于乡村振兴、乡村产业发展、乡村文旅融合等方面的相关政策。

表 7-1　2015—2022 年中国各级政府部门发布的相关政策

编号	颁布部门	政策文件	发布时间	产业融合政策要点
1	国务院办公厅	《关于推进农村一二三产业融合发展的指导意见》	2015.12	构建农业与一二三产业交叉融合的现代产业体系，形成城乡一体化的农村发展新格局
2	中共中央、国务院	《关于实施乡村振兴战略的意见》	2018.1	构建农村产业发展体系，大力开发农业多种功能，实施休闲农业和乡村旅游精品工程
		《乡村振兴战略规划（2018—2022 年）》	2018.9	推动农村产业深度融合，发掘新功能新价值，培育新产业新业态，打造新载体新模式
		《关于坚持农业农村优先发展做好“三农”工作的若干意见》	2019.2	推动现代农业产业园、农村产业融合发展示范园、农业产业强镇建设
		《关于抓好“三农”领域重点工作确保如期实现全面小康的意见》	2020.1	发展富民乡村产业……支持农村产业融合发展示范园建设

续表 7-1

编号	颁布部门	政策文件	发布时间	产业融合政策要点
2	中共中央、国务院	《中华人民共和国国民经济和社会发展第十四个五年规划和 2035 年远景目标纲要》	2021.3	提高农产品加工业和农业生产性服务业发展水平，壮大休闲农业、乡村旅游、民宿经济等特色产业
		《关于全面推进乡村振兴加快农业农村现代化的意见》	2021.1	开发休闲农业和乡村旅游精品线路，完善配套设施
		《关于做好 2022 年全面推进乡村振兴重点工作的意见》	2022.1	挖掘乡村多元价值，重点发展农业产品加工、乡村休闲旅游、农村电商等产业
3	农业农村部	《全国乡村产业发展规划（2020—2025）》	2020.7	以实施乡村振兴战略为总抓手，……发掘乡村功能价值，强化创新引领，……培育发展新动能
4	国务院	《“十四五”推进农业农村现代化规划》	2021.11	提升农村产业融合发展水平。推动农业与旅游、教育、康养等产业融合，发展田园养生、研学科普、农耕体验、休闲垂钓、民宿康养等休闲农业新业态
5	自然资源部、国家发展改革委、农业农村部	《关于保障和规范农村一二三产业高质量发展的指导意见》	2021.1	明确农村一二三产业融合发展用地范围，拓展集体建设用地使用途径，大力盘活农村存量建设用地
6	农业农村部	《关于拓展农业多种功能促进乡村产业高质量发展的指导意见》	2021.11	做大做强农产品加工业、做精做优乡村休闲旅游业、做活做新农村电商业
7	国务院	《关于促进乡村产业振兴的指导意见》	2019.6	促进产业融合发展，增强乡村产业聚合力
8	文化和旅游部、教育部等	《关于推动文化产业赋能乡村振兴的意见》	2022.3	以文化产业赋能乡村人文资源和自然资源保护利用，促进一二三产业融合发展，贯通产加销、融合农文旅

以上的一系列宏观政策对中国乡村休闲旅游产业集聚的影响主要表现在四个方面：一是各部门通过改善和提供良好的基础设施、匹配相应的财税政策、提供优质的公共服务、改进乡村休闲旅游行业的管理模式和其他优惠条件等软环境，中国乡村休闲旅游产业集聚获得了良好的开发环境；二是各部门通过制定旅游产业集聚政策和法律法规制度来营造更加开放、公平竞争的市场环境，塑造良好的乡村休闲旅游形象和乡村文化氛围，以吸引更多的投资商进驻产业集聚区，同时鼓励与乡村休闲旅游有关的创新与发展等，为乡村休闲旅游产业集聚创造良好的制度环境；三是各部门利用宏观调控手段来整合乡村休闲旅游资源、生产要素和相关旅游要素，通过完善各类型的公益性服务为参与乡村休闲旅游开发的企业提供产品技术支持、营销渠道构建、客户资源选择、市场需求信息等服务，中国乡村休闲旅游企业能更容易且更方便获得

所需要的服务，从而增强了乡村休闲旅游产业集聚的吸引力；四是各部门通过在乡村定期举办各种休闲旅游交易会、贸易洽谈会来加强对乡村休闲旅游目的地的形象塑造，以此提高乡村休闲旅游产业集聚区的知名度和影响力。

对于中国乡村休闲旅游开发来说，旅游产业集聚过程既是乡村旅游开发的客观规律和要求，又是乡村休闲旅游资源与区位因素、旅游市场因素、法规制度、环境因素相互作用的结果。其中，由乡村旅游资源禀赋与区位因素形成的比较优势是乡村休闲旅游产业集聚的重要基础；法规制度和环境因素是有效促进乡村休闲旅游产业集聚的重要保障；旅游市场因素则是乡村休闲旅游产业集聚的重要机制，其贯穿于乡村休闲旅游产业集聚的全过程。

第八章　文旅融合下的中国乡村休闲旅游可持续发展

乡村休闲旅游被公认为是放松身心、感受自然、体验乡村生产生活的主要方式之一。实践证明，乡村休闲旅游开发不仅带动了乡村产业结构调整，加速了乡村常住居民脱贫致富，促进了乡村社会经济全面发展，而且满足了周边城市居民日益增长的休闲旅游需求。虽然乡村休闲旅游开发的势头良好，但在实际开发过程中仍然出现后续发展乏力、市场竞争环境恶化、发展前景模糊等问题，因此如何实现中国乡村休闲旅游开发的可持续发展备受学界关注。

第一节　文旅融合下的乡村休闲旅游可持续发展

2018 年，文化和旅游部等 17 个部门印发了《关于促进乡村旅游可持续发展的指导意见》（以下简称“意见”）。该意见明确提出，按照产业兴旺、生态宜居、乡风文明、治理有效、生活富裕的总要求，从农村实际和旅游市场需求出发，强化规划引领，完善乡村基础设施建设，优化乡村旅游环境，丰富乡村旅游产品，促进乡村旅游向市场化、产业化方向发展，全面提升乡村旅游的发展质量和综合效益，为实现我国乡村全面振兴做出重要贡献。从那时起，中国乡村可持续发展上升到了国家战略层面，而乡村旅游以及乡村休闲旅游开发的可持续发展也随之全面启动。

一、乡村休闲旅游可持续发展的概念

乡村休闲旅游可持续发展主要是指在充分考虑旅游开发与乡村自然资源、社会文化和生态环境相互作用的前提下，休闲旅游开发活动应建立在乡村生态环境承受能力范围之内，努力谋求各种资源的协调发展。其目的在于为消费者提供高质量的休闲感受与体验。乡村休闲旅游的可持续发展可以提高乡村休闲旅游目的地常住居民的生活质量、收入水平，且能有效维护城乡居民共同依赖的生态环境。鉴于中国乡村社会经济发展现状，文旅融合下的中国乡村休闲旅游可持续发展主要包含以下四个方面。

（一）满足乡村休闲旅游长远发展需求是根本目标

乡村休闲旅游开发应先满足城乡居民持续发展的多样化要求，尤其是随着中国社会经济的持续发展，游客对空气、水资源、食品、居住环境以及自然生态景观的要求将会日益提高。因此，在中国乡村休闲旅游开发的可持续发展过程中，开发者和经营管理者要积极倡导那些有利于保护自然资源、文化遗产和生态环境的休闲旅游活动，积极为目标游客提供健康和安全的乡村休闲旅游环境，减少对原有自然资源、文化遗产和生态环境造成危害的旅游活动，同时要尽

可能增加有利于可持续发展的乡村休闲旅游项目，以充分满足游客不断增加的多样化需求。

（二）保护乡村特色资源和优质环境是基本出发点

中国乡村休闲旅游开发可持续发展的实质是谋求乡村休闲旅游能够与当地自然生态、传统文化以及生存环境融合为一体。因此，对乡村的自然资源、传统文化和生态环境的保护不仅是社会经济发展的必然要求，而且是中国乡村休闲旅游开发可持续发展的基本出发点。中国乡村休闲旅游开发要把保护各类自然资源、传统文化、历史遗产以及生态环境作为主要目标，尽量避免对自然资源、生物多样性和生态环境造成破坏。在乡村休闲旅游开发过程中，还要有效维护乡村的自然特色、文化特色和旅游胜地特色，避免对乡村文化遗产、传统习俗带来负面影响。

（三）合理的旅游规划和开发是重要的手段

合理的乡村休闲旅游规划和开发既是保护自然资源、社会文化和生态环境的重要手段，又是乡村休闲旅游开发可持续发展的基础。首先，充分认识规划和开发对乡村休闲旅游可持续发展的重要意义，科学地制定乡村休闲旅游发展规划和特色资源开发蓝图，尽可能使乡村休闲旅游开发规划与可持续发展的总体目标相一致；其次，通过合理的乡村休闲旅游开发行为，保护特色旅游资源和生态环境，特色旅游资源和生态环境可以被持续利用，为乡村常住居民的生存和发展提供机会和条件，也要为后人留下可持续发展的空间；最后，认真评价和激励有利于乡村原生自然资源、传统社会文化和生态环境保护与传承的乡村休闲旅游需求，合理地开发各种乡村休闲旅游产品，以促进乡村休闲旅游供给的多样化发展，从而不断提高乡村休闲旅游供给的质量和水平。

（四）加强乡村休闲旅游开发管理是重要保障

加强乡村休闲旅游开发管理不仅会直接影响城乡整体旅游开发的进程，而且是广大乡村休闲旅游开发可持续发展的重要保障。中国众多乡村休闲旅游目的地并没有一套成熟的开发规划，或者是在旅游开发过程中不按规划执行。其根本原因是中国一些乡村在休闲旅游开发管理方面很薄弱。一方面，建立高效的旅游行政管理机构来保障政府职能，通过各级政府在旅游开发方面的主导作用，进一步提高相关旅游企业与游客对乡村特色资源与生态环境保护重要性的认知；另一方面，需要建立科学、高效的旅游信息收集与分析系统，为乡村休闲旅游市场开发和乡村休闲旅游管理运行监督提供可靠、及时的信息；在获取真实、有效的信息基础上，深入开展科学研究，传播可持续发展的相关知识和生态环境方面的技术等。此外，加强对乡村休闲旅游开发管理的监督，并通过宏观管理进行及时正确的引导或调整，以保证中国乡村休闲旅游开发的可持续发展。

二、乡村休闲旅游开发的可持续发展目标

乡村休闲旅游在刺激旅游消费、满足旅游需求和带动相关产业发展等方面发挥着重要的作用。由于旅游活动是一种综合性的社会经济活动，其不仅涉及社会文化传承，还涉及经济发展、生态环境保护等，乡村休闲旅游开发可持续发展目标也必然是多方面和多层次性的。从宏观角度看，中国乡村休闲旅游开发可持续发展目标主要包括以下几个方面。

(一)实现人的全面发展

乡村休闲旅游开发要紧紧围绕“以人为本”的核心,以促进人的全面发展为目标。一方面,通过乡村休闲旅游开发,创新更多的乡村旅游产品,不断丰富乡村休闲旅游活动内容,更好地满足日益增长的休闲旅游需求,同时提高科技水平与人们的文化素质;另一方面,通过乡村休闲旅游开发,提高乡村旅游行业服务人员的素质,改善乡村休闲旅游目的地居民的生活水平和质量,推动乡村各项社会经济事业的繁荣兴旺,促进整个城乡物质文明、政治文明与精神文明的协调发展,为实现全面建设社会主义现代化国家做出积极的贡献。

(二)促进区域旅游经济增长

乡村旅游经济增长是推动乡村旅游开发的首要因素。没有旅游经济增长就没有旅游开发。乡村旅游经济发展目标就是坚持发展是第一要务,同时根据社会经济发展方针和政策,结合地区休闲旅游开发实际,有效配置旅游生产要素资源,以便提供质量较高、数量众多和类型齐全的乡村旅游产品,不断繁荣乡村旅游市场,促进整体旅游经济持续增长,从而推动旅游开发和带动相关产业发展。另外,在有效满足不同地区游客需求的同时,能够为乡村休闲旅游经营者带来更多的经济收益,增加乡村休闲旅游目的地的居民收入,促进乡村休闲旅游目的地社会经济的全面发展。

(三)带动乡村社区就业率上升

促进社区居民就业是乡村社会经济发展的重要目标之一。乡村休闲旅游是一个综合性的服务行业,也是一个劳动密集型产业,能够为城乡经济发展提供大量的就业机会。旅游行业具有产业与产品涉及面广、外围产业链长、综合带动效应强的典型特点,除自身有效开发与可持续发展外,还能带动更多的相关产业的共同发展,不断增加大量的就业岗位。

(四)合理推动乡村地区对外开放

中国乡村休闲旅游开发可以作为推动对外开放与合作的重要手段。通过乡村休闲旅游开发,大力发展入境旅游和出境旅游,充分发挥旅游产业“民间外交”功能,不仅可以促进与其他国家或地区之间的政治、经济、文化和科技的交流与合作,而且能够进一步推动对外开放与合作,不断提升综合国力和国际市场竞争力,为促进国民经济发展做出更大的贡献。

(五)促进城乡社会经济可持续发展

旅游活动涉及社会经济和生态环境等多方面,任何国家或地区在旅游开发过程中都必须坚持全面的协调的可持续发展理念。所谓全面发展,就是通过旅游经济水平的提升来促进某个国家或地区的物质文明、政治文明和精神文明的全面发展;所谓协调发展,就是要统筹协调城乡旅游发展、区域旅游发展、国际国内旅游发展、旅游开发与生态环境保护、旅游经济与社会发展,进而推动旅游经济的协调发展。

三、乡村休闲旅游开发可持续发展的任务

乡村休闲旅游开发既依赖于整个社会经济的发展，又必须以相关产业发展为前提条件，并与旅游相关产业的发展相协调。从中国乡村休闲旅游开发的实际发展目标来看，其主要任务是紧紧围绕乡村休闲旅游开发，按照科学发展的要求统筹协调好以下四个方面的发展关系。

（一）统筹协调好地区之间的旅游开发的关系

中国乡村休闲旅游开发可持续发展需要统筹协调好地区之间的各项关系，促进区域旅游平衡协调发展。按照旅游生产力发展的客观规律，打破行政地域，消除城乡的旅游经济壁垒，积极推进区域旅游的合作与联合，推进城乡之间、乡村之间的无障碍旅游开发。同时，促进地区特色旅游资源的开发和优质文化旅游产品的创新，提升整体旅游服务质量和发展水平，进一步完善中国乡村旅游产业开发机制，持续扩大地区休闲旅游开发的规模和空间，实现地区旅游开发统筹的协调发展。

（二）统筹协调好旅游经济与社会的关系

中国乡村休闲旅游开发的可持续发展需要统筹协调旅游经济发展与相关行业的关系。另外，还需要进一步提高人们对旅游经济可持续发展的认知，进一步明确旅游经济在社会经济中的重要作用。重视发挥旅游经济的纽带作用和桥梁作用，更加积极地发挥乡村休闲旅游开发在促进城乡就业、农民增收、弘扬优秀传统文化等方面的综合作用。

（三）统筹协调好国内发展与对外开放的关系

中国乡村休闲旅游开发在可持续发展过程中需要统筹协调国内旅游开发与国际旅游市场的相互关系，高效推动入境旅游、出境旅游与乡村休闲旅游的协调发展。在全面放开乡村休闲旅游、积极开发入境旅游以及规范开放出境旅游的同时，可以通过引进国外资金、技术和管理经验鼓励国内的成熟旅游企业“走出去”，更好地以国内大循环为主体、国内国际双循环相互促进来开发乡村休闲旅游。

（四）统筹协调好乡村休闲旅游开发与环境保护的关系

中国乡村休闲旅游开发的可持续发展需要统筹协调旅游开发与生态环境保护的关系，因此必须切实提高、社会各个层面对乡村休闲旅游开发的生态环境的保护和对特色资源可持续利用的认知水平，树立保护生态环境就是保护旅游生产力的观念。另外，还要把乡村休闲旅游开发与资源有效利用、生态环境保护等更加紧密地结合，促进中国休闲旅游开发与资源环境保护的协调发展。

四、乡村休闲旅游开发的可持续发展观念

乡村休闲旅游可持续发展是一种新型旅游开发模式，必须增强对乡村休闲旅游可持续发展的理解和认识，牢固树立乡村休闲旅游开发可持续发展的观念。乡村休闲旅游开发可持续发展观大致包括系统观、资源观、市场观、产业观和效益观等。

(一)乡村休闲旅游开发可持续发展系统观

这个观念是将自然、生物和社会等不同的圈层视为一个完整的协调共融的生态系统,其核心是强调人类与自然、人类与环境、人类与社会的相互依赖、和谐共生共存的关系。在社会经济发展中,人类对自然界采取了索取的方式,而忽略了对自然界的反哺。随着人类文明的发展,自然界也给予了人类一系列的"报复"(如水土流失、土地沙漠化、全球气候变暖和水资源减少等),这些"报复"直接威胁着人类的生存与发展。因此,在中国乡村休闲旅游开发可持续发展的环境中,要注重人类与自然和生态环境的协调发展。

(二)乡村休闲旅游开发可持续发展资源观

资源是一个国家或地区旅游开发的基础和条件,对旅游资源的合理保护是保证旅游开发可持续发展的基础。实现中国乡村休闲旅游开发的可持续发展,就必须确立"适宜的、与时俱进的"资源观。其重点是强调自然资源与生态环境的有价性,并将自然资源与生态环境视为旅游活动的资本,将其价值计入旅游活动的成本,以期从旅游收益中给予相应的补偿,从而实现自然资源和生态环境的可持续利用。中国乡村休闲旅游开发可持续发展资源观主要强调旅游资源的有限性,即无论是再生性旅游资源,还是非再生性旅游资源,人们对其的利用都是有限的。只有对有限的乡村休闲旅游资源进行合理的开发和利用,才能始终将发展保持在资源生态环境的承载范围之内。

(三)乡村休闲旅游可持续发展市场观

旅游市场是旅游产业开发可持续发展的前提条件。那些没有市场的旅游资源和旅游设施不仅无法形成具有鲜明特色的旅游产品、服务以及旅游目的地,而且会浪费和破坏各类资源和生态环境。在中国旅游市场竞争日趋激烈的情况下,必须树立乡村休闲旅游开发可持续发展市场观,按照旅游市场的需求特点、需求规模、消费档次以及乡村休闲旅游需求和消费变化的规律和趋势,对现有旅游产品进行组合包装。另外,应该不断开发新的乡村休闲旅游产品,以适应乡村休闲旅游市场多样化的需求和市场主体细分化的要求。尤其要开发游客参与性强的乡村休闲旅游产品和服务,以增强产品、服务和地区的吸引力,从而提高乡村休闲旅游目的地的市场竞争力,促进乡村休闲旅游开发的可持续发展。

(四)乡村休闲旅游可持续发展产业观

中国乡村休闲旅游必须树立可持续发展的产业观念,积极培育和培养乡村旅游支柱产业。这就需要制定科学合理的产业政策,以指导中国城乡休闲旅游产业综合协调发展;在乡村休闲旅游开发中,要立足于投入和产出的效率比,吸引更多的生产要素投入乡村休闲旅游产业,加快乡村休闲旅游产品开发和旅游景区景点建设,以保证乡村休闲旅游经济可持续发展。

(五)乡村休闲旅游可持续发展效益观

旅游产业开发应该始终把提升国家或地区的社会效益、经济效益和生态环境效益作为主要考量的目标。只有这样,才能高效推进旅游生产力的发展,因此,中国乡村休闲旅游开发可持续发展必须牢固树立效益观。在乡村休闲旅游资源发掘和旅游产品开发的过程中,旅游开发者和旅游经营者既要讲求经济效益，又要努力实现社会效益与生态环境效益的相统一。按照科学、合理的开发原则进行有序开发，同时严格遵循自然环境承载力规律，以乡村休闲旅游开发来促进休闲旅游目的地的生态环境保护，以生态环境保护来推动城乡整体旅游开发，不断提高乡村休闲旅游资源和产品开发的社会经济效益和生态环境效益，努力形成健康文明的乡村休闲旅游活动模式，最终实现人与自然、人与社会和人与人之间和谐相处的新格局。

第二节　推进可持续发展的规律及重点

从系统论角度来看，乡村是一个由自然、社会、经济、文化等组成的复合系统，这些因素之间既相互联系，又相互制约，其中任何一项功能的削弱或增强都会影响其他部分的存在，进而影响整个乡村社会经济的可持续发展。在推进乡村休闲旅游开发可持续发展的过程中，需要打破部门和专业的条块分割以及地区界限，对各要素系统的关系进行综合分析和宏观调控。乡村休闲旅游开发可持续发展必须考虑旅游业在乡村发展中的功能以及与相关子系统的匹配。任何超越客观条件的超前开发或过度干涉旅游开发的做法都会阻碍乡村休闲旅游开发可持续发展的实现。

一、乡村休闲旅游开发可持续发展规律

在乡村休闲旅游开发可持续发展的过程中，社会经济和环境发展要协调统一，所以必须遵循乡村休闲旅游开发可持续发展的客观规律要求。乡村休闲旅游开发可持续发展规律是从多方面表现的，包括环境保护超前规律、环境承载力规律、综合协调发展规律和创新发展规律等。

(一)环境保护超前规律

环境保护超前规律是指在乡村休闲旅游资源开发和建设中把环境保护置于首位，置于乡村旅游资源开发之前。通常旅游资源和生态环境被破坏往往容易为人们忽视，只有旅游开发对资源环境的破坏程度超过一定的界限，甚至持续一段时间，才会引起全社会对旅游环境保护的重视。因此，在乡村休闲旅游开发中，环境保护必须超前于旅游资源开发，这是旅游开发可持续发展的客观规律。

环境保护超前规律的要求：一是树立良好的乡村旅游环境保护意识，特别是旅游开发者和旅游经营者必须转变观念，由单纯追求经济效益转变为经济效益与社会生态环境效益并重，从而形成全民重视环境保护的浓厚氛围；二是抓好乡村休闲旅游资源开发中的环保立法与执法工作，根据乡村旅游活动和旅游开发的特点，制定切实有效的旅游环保法规，建立健全相应的环保执法机构，依靠法律强制力量和社会道德规范来保障乡村休闲旅游环境保护工作超前于旅游开发建设；三是加大对乡村休闲旅游开发的环境保护的投入，建立良性循环的机制。除政府对旅游开发环境保护、宣传等进行先期投入外，各类乡村休闲旅游开发者和旅游经营者等也要承担相应的旅游开发环境保护费用。另外，游客在消费支出中也应依法交纳一定数量的旅游环境保护费用。

(二)环境承载力规律

旅游环境承载力①的概念能有机结合生态环境与人口规模,并研究人口规模在何等程度时能保证生态环境的持续性。通常旅游活动是以游客为主体、以旅游吸引物为主要对象的经济社会活动,游客消费体现在旅游活动与自然环境、文化氛围等有机和谐的结合中,并从感官享受、物质消费和精神消费中体验旅游吸引物和周围环境的优美与舒适。因此,乡村地区只有保持一定的旅游环境承载力,才可能满足目标游客舒适的旅游需求预期。所谓的旅游环境承载力规律,就是旅游开发者、旅游经营者与游客的各种社会经济活动必须以不超过旅游环境承载力为前提,并以此作为评价中国乡村休闲旅游开发是否可持续发展的客观依据。旅游环境承载力规律能够揭示旅游开发的动态发展过程。如果旅游环境承载力降低,乡村休闲旅游开发就会受到限制,难以实现可持续发展;如果旅游环境承载力提升,乡村休闲旅游开发就会有较大的持续发展空间,中国的乡村休闲旅游开发要始终保护好旅游目的地的生态环境,努力提高乡村休闲旅游环境承载力,促进乡村休闲旅游资源环境的持续利用。

(三)综合协调发展规律

通常旅游开发的牵涉面非常广泛且与其他行业或部门的融合度较高,所以旅游开发可持续发展必须以其他相关行业或部门的发展为前提,而旅游开发的结果又要体现多方面的效益和积极结果,使支持旅游开发的其他行业或部门也获得应有的经济效益。因此,乡村休闲旅游开发可持续发展必须是综合协调的发展,而不能只单纯追求某一方面的发展。乡村休闲旅游开发综合协调发展就是以旅游活动各环节或各要素为纽带,在统一管理、统一协调的前提下,谋求乡村休闲旅游业内部以及与其他行业或部门各方利益的最大化。遵循乡村休闲旅游综合协调发展规律最重要的是坚持乡村休闲旅游开发的统一管理和协调发展。一方面,与乡村休闲旅游开发相关的各要素都要参与其中,以聚集多方面要素资源,使乡村休闲旅游可持续发展能够顺利进行;另一方面,要形成统一管理和协调的机制,按照可持续发展的目标和要求,加强平衡与协调,及时进行结构调整,从而带动整个乡村休闲旅游开发实现量的增加和质的提升,获得最佳的旅游经济综合效益。

(四)创新发展规律

创新发展规律是指旅游开发在各种内外因素的作用下减少内部各环节、各部分的矛盾和不协调,从而提高旅游开发的质量和效益,促使旅游开发呈现更高级的特征,带动旅游经济可持续发展的客观过程。乡村休闲旅游开发创新发展规律包括观念创新、技术创新和制度创新等。

乡村休闲旅游开发观念创新是指在其开发过程中树立可持续发展的思想,从社会经济发展的大局出发来考虑乡村休闲旅游的发展。其具体表现为:在旅游经济增长方式上,确立集约化思想;在旅游资源开发上,树立环境保护超前观念;在旅游经济效益上,树立社会经济和生态环境效益并重的意识等。

乡村休闲旅游开发技术创新是指把乡村传统农业技术作为旅游可持续发展的关键,同时

① 旅游环境承载力是指旅游目的地或旅游景区景点能最大限度容纳旅游者数量的能力。

加强旅游科技应用的理论研究，提高旅游高新应用技术、现代信息技术的能力和水平。

乡村休闲旅游开发制度创新是指将旅游资源和生态环境作为新的生产要素，按照有偿使用原则将乡村旅游资源和生态环境的成本纳入乡村休闲旅游开发分析和决策过程，从全局利益出发，选择更有利于乡村休闲旅游资源开发和生态环境保护的发展方式。

二、乡村休闲旅游可持续发展重点

乡村休闲旅游可持续发展重点是要明确不同经济群体在开发工作的职责基础上，按照由自然生态理念以及旅游资源形成的客观规律，把乡村休闲旅游开发与合理利用现有各类资源相结合，把经济效益中的短期利益与长期利益相衔接，努力谋求旅游社会效益、经济效益和生态环境效益的协调发展。

（一）明确乡村休闲旅游开发可持续发展的职责

实现乡村休闲旅游开发可持续发展是一项涉及广泛的系统工程，需要乡村有关方面的支持与合作。因此，必须明确地区政府部门、非政府组织、旅游企业和游客等在乡村休闲旅游开发可持续发展中应承担的职责和使命，并有效地付诸实施。

1.地区政府部门的职责

通常各地区的政府部门是推进乡村休闲旅游开发可持续发展的主体力量。各部门在乡村休闲旅游开发方面的主要职责和义务包括通过制定乡村休闲旅游开发规划和管理制度来体现政府对乡村休闲旅游开发可持续发展的统筹与支持；通过制定各种法律法规来保护本地自然资源和传统文化遗产，严厉禁止对区域内各种历史文物和传统文化的破坏；通过各种公共宣传活动来提高公众对乡村休闲旅游开发可持续发展的认知；通过组建、完善各种旅游咨询服务机构来吸引社会各界的人才参与乡村休闲旅游开发可持续发展的决策和相关活动等。

2.非政府组织的职责

非政府组织是那些代表和保护公众利益的社团机构。它们的积极参与将会对乡村休闲旅游开发可持续发展提供有力的支持。其主要职责是通过参加政府部门的公共活动对乡村休闲旅游开发项目进行评估，对生态环境进行评价，以促使政府支持合适的可持续发展的乡村休闲旅游开发项目；通过非官方的活动，组织有关人士参与乡村休闲旅游开发可持续发展研究，监督其他行业部门的活动是否有利于乡村休闲旅游开发可持续发展；组织和参与各种旅游教育以及公共活动，增加人们对乡村休闲旅游开发可持续发展的支持力度。

3.旅游企业职责

参与乡村休闲旅游的企业既是旅游开发的直接受益者，又是乡村休闲旅游开发可持续发展的主要参与者和执行者。其职责是在乡村休闲旅游开发和经营中，尽量保证对土地、森林等资源的可持续使用，努力减少废气、废水、废物对环境的污染与破坏；积极开发和经营对游客身心健康有利的乡村休闲旅游项目，避免对游客身心健康造成威胁，并对趋于恶化的生态环境进行修复或改善；定期对乡村休闲旅游环境进行评价，并确保环境价值在管理决策中得到体现；保证向游客、政府和其他组织提供完整、准确和可靠的信息，确保游客在休闲旅游活动中能舒适、愉悦和安全；积极支持有利于乡村生态环境改善的休闲旅游项目的开发。

4.参与旅游活动的游客职责

参与旅游活动的游客是乡村休闲旅游开发可持续发展的直接受益者。随着社会经济不断发展，游客对环境质量的敏感性越来越强，但他们的旅游行为不当也会对乡村环境造成一定的负面影响。因此，在推进乡村休闲旅游开发可持续发展中，游客应承担一定的责任：游客应该积极支持乡村休闲旅游目的地的特色资源与环境保护活动，尽可能了解和尊重目的地的人文和自然遗产；游客要抱着对自然环境和文化遗产高度负责的态度进行休闲旅游活动，并且要有效地防止和制止那些对旅游目的地造成不良影响、破坏生态环境的不正当行为；游客要尊重乡村休闲旅游目的地的政策和法规，尽量不买或不使用危害当地生态环境和文化的各种产品，同时在乡村休闲旅游活动中尽量选择有良好声誉和对乡村生态环境负责的旅游企业。

(二)有效开发与合理利用乡村休闲旅游资源

从形成角度来看，中国乡村休闲旅游资源可以分为恒定性旅游资源、再生性旅游资源和非再生性旅游资源三种类型。这三类乡村休闲旅游资源的不同特点决定了对它们的开发与利用也不同。首先，恒定性旅游资源（如气候、阳光、海水、河流和高山等），其数量丰富且稳定，不会因利用而枯竭，因此对这些恒定性旅游资源要积极开发和充分利用，使其更好地服务于乡村休闲旅游开发。其次，再生性旅游资源（如森林、草原、动物和植物等生物资源）在合适条件下可以再生且能够重复利用，但若超过其承载力，就会导致资源枯竭，因而对乡村再生性旅游资源应合理开发且可持续利用，使其永远为乡村休闲旅游的可持续发展服务。最后，非再生性旅游资源（如文物古迹、历史文化和珍稀动植物等）一旦耗损就不可能再度生产，这些特色旅游资源必须妥善保护，合理统筹开发，以保持其具有长期有效的价值。

旅游资源在属性、特色、内涵上是有其自身的特殊性的，因此乡村休闲旅游资源的开发和保护应不同于一般资源的保护。一般资源的保护重点在于其有效持续的利用，而乡村休闲旅游资源的重点是保护其传统特色性。这是它对城市游客产生吸引力的关键。在乡村休闲旅游资源合理开发和利用中，必须突出乡村休闲旅游资源的地方性、历史性和文化特色，尽可能地保持乡村休闲旅游资源的原始风貌，避免因人为的修饰或加工而使其失去自然和历史文化的特色，削弱其对游客的吸引力。另外，要突出乡村的地域性和文化性特点，以满足游客求奇、求异、求新的心理，避免在开发利用过程中这些资源的地域性和文化性特色的消退；要选择具有比较优势的乡村休闲旅游资源，开发“人无我有、人有我优”的精品旅游产品，以确保乡村休闲旅游产品对游客的吸引力和在旅游市场的竞争力。

(三)重视对乡村休闲生态环境的保护

乡村休闲旅游开发必须把加强生态环境保护贯穿始终，把乡村休闲旅游开发放在乡村生态环境承受能力范围之内，以符合乡村社会经济发展实际为基准。重视和加强乡村生态环境保护需要把握四个方面的内容：一是各类休闲旅游活动的开展不能损害乡村自然生态环境与社会文化环境，必须协调、引导旅游活动，使之与乡村自然环境、社会文化形成一个和谐的有机整体，从而构建可持续发展环境；二是各种休闲旅游活动绝对不能超过休闲旅游目的地的环境承载力，尽量减少和控制噪声污染源等，充分保障游客和乡村原住居民有一个良好的休闲旅游和生活环境；三是围绕乡村休闲旅游景区景点和旅游目的地开发建设，景区内尽量采用公共交通工具和无污染交通手段，并对游客流向及休闲旅游景点客流分布做认真的规划，限制生态环境敏感地点的游客数量，避免游客过多对自然环境造成严重的破坏和污染；四是加强对乡村休闲旅游目的地居民的环境保护教育，提高当地居民生态环境保护意识，同时有效控制游客的不当行为，尽量使外来游客了解地方传统民俗习惯，保护乡村传统文化特征的真实性，维护修缮各种历史文物古迹，保持乡村"原汁原味"的地方建筑风格，持续增强乡村休闲旅游目的地的核心吸引力。

(四)加强乡村休闲旅游经营和管理人才的培养

乡村休闲旅游经营和管理人才对中国乡村休闲旅游开发至关重要。加强该类人才的培养和培育不仅是乡村开展旅游活动的客观需要，而且是推进中国旅游开发可持续发展的现实需求。这就需要从当前中国乡村休闲旅游可持续发展的实际要求出发，采取各种方式超前培养各级各类旅游人才。例如，根据旅游开发可持续发展的战略目标，结合乡村旅游人才的需求状况、层次结构和专业比例，制定相应的经营与管理旅游人才培养发展规划；依托地方大中专院校以及利用各种社会办学条件，多形式地加快旅游人才的培养，培养适应乡村休闲旅游开发可持续发展要求的专门人才以及具有旅游业相关技能的各类人才；制定行之有效的人才使用和管理制度，形成合理的人才流动机制，积极吸引国内外各类旅游经营与管理人才的流入，为促进乡村休闲旅游开发可持续发展提供人才保障。

参考文献

[1] 王绍芳.新时代农业文化遗产保护传承助力乡村振兴研究[J].山东理工大学学报(社会科学版),2022,38(5):31-38。

[2] 何悦.四川省中国重要农业文化遗产旅游资源价值评价及开发研究[D].锦州:渤海大学,2021.

[3] 白灵.基于游客感知的农业文化遗产旅游产品体系构建研究:以元阳哈尼梯田为例[D].福州:福建农林大学,2019.

[4] 黄晓媛.龙脊梯田农业文化遗产保护性旅游开发评估[D].湘潭:湘潭大学.2019.

[5] 葛佩佩.农业文化遗产旅游地可持续发展评价与规划应用[D].杭州:浙江农林大学,2017.

[6] 林晓娜,王浩,李华忠.乡村振兴战略视角下乡村休闲旅游研究:村民参与、影响感知及社区归属感[J].东南学术,2019(2):108-116.

[7] 王淼.村饶津城:天津近郊区乡村景观文化延续策略的研究[D].天津:天津大学,2017.

[8] 宁泽群.农业产业转型与乡村旅游发展:一个乡村案例的剖析[M].北京:旅游教育出版社,2014.

[9] 耿红莉.休闲农业与乡村旅游发展理论和实务[M].北京:中国建筑工业出版社,2015.

[10] 尤海涛,马波,陈磊.乡村旅游的本质回归:乡村性的认知与保护[J].中国人口·资源与环境,2012,22(9):158-162.

[11] 王亚妮,秦安振,杨文琪.乡村旅游开发类型综合评价研究:以新乡市乡村旅游景区为例[J].中国农学通报,2016,32(30):193-199.

[12] 林丽琼.乡村旅游市场营销策略研究[D].福州:福建农林大学,2016.

[13] 何一飞,凌群智.基于STP理论的乡村旅游景区发展战略初探:以"美丽南方"景区为例[J].农村经济与科技,2015(8):83-85.

[14] 吴荣.关于赤壁市赤壁镇旅游业营销策略研究[D].武汉:华中师范大学,2016.

[15] 李妍.客源市场细分视角下江浙地区乡村旅游产品营销策略研究[J].农业经济,2016(11):45-47.

[16] 樊忠涛.新农村建设背景下乡村旅游市场营销策略研究[J].江苏商论,2015(3):37-38.

[17] 满银锁,蒲春玲.基于问卷调查的达坂城区乡村旅游发展研究[J].旅游纵览(下半月),2016(11):114.

[18] 何景明.乡村旅游发展及其影响研究[M].北京:知识产权出版社,2013.

[19] 虞华君,陆菁,吴丽.文旅融合的"拱墅模式"研究[M].上海:生活·读书·新知三联书店,2020.

[20] 覃建雄.民族地区农文旅融合驱动乡村振兴研究[M].成都:西南交通大学出版社,2021.

[21] 苏航，刘小妹. 红色文旅融合的规划探索与实践[M]. 北京：中国建筑工业出版社，2021.
[22] 周建明，牛亚菲，宋增文. 文旅融合发展规划：理论探索与山东实践[M]. 北京：中国旅游出版社，2022.
[23] 张建荣. 文旅融合视角下的旅游演艺发展研究[M]. 长春：吉林大学出版社，2022.
[24] 赵晓鸿. 康养休闲旅游基础[M]. 北京：旅游教育出版社，2021.
[25] 李卫东. 乡村休闲旅游与景观农业[M]. 北京：中国农业大学出版社，2019.
[26] 郑健雄. 休闲旅游产业概论[M]. 2 版. 北京：中国建筑工业出版社，2018.
[27] 李群. 生态文明视野下乡村休闲旅游者环境负责任行为的影响机制研究[M]. 杭州：浙江大学出版社，2021.
[28] 刘翠. 休闲旅游文化基础[M]. 北京：清华大学出版社，2008.
[29] 魏翔，韩玉灵. 休闲旅游的环境与人群研究[M]. 北京：中国经济出版社，2016.
[30] 农业农村部乡村产业发展司. 全国休闲旅游典型案例：彩图版[M]. 北京：中国农业出版社，2023.